里山観光の資源人類学

京都府美山町の地域振興

堂下 恵
Doshita Megumi

新曜社

はじめに

筆者が、環境観光、なかでもエコツーリズムという観光形態に興味をもったのは、大学生だった一九九〇年代前半である。一九九二年にリオ・デ・ジャネイロで「環境と開発に関する国連会議」、通称「地球サミット」が開催されたことを受けて、複数の科目で環境問題や環境保護運動が取り上げられ、筆者にとって「環境」について考える契機となった。数年後、イギリスへ大学院留学することになった時は、漠然とではあるが、修士論文はエコツーリズムについて書こうと考えた。

ロンドン大学の環境社会学に関する修士課程に在学中、自身の不十分な英語力を痛感しつつ感じたことは、「nature」という言葉の内容が、日本語の「自然」が指すものと合致しないということだった。「nature」と「自然」は何か少し意味が違うと思いながら半年ほど授業を受けていたある日、ロンドン郊外の緑地で環境保全についての実習がおこなわれた。担当の教授は、私たちを連れて芝生の中を歩き、ポツッ、ポツッと小さな雑草が生え、その向こうに種類の違う樹が三本ほど植わっている場所に来て立ち止まった。そして、私たち学生の方を見て興奮気味に「これが生物多様性よ！」といった。

ほんの少しの雑草と三本の樹で生物多様性を論じたイギリス人の教授に私は面喰ったのだが、この実習が、natureと自然についての違和感はそれぞれの語に繋がる文化的な意味や価値観の相違に起因しているのでは、と考えるきっかけになった。日本とイギリスでは植生が異なっており、豊かな森を有する日本で生物多様性を例示するには里山などが取り上げられるが、イギリスではそうではないのだと考えたのである。

学術的、特に人類学的には、自然や環境が意味する内容は文化的・社会的に構築される側面があり、決して客観的なものではないと理解される。しかし、環境保護・保全や本書で取り上げる環境観光など、「環境にやさしい」事象を論議する際には、我々はしばしば自然や環境が何を意味しているのかを確認しないまま、貴重な自然を守るべきだ、環境にやさしい行動をするべきだ、と議論を展開する。そして、環境保護を重視すること、保護を訴えることを良しとする風潮のため、議論が活発化すればするほど、自然や環境が主観的、象徴的に創造されるという側面を忘れ置いてしまう。

筆者は、環境観光について京都府美山町を事例とする人類学的研究を行うことに決めた際、環境観光における「環境」が何を意味しているのかを注意深く精査しようと考えた。美山町でのフィールドワークは、日本人が日本語で日本の環境観光について調査する性格のものであったが、同じ日本人・日本語であっても、使用する主体によって自然や環境という用語が意味するところは違う、というのが筆者の考えであり、自然や環境が多義的な意味を有することを疎かにしたくないと強く思った。美山町で調査をすると、観光対象となっている美山の自然や風景に対する視座が地元住民、観光業従事者、美山町外からの移住者、観光客といった複数の主体によって異なっていること、また、複数の視座で捉えられた自然や風景の活用目的が違うこと、さらには各主体の観光そのものに対する考え方も同じではないことがわかった。

美山町の調査結果を分析して「民族誌」にまとめる際に、深慮したのはどのような枠組みで論じればよいかということであった。観光人類学の先行研究を再考したが調査結果を十全には位置づけられず、環境主義の人類学からのアプローチも検討した。幸運だったのは、同時期に、人類学分野における一大研究プロジェクト「資源人類学」の共同研究がおこなわれ、その成果が書籍として出版されたことである。資源人類学の議論では、資源は象徴系と生態系に大きく分けて捉えられており、この象徴系と生態系という視座を環境観光の対象に当てはめると調査結果が最適に提示できると思われた。最終的に、資源人類学の議論を援用しながら、環境観光の対象を象徴資源、中でも文化資源と捉えて、環境観光における「環境」とは何か、環境観光における資源はどのように生成され活用されるのかを解明する形で研究成果を博士論文にまとめ、本書として出版されることになった。

自然や環境が文化や社会によって異なる象徴的な意味合いを有する事象であると考え、資源人類学の枠組みを使って日本の環境観光を包括的に検討する本書は、人類学においても、観光研究においても、前例のない文献になるのではないかと思う。これからの観光人類学ならびに学際的な観光研究、さらには観光実践で役に立つ要素が複数含まれていることを願う。なにより、調査でお世話になった美山町の皆様にとって少しでも価値のある書籍になれば幸いである。

里山観光の資源人類学　目次

装幀――難波園子

第1章　環境観光への人類学的視座

Ⅰ　はじめに……本書の問題設定

二十世紀後半以降、自然を対象とした観光においては、観光対象となる自然は未開発のまま保全されてきた環境であるべきであり、観光に関わる各主体は環境に配慮して観光実践に関わるべきであるという理念が存在している。この背景には世界的に浸透した環境保護主義の影響があり、昨今、自然を対象とした観光と環境に配慮した観光はほぼ同義である。また、このような観光は英語圏では総じて「Environmental Tourism」と称されるようになっている[1]。本書では、このEnvironmental Tourismを「環境観光」と訳し、英語と同様に昨今の自然や環境に関する広義の観光形態を示す用語として使用したい。

環境観光における観光対象について、世界各地での観光実践を鳥瞰してみると、世界自然遺産に代表される「原生の」「残された」自然、あるいは発展途上国に多く残る未開発の自然環境が多いことがわかる。この背景には、後述するように、先進国かつ欧米社会の観光客が彼らの自然観にもとづいてそれらを称賛し、観光対象として愛でている状況がある。しかし、日本国内の環境観光では、人間と自然の共生によって生成・維持されてきた農村や里山が観光対象として注目を浴びている。さらに、日本の環境観光を先進事例として、東アジア、たとえば韓国での応用（Hong et al. 2003）が試行されるようになってきた。観光対象がさまざまな自然観にもとづいて規定されるのは決して不思議なことではなく、環境観光における「環境」とは具体的に何を意味しているのか明確にする必要がある。

本書では、環境観光における観光資源としての環境がどのように創られているのか、さらには、人びとが環境という観光資源をどのように活用し、観光実践から何を得ようとしているのかを、文化人類学的手法による調査研究をもとに解明する。具体的には、観光および環境に関するこれまでの先行研究を文献調査によって再考するとともに、京都府美山町で長期フィールドワークを実施して実地調査をおこなった。

文献・実地調査をおこなう前提として、環境観光における自然・景観といった観光資源は所与のものではなく、人びとによって生みだされるもの、つまり文化的なものであると考えた。そして、観光対象としての環境が文化的なものであるという点をより明確にするため、日本で近年注目されている農地や林地等の二次的自然を対象とした観光実践を研究対象とすることにした。

二次的自然を対象とした観光実践をおこなっている調査地を選定する際には以下の条件を設定した。まず、調査地は地域住民が数世紀にわたって自然と共生してきた地域が望ましいとし、次に、現在でも周辺の自然環境は農林業で活用されている、つまり人の手が入っている場所とした。さらに、環境観光がおこなわれる前に別の形の観光開発が実施されていない場所を選ぶことにした。現在、日本国内で環境観光に取り組んでいる地域の中には、スキーリゾートが衰退した後の打開策として環境観光を推進している事例や、自治体がダム開発の副産物として観光振興を試みている事例があるからである。加えて、本研究では都市と調査地との対比を明確にするため、首都圏あるいは関西圏からの集客が多い地域がより望ましいと考えた。これらを念頭において予備調査をおこなった後、調査地として京都府美山町を選定した。

京都府美山町での調査は二〇〇二年八月から二〇〇三年四月までに数回、数日から一週間という短期間での予備調査を実施し、二〇〇三年四月から二〇〇四年十月まで住み込みによる長期フィールドワークをおこなって本調査を実施した。その後、随時美山町を訪れて補足的な情報収集をおこなっているが、本書の美山町に関する記述は主に二〇〇五年三月までの調査結果にもとづいている。なお、美山町は二〇〇六年一月一日に隣接する三町と合併して南丹市美山町となったが、本書では、合併前の情報が中心となるため、基本的に独立した地方自治体として扱っていく。

本書の構成は、まず、1・2章で環境観光における自然の資源化について先行研究をもとに論じていく。本章では、環境観光の発展の流れを簡潔に説明した後、人類学から環境観光へどのようなアプローチをしていけばよいのか、先行研究を再考して検討する。第2章では、人と共生してきた自然、すなわち二次的自然の観光資源化を論じていく。その後、京都府美山町でのフィールドワークの結果をもとに、複数の関係主体による資源の生成

［1］環境観光は、新聞や雑誌といったメディアはもちろん、行政関係部署の名称、観光実践のレポート、大学のコース名等でも一般的に使用されるようになってきている。たとえば、オーストラリア・クイーンズランド州政府関連機関の Tourism Queensland が二〇〇一年にまとめた報告書 *Ecoram* では本文だけでなく担当部署名（Environmental Tourism Unit）にも使用されている。また、オーストラリアの複数の大学ではコース名に使用されており、イギリスやアフリカの地方自治体や関連団体（たとえば The Wildlife Trust for Birmingham and the Black Country）ではウェブサイトで Environmental Tourism に関する情報発信や促進のための活動を紹介している。

および資源を活用した観光実践を検討する。第3章では美山町の概要を紹介し、第4章から第7章までの四章にわたって美山町の観光に関わるさまざまな人びとの活動を検討していく。第8章では、第1章から第7章にわたって論じてきた内容について資源の生成と活用という視座からの考察を記し、終章では、結論として観光における環境という資源の性質、各関係主体の観光実践における資源の利用の様相について筆者の考えを示す。

以下ではまず、環境観光がどのように発展してきたのか確認しておこう。

Ⅱ 環境観光の発展

人びとがしばしば苦痛を伴いながら場所を移動する「旅」は古代から行なわれていたが、純粋に楽しむことを目的とする「観光」が発生したのは近代以降である。[2] 観光が生まれた背景には近代化・工業化による生活スタイルの変化や交通革命があり、具体的には、労働時間の短縮、鉄道の発達、可処分所得の増加等が大きく寄与している（たとえばHolden 2000）。現在、観光は世界経済の九・二%、世界の雇用の八・一%を占める巨大産業となっている。[3]

観光の発生以降、多くの研究者が「観光とは何か」という問いを検討し、いくつもの定義が提案されてきた（たとえばBurns 1999: 30–31）。現在では、世界観光機関（ＵＮＷＴＯ）[4]の「一年を超えない期間で余暇やビジネス等を目的として、居住地以外の場所に訪れ滞在すること」という定義が最も浸透している。しかし、この定義には労働やビジネスを目的とする移動・滞在が含まれており、岡本伸之（2001: 4）は「人が日常生活圏を離れ、再び戻る予定で、レクリエーションを求めて移動すること」という井上万寿蔵の定義がより望ましいと主張している。本書でも、観光には労働やビジネスでの移動・滞在を含まないと考え、かつ期限ある余暇時間に生活圏を離れておこなうものだと理解しておく。

観光が発生した当初の観光実践の特徴は、誰しもが同じ移動・滞在体験を得ることを可能にした「大衆観光（Mass Tourism）」であった。[5] しかし、一九七〇－八〇年代において、大衆観光に代わる多様化した「新しい観光」が提案されはじめ、「大衆観光に代わる観光」という意味でオルタナティブ・ツーリズム（Alternative Tourism）と称された。オルタナティブ・ツーリズムのきっかけについて、D・G・ピアス（Pearce 1992）は、一九七〇年代初めから主に発展途上国で「小規模」「環境に負荷が少ない」「地域住民参加」といった点に重きをおいた観光振興プロジェクトや政策が見られるようになったのがはじまりだろうと述べている。そして、観光する側の主体としてのゲストと、観光地側の主体としてのホスト、両者にとってより望ましい観光であると唱えるE・デ・カット（De Kadt 1992）によると、オルタナティブ・ツーリズムの基準となる四要素は、①環境にやさしい、②小規模あるいは地域主導型の振興、③地域住民もしくは地域社会への利益、④文化的持続性、である。

環境観光はこのオルタナティブ・ツーリズムの一形態だといえる。オルタナティブ・ツーリズムが台頭してきた一九七〇年代において、N・グレーバーン（Graburn 1989: 31-33）は複数あった観光形態を大きく文化観光と自然観光に分類し、その上で、自然観光について以下のように記している。[6] 自然観光には大きく二つの種類があり、一つは人類の影響を感じさせない清流、空、海、景色、といった、汚れのない自然が望まれ愛でられる「環

［2］ Boorstin（1964）によれば、一九世紀初めまでは「Tourist」という言葉も存在しなかった。
［3］ World Travel and Tourism Council（WTTC）*Travel and Tourism Economic Impact Executive Summary 2010* による。http://www.wttc.org 参照。
［4］ World Tourism Organization〈http://www.world-tourism.org〉
［5］ 観光が発生した時期と、パッケージツアーを提供する旅行会社の出現は同時期である（Murphy 1985）。
［6］ ここでの引用は一九八九年に出版された *Hosts and Guests* 第二版からであるが、初版は一九七七年に出版されており、まさにオルタナティブ・ツーリズムが唱え始められた時期であった。オルタナティブ・ツーリズムについては、編者のSmith（1989: 10）がイントロダクションで言及している。

境」観光である。「環境」観光には、「狩猟採集観光」と「レクリエーション観光」があり、狩猟採集観光は貴族階級の狩猟などの流れを汲んだもので、自然のなかで猟をしたりして少なくともなんらかの「お土産」を持ち帰る観光形態である。レクリエーション観光は、日光浴やサーフィン、スキー、釣りなど、自然を活用して楽しむ観光である。なお、当時においてすでに観光客自身が環境に負荷を与えず、より少ない影響のもとで観光を楽しもうとする、環境保護に重きをおいた観光形態が発展してきており、グレーバーンはこれを「環境」観光とは異なる「生態観光—エコロジカル・ツーリズム」だと区別した。本論文で議論している環境観光は、この「生態観光」がさらに発展した、より環境保護を重視する観光形態である。

自然観光のもう一つの種類は、「民族観光—エスニック・ツーリズム」と称される、原住民や未開の民族らが「自然人」として持ち上げられ、観光対象となっている形態である。この観光形態が発展した背景には、手つかずの自然にある程度の魅力を認めながらも「つまらない」と感じる人びとの存在があり、彼らを魅了するために「自然人」が規定され、「自然人」に触れ合い、干渉することで自然を体験すると理解された。民族観光は現地の人びとならびに彼らの生活や社会に関わることから、自然観光であり、同時に文化観光でもある。なお、現在に至るまでに原住民や未開の民族を自然人と捉える民族観光は差別的であると批判され、今日では観光客自身の帰属とは異なる民族の文化や社会を体験する観光へと変化している。以上のとおり、グレーバーン（Graburn 1989）の観光類型における自然観光には、「環境」観光、生態観光、民族観光があり、この類型が発表された一九七〇年代後半は環境に配慮した観光として生態観光が着目されつつあった。

ここで、環境と観光の関係を問う議論がどのように盛んになってきたのか、確認してみよう。そもそも、観光は他の産業に比べると環境への負荷が少ないという通説があったのだが、一九六〇年代から環境と観光に関する論文発表がみられるようになり、たとえば、一九六九年にはE・D・ミシャンがこの通説に異議を唱えた（Holden 2000より参照）。D・A・フェネル（Fennell 1999: 31）によると、少しさかのぼって一九六五年にN・

D・ヘッツァーが環境負荷を最小限に抑える等、より責任ある観光形態について論じた論文を発表し、この論文においてエコロジーとツーリズムの造語であるエコツーリズムという用語が初めて使われた[7]。

一九七〇年代になると、前述のオルタナティブ・ツーリズムの議論が始まり、グレーバーンの観光類型も提示された。新たな観光に関する議論と並行して、観光による環境問題の認識が浸透し始め、たとえば、The Organisation for Economic Co-operation and Development（OECD）は環境と観光の関連について調査する部会を組織し、L・ターナーとJ・アッシュ（Turner and Ash 1975）は観光開発における過程のすべてに対して疑問を投げかけた。一九七二年にはUnited Nations Educational, Scientific and Cultural Organization（UNESCO）総会で、世界遺産条約が採択され、顕著な普遍的価値を有する文化遺産ならびに自然遺産を人類全体のための世界の遺産として損傷、破壊等の脅威から保護し、保存することが重要であるという観点から、国際的な協力及び援助の体制を確立することが約束された[8]。世界遺産制度を機に、自然遺産として登録された場所は環境観光の人気サイトとなっていく。また、カナダでは一九七〇年代半ばから「エコツアー」が実施され始める（Fennell 1998）等、環境観光の実践においても、発展の兆しが見え始めていた。

一九八〇年代には、A・マシーソンとG・ウォール（Mathieson and Wall 1982）による、観光が経済・社会・環境に与える負荷を論じた著書や、R・W・バトラー（Butler 1980）の観光地のライフサイクルを論じた論文等、価値ある研究成果が発表され、またThe Friends of the EarthやTourism Concernといった（環境）NGOが「環境にやさしい」観光を実現するべく動き始めている（France 1997）。一方で、一九八〇年にはInternational Union for Conservation of Nature and Natural Resources（IUCN）がUnited Nations Environment Programme

[7] 一九七〇年代における環境保護主義者らの論争のなかから（たとえばShackley 1996）使われ始めたという説もある。

[8] 世界遺産の説明は、文化庁が運営する『文化遺産オンライン』ウェブサイトの「世界遺産の概要」を参照した（http://bunka.nii.ac.jp/jp/world/h_11.html）。

（UNEP）とWorld Wildlife Fund（WWF）と共同で発表した「世界環境保護戦略（World Conservation Strategy）」において、「持続可能な発展（Sustainable Development）」という考えを初めて紹介した。この「持続可能な発展」は、一九八七年のWorld Commission on Environment and Development（WCED）の報告書で、「将来の世代のニーズを満たす能力を損なうことなく、今日の世代のニーズを満たすような開発」と定義され[9]、これを境に国際社会での論議が活発化していく。この考えにもとづき、一九九〇年代から発展する環境観光の一形態がサステイナブル・ツーリズムである。

なお、一九八〇年代はエコツーリズムが盛んになり始める年代でもあった。エコツーリズムとはエコロジカル・ツーリズム（生態観光）の略語として使用されるようになった語で、観光客がより環境にやさしい観光を求め、かつ環境保護に理解を示すようになったこと（Poon 1993）、あるいは、観光が社会問題や環境破壊の要因となっていると認識されるようになったこと（Mowforth and Munt 1998）を背景に発展してきた。エコツーリズムとは、簡潔にいえば、自然あるいは生態系を基にした観光（Cater 1994a）である。エコツーリズムの国際団体であるThe Ecotourism Society[10]（当時）は、「環境が保護され、かつ地域住民に福利をもたらす自然地域への責任ある旅行」という定義を採択している（Western 1993: 8）。

E・ケイター（Cater 1994b: 69-71）は、一九八〇年代のエコツーリズムの発展について、「壊されていない自然環境の種類や程度について、まぎれもなく有利な状況にある」発展途上国に着目し、現在ではエコツーリズムでよく知られるベリーズ、コスタリカ、エクアドル、モルジブなどの統計データを検証している。各地の一九八一年と一九九〇年の観光客入込数を比較すると、ベリーズ二・四倍（一二万九〇〇〇人増）、コスタリカ一・三倍（一〇万二〇〇〇人増）、エクアドル一・四倍（八万七〇〇〇人増）、モルジブ三・三倍（一三万五〇〇〇人増）であった。観光収入は、一九八一年から一九九〇年でベリーズ一一・四倍（八三〇〇万米ドル増）、コスタリカ二・九倍（一億八一〇〇万米ドル増）、エクアドル一・五倍（六二〇〇万米ドル増）、モルジブ五・七倍（七〇〇〇万米ドル増）であった。その他、観光がGDPに占める割合がベリーズでは四・五％（一九八〇年）から二四・八％（一九九〇年）になる等、一九八〇年代にエコツーリズムが発展しつつあったことがわかる。

一九九〇年代には、エコツーリズムを論じるさまざまな学術書（たとえばCater and Lowman 1994, Fennell 1999など）が出版され、エコツーリズム実践に関する指南書（たとえばLindberg and Hawkins 1993）も世に出ている。加えて、エコツーリズム関連の国際会議が盛んになっていく。[11] エコツーリズムに関するさまざまな動きが活発化したことから、一九九〇年代は「エコツーリズムの世紀」（Eadington and Smith 1992）と称されるようになった。

他方、エコツーリズムの研究や実践が進むと、エコツーリズムに対する批判的な意見も提示されるようになった。たとえば、B・ウィーラー（Wheeller 1994）は、エコツアーの開発が進むと、環境保護への貢献に関係なく自然や環境がツアー素材として商品化されていく危険性があり、また、エコツーリストが増えると観光すること自体が環境への負荷になると指摘した。エコツーリズムこそが環境破壊につながるのではないかという指摘は複数なされた（例えばHunter and Green 1995, McLaren 1998など）。加えて、エコツーリズムは実のところ環境保護のみを重視し地域社会への配慮は欠いているのではないか、地域に継承している文化への関心が低いのではないか

---

［9］持続可能な発展の日本語訳は広く知れ渡っているが、ここでは環境情報センターＥＩＣネットのウェブサイト（http://www.eic.or.jp/ecoterm/?act=view&serial=1124）に記されたものを引用した。

［10］二〇〇〇年にThe Ecotourism SocietyからThe International Ecotourism Societyに名称変更されている（The International Ecotourism Societyのウェブサイトhttp://www.ecotourism.orgを参照）。

［11］エコツーリズム推進協議会（1999）によると、たとえば一九九二年には、国際自然保護連合（ＩＵＣＮ）が「第一回東アジア国立公園保護地域会議」を開催し、同連合としてのエコツーリズムの定義を決定している。また、一九九七年にはＵＮＥＳＣＯが「第五回ユネスコ・東アジア生物圏保護区ネットワーク会議」を開き、エコツーリズムが主要課題に取り上げられている。

(Nuttall 1997, Lanfant and Graburn 1992など)、といった批判が相次いで出た。

なお、同じく一九九〇年代には、エコツーリズム以外の環境観光も提唱された。一九九二年にリオ・デ・ジャネイロで開催された環境と開発に関する国連会議(United Nations Conference on Environment and Development(UNCED))で二十一世紀に向けて持続可能な開発を実現するための具体的な行動計画として「Agenda 21」[12]が採択されると、観光における持続可能な発展の議論が盛んになった。そして、持続可能な観光はサステイナブル・ツーリズムと称され、一九九五年にはスペインのカナリア諸島でサステイナブル・ツーリズムについての国際会議(World Conference on Sustainable Tourism)が開催された。この会議において、サステイナブル・ツーリズムの実践や研究においては、生態系を破壊せず、経済的に利益が見込まれ、かつ地域社会にとって倫理的・社会的に公正な観光発展を目指すべきだとする理念が提示された(France 1997: 11-13参照)。

その他、グリーン・ツーリズム(Green Tourism:国・地域により意味が異なっているが、英語本来の解釈は環境保護により敏感な観光)、リスポンシブル・ツーリズム(Responsible Tourism:責任ある観光)等が提唱され、環境と観光に関する研究は多極化して二十一世紀を迎えた。二十一世紀の環境と観光の発展について総括するのは時期尚早と判断し、別の機会に論じたい。

以上、環境観光が発展してきた経緯について簡潔に紹介した。このような環境観光に対して、文化人類学からどのようにアプローチしていけばいいのか。以下では、観光と環境、それぞれについての人類学的な先行研究を検討する。

Ⅲ 観光人類学における環境観光

1 観光人類学

まず、観光に対する人類学的アプローチとして、観光人類学について記す。人類学においては、そもそも観光という研究テーマが軽視される傾向にあった。その理由を橋本和也（1999: 7）は次のように説明している。「ほとんどの調査地で調査者はまずはじめに『観光で来たのか』と現地の人から質問され、歯がゆい思いをする。以後、調査地で観光者と間違えられないように、観光者との差異性をアピールすることを心がけ、『観光』に関わることを意識的に避けてきた」。人類学者が観光客と差別化をはかる背景には、レクリエーションで訪れている観光客と混同されると調査地における情報収集が望むように進まない可能性が高いこともあるだろう。多くの人類学者にとって、容易で都合がよい対処策は、自分は観光客ではないと自己主張し、目の前で起きている観光事象から目を背けることだった。

上記以外の理由として、そもそも観光は先進国に関連してみられる現象であり、人類学が対象とする発展途上国の現象としては議論しづらかった、もしくは、当初は観光する側や経済活動に重点が置かれたため人類学が主に調査対象としてきた地域コミュニティや観光される側に注目が集まらなかったというのがある（Burns 2004: 7）。ちなみに観光研究は十九世紀末にイタリア政府関係者が外貨獲得手段として観光をとらえ、外国人観光客の動態把握を試みたものが最初だと言われている（Ogilvie 1933，岡本 2001 より参照）。また、調査手法としても、量的データによる分析が望まれており、人類学者が得意とする質的データの収集や分析は期待されていなかったという考えがある（Burns 2004: 7-8）。いずれにせよ、多くの人類学者が調査地で観光という現象を目の当たりにしながらも避けてきたことは事実である。

この観光というテーマに対し、先見的な視野を持つ人類学者が正面から向き合い、研究テーマとして大きな注

［12］Agenda 21 の説明については、環境情報センターＥＩＣネットを参照した（http://www.eic.or.jp/ecoterm/?act=view&serial=55）。

目を集めることに成功したのが、一九七四年のアメリカ人類学会で開催されたシンポジウムだった。その成果は一九七七年に *Hosts and Guests* と題して出版され、現在に至るまでに改版・再編されている。[13] 上記のシンポジウムおよび文献で着目されたのは、観光における二つの異なる主体、すなわち観光客を受け入れる側のホストと観光する側のゲスト、の関係であった。

加えて、編者のV・L・スミス（Smith 1989: x）は同著の第二版で、第一版では文化の変容における、近代化と観光の影響を区別する難しさを執筆者の間で共有し、この点を各々の事例から議論したとコメントしている。観光から近代（化）の本質を浮かびあがらせるという視座は、人類学や社会学を中心に先行研究でしばしば見られており、疑似イベント（Boorstin 1961）[14]、オーセンティシティ（MacCannell 1976）[15]、観光のまなざし（Urry 1990）といった理論的枠組みを提供して観光研究の発展に大きく寄与している。このような一九七〇年代に端を発する観光研究をもって観光人類学は始まった。

P・M・バーンズ（Burns 1999: 73-79）は、観光人類学の潮流には、観光を儀礼や聖なる旅として日常から非日常への移行と捉える見方と、先進国から途上国、中央から周辺へという移動のなかで文化に変化をきたす帝国主義の一形式だとする見方があると論じている。『観光人類学』を編んだ山下晋司（1996: 7）は、先行研究の内容を、観光を生み出すしかけ、観光が観光客を受け入れる社会に与える影響、観光によってつくりだされる文化の三つに分類した。その他、M・クリック（Crick 1989, Burns 1999: 84より参照）は先行研究を記号論的研究、政治経済的研究、文化社会の変容に関する研究の三つに分類している。

なお、人びとが複数の場所を移動することによって成立する観光を分析するにあたり、前述のとおり観光人類学は観光地側のホストと観光する側のゲストという二者の関係から分析することを出発点としている。山下（1999）は、多くの先行研究ではその二者の関係から生じるさまざまな現象を観察・分析することが課題となっていると記している。[16] G・L・バーンズ（Burns 2004: 11, 13）は、人類学的アプローチこそが、ホスト、ゲスト、さらにはこの二者を取り巻く関係主体[17]の観光への関わり方やその背景を包括的に解明できると主張している。[18]

社会科学を中心に複数の学問分野からのアプローチをまとめたA・ホールデン（Holden 2005: 138）は、人類学者が観光に対して独特の視点を持ち得ることを認め、長期フィールドワークという調査手法を用いる観光人類学こそが、他分野では見落としたり誤認したりする詳細な現象に気づき、データをとることに成功していると記している。つまり、地球上の至るところでみられる観光という事象の本質、言い換えれば地域を越えて複数の主体が一時的な時間軸のなかで複雑に重なり合う観光という事象を、現場の視点で、目の前で何が起きているのか見

---

[13] 一九八九年に「エピローグ」の形で進展を記した第二版が出版され、その後二〇〇一年に *Hosts and Guests Revised* として再編されている。

[14] Boorstin（1961）は現代社会に氾濫する、人びとの関心を惹く合成的で新奇なニュースや出来事を「擬似イベント」と称し、観光で得られる体験は擬似イベントの典型的な例だと論じている。

[15] MacCannell（1976）は、近代社会では authenticity、つまりさまざまな事象の「真正性」「本物」が失われており、「真正性」はより質素で単純な生活様式の残る、他の時代、他の社会にあるものだと唱えている。そして、人びとは観光行動を通じて、失われた「本物」の体験や感覚を得ようとして居住地とは異なる場所を探索する。しかし、現実は、ホストとゲストが交流する表舞台からホストしか存在できない裏舞台まで「ステージ」が幾重にも重なっており、観光客は、結局のところ限定された「ステージ」のなかで「本物らしい」経験を積み重ねていくことになる、と主張している。

[16] 山下（1999: 10）は、観察すべき具体的課題として「観光客は何を求めて旅をしているのか」「ホスト社会はどのように対応しているのか」「ホストとゲストのコンタクト・ゾーンで何が起こっているのか」「（ホストとゲストの）コンタクトの結果、なにが生じるのか」を挙げている。

[17] 観光主体について、たとえば小野（2002）は、ホスト、ゲスト、そして両者を仲介する者、の三主体に着目すべきだと提唱しており、エコツーリズム協会推進協議会（1999）はホストとゲスト、旅行業者、研究者、行政という五主体を検討すべきだと提案している。

[18] バーンズは、学際的に研究することで包括的な視座を提供することを可能にするとも示唆している。

抜こうとするには、人類学的手法が最適だということである。

人類学という学問分野の内部からみても、複数の主体を包括的に調査・分析する観光研究は、今後の人類学全体の発展に大きく寄与できる。竹沢尚一郎（2007: 327-329）が述べているとおり、これまで人類学が研究対象としてきたのは途上国に属する地域・社会が多く、「世界の他の地域や他の社会との関係を無視して、孤立した社会、独自の文化をもつ完結した社会として扱う傾向があった」。しかし、現代においては「対象社会の文化や社会システムや人びとの実践を〔中略〕、資本主義世界経済や他集団との相関関係のなかに位置づけ、他方において、歴史的なパースペクティブのなかでその固有の特徴の形成をあとづけていく作業」が必要となる。加えて、「今日の世界が、〔中略〕『文化』の名によるさまざまな問題を生じさせているとすれば、それらの問題を現場で詳細に記述し、その解決のために人びとや諸々の機関や団体がどのような取り組みをしてきたか、それらの取り組みはどれだけ有効であり、限界を有しているかを記述し分析することこそ、人類学が今後おこなうべき重要な課題のひとつ」だとも述べている。

観光研究では、調査対象となるのは観光に関連する複数の主体であり、そのなかには流動的に短期間の移動をする人びとが含まれている。ゆえに、各主体の背景にある社会システムや文化は異なっているのはもちろん、まさに現代社会で日常的に見られるように、まったく見ず知らずの人びとが観光を通じてすれ違ったり交わったりする現象が起きる。そこでは、目に見える問題が生じることもあるが、目に見えない相互の違和感や理解のギャップが生じることも多い。これらの問題や違和感、理解のギャップ、さらにはそれらの要因をフィールドワークによって観察し、記述し、分析することは、観光に関わる複数の主体の関係を浮かび上がらせて今後の観光実践に寄与するだけでなく、現代社会で起きている事象を人類学的に捉える方法や新たな理論的枠組みの構築にも役立つ。つまり、観光を人類学的アプローチで研究する成果は、人類学そのものにも大きく寄与できる可能性が高いのである。

2　観光人類学における環境観光

観光人類学では、環境観光をどのように捉えるのだろうか。A・ストロンザ（Stronza 2001: 261–262）は、観光人類学の先行研究を一三に羅列しており、それを筆者がまとめたのが表1－1である。表1－1からわかるとおり、先行研究を分類した一三項目のうち、環境に関するものは「自然の変化とその価値づけ」「地域社会に利益をもたらすための自然環境と伝統文化の保全」の二項目しかない。このことは、観光人類学における環境観光の先行研究が比較的少ないことを示唆している。

表1－1　Stronza（2001）における先行研究の分類

- 労働と余暇の通文化的意義
- 娯楽・儀礼・巡礼の相互関係
- 観光客と地域住民の交流による文化の変容
- 観光実践における文化の表象と解釈
- 観光による伝統文化の変化
- 本物と偽物の差異
- 観光における民族イメージのステレオタイプ構築
- 観光産業との関係で変化する先住民社会
- 文化の商品化とその位置づけ
- 自然の変化とその位置づけ
- 地域社会に利益をもたらすための自然環境と伝統文化の保全
- 観光における関係主体の力関係
- 観光の成功につながる地域の参画

Stronza（2001：261–262）を参照して作成

この状況について、観光研究にとりくむ多くの文化人類学者が、自然よりも伝統文化や民族文化と観光の関係に着目し、文化変容や新たに生み出される観光文化に強い興味をもつ傾向があると説明することが可能だろう。しかし、近年の環境観光の発展に対しては複数の人類学者（たとえば Burns 2004: 12–13, Stronza 2001）が、自然を対象とした観光についての先行研究は少ないが、今後は大いに人類学的アプローチが貢献できると論じている。

数こそ少ないもののこれまでの観光人類学における環境観光の先行研究では、主にエコツーリズムが中心に論じられてきた。その結果、複数の人類学者によって、エコツーリズムが欧米の自然観にもとづいて実践されているという指摘および批判がなされている。ニーク・プランチ（2003: 207）は、「景観がよく、自然が豊富で、貴重な動植物が生息していても、それだけでは『エコ・ツーリズム』にはならない。西洋流の『（エコロジーの）理念』の枠組みにそれらの景観・自然・動植物を取り込み、『エコ・ツーリズム』の貴重な要素として再提示してはじめてエコ・ツーリストが求める『商品』となる」と述べている。また、山下（2002: 705）は、「エコツーリストには欧米人が多いというだけでなく、エコツーリズムという考え方自体が、欧米の自然観の延長上に形成され、主に欧米人の観光マーケットのなかから生まれてきたものだ」と説く。

これらについて、池田光穂（1996: 73-82）は、エクアドルやコスタリカのエコツアーの例に触れながら、観光客が触れられる自然は、観光することが許可された「演出された本物」としての自然であり、その自然を鑑賞するエコツアーは、できるだけ「本物」を感じさせる滞在方法が採られていることを指摘する。人びとはエコツアーを体験することによって、本物の自然というよりは「環境保全意識の象徴としての自然」を消費し、「自己の環境保全意識を産出」するのである。

なお、意図的に地域住民を追いやってまで「原生の自然」を生み出す地域についての事例も紹介されている。たとえば、近年エコツアーが盛んになっているマレーシア・ボルネオ島のサラワク州ムル国立公園では、国立公園を設定するために先住民プナンの人びとが追い出され（山田 2002）、ボリビアでは、アメリカへの債務減と引き換えに制定することになった自然保護地区のために原住民が意に沿わない協力を余儀なくされている（Mowforth and Munt 1998）。

このように、観光人類学の先行研究では、エコツーリズムがとりあげられ、西洋的な自然観のもとで人間とは関わりの少ない「自然」が対象となる傾向があること、さらには、そのような「自然」を生み出すために、地域住民が生活環境を放棄しなければならない状況さえ生まれていることが指摘されている。これらのことから、エコツーリズムで対象となる「自然」は、社会・文化的に創造された「自然」という概念の象徴であるといえる。

以上、人類学からの観光研究について検討してきた。観光人類学はホストとゲストという異なる主体の関係性と、観光という近代とともに生まれてきた事象が社会や文化に与える影響を中心に、一九七〇年代頃から研究成果をあげてきたが、環境というテーマに対する研究はまだあまりない。少ないながら環境をテーマにした先行研究からは、観光対象となる自然が西洋的な自然観によって創造されていると指摘がなされている。

では、社会・文化的に創造される「自然」「環境」とは文化人類学的にはどのように捉えることができるのであろうか。以下では、環境観光の環境に注目した人類学的アプローチを検討していきたい。

Ⅳ　環境主義の人類学における環境観光

1　環境主義の人類学

環境観光は、人々が経済発展を最優先する時代から環境保護を重視する時代へと変わるなかで生まれてきた。具体的には、一九六〇年代から欧米社会を中心に隆盛してきた環境保護に関わる動きと深く関連があり、この動きは「環境主義」あるいは「環境保護主義」と称される。以下では、環境主義と人類学、さらには環境観光の関係について検討していこう。

環境主義は、D・ペッパー（Pepper 1996）によれば、人間のみが自然を支配・利用することのできる存在であり、人間は自然より優位な存在であると考える「近代」への反動から生まれたものである。具体的には、自然の審美的な側面を重視する十八―十九世紀ロマン主義の思想を受けて、自然にも独自の存在価値を認めたうえで、人間の生存に関わる環境について論じる動き（McCormick 1995）である。T・オリオーダン（O'Riordan 1981: ix）は、環境主義は生態系を守りたい、あるいは資源を保全したいという単純な要望として理解できるものではなく、環境保護に理解のない人びとや保護など実現できないと思っている人びとに、望ましい行動を促すための政策や行動様式の、現時点での状態として認識すべきだと述べている。つまり、環境主義とは、環境を論じるときの多様な立場や考え方、自然に関する知識や哲学など、環境についてのさまざまな解釈を内包し、かつ国際社会の力関係や政治の再構築にも影響を与える「主義」だということである。[19]

観光研究と同じように、環境主義に関する研究も複数の分野から行なわれているが、[20] 人類学においては、K・ミルトン（Milton 1993: 4-6）が以下の三方向からのアプローチを紹介している。まず、文化生態学、生体人類学、人類生態学等の研究蓄積から、人類がどのように環境と関わってきたのかを提示し、それによって環境破壊の要因、あるいは環境保護への解決策を導くことができる。次に、人類学では自明である、文化や社会が異なれば自然観や政策決定方法が違うということを世に広く説き、異文化間のコミュニケーションを潤滑にすることによって、環境問題解決にむけた国際的な議論の発展に大きく貢献できる。これら二つのアプローチは、人類学的論議であると同時に、環境主義を構築する過程に一役買うことにもなるだろう。

三つめのアプローチとして、環境主義そのものを人類学的に研究することができると提案している。ミルトン（Milton 1996）やP・E・リトル（Little 1999）によると、環境主義の中心にいるのは、地球規模の社会経済システムにもとづいて生活し、必要な物資を世界中から調達する、一生態系が存続危機に面しても直接的な影響を受けない人びとである。これらの人びとは、人間と環境の関わりを考究する生態人類学が対象とする、小規模の生態系に深くかかわり、生態系の変化に直接的影響を受ける地域住民ではない。環境主義者の多くは先進国に属し、彼らの日常生活の場とは異なる地域の環境破壊を懸念し、保護を訴えているのである。M・モウフォースとI・ムント（Mowforth and Munt 1998）によれば環境主義はあくまで欧米諸国を主としたものであり、先進国の人びとが国際的な力関係を背景に、発展途上国の環境保護を論じ、また実践している。

この三つめのアプローチについてミルトン（Milton 1993: 8-10）は、具体的には環境主義で使用されている「環境」という言葉の言説分析が最適だと主張している。ミルトンによると、言説（discourse）には、あるテーマについてのコミュニケーションと、コミュニケーションの過程そのものの二通りの意味があり、環境主義においては、「環境」についての論議と、「環境」という用語の意味・解釈を構築していく過程を意味する。そして、先に述べたとおり環境主義は「環境を保護しよう」という人びとの意思の表われではなく、「環境を保護すべき」という考えを具現化するための政策や行動様式のまとまりであるので、それをとりまく言説の研究によってこそ、その本質を解明することができる。

ここで環境主義が観光に及ぼす影響についてみてみると、欧米を中心に発展してきた環境主義およびその運動が、観光対象の選別に大きく影響している（たとえば、Holden 2000, Mowforth and Munt 1998）。世界で観光している多くの人びとは、直接的に一生態系の変化から影響を受けない経済的に豊かな先進国、なかでも欧米諸国に属しており、[21] 彼らが「環境にやさしい」「環境に配慮した」観光対象として特定の自然や景観を称賛しているのである。

[19] O'Riordan（1989）は、環境主義の考え方は大きく二つに分けられるとし、人類を地球生態系の一部分と考え、自然を尊重し、環境を守るためには現代社会が享受してきた発展を制限しなければいけないと考えるEcocentrismと、環境問題は技術革新等により現代社会のなかで解決することができると考えるTechnocentrismを提唱した。Merchant（1992）はこの二分類を、自然を有機体のように認識するEcocentrismと自由主義的かつ楽観的なEgocentrismと言い換えた上で、功利主義とマルクス主義の流れを受けた、人類の公益を重んじた環境管理を主張するHomocentrismを第三のカテゴリーとして提唱している。

[20] たとえば、Milton（1993: 6）のまとめを参照すると、社会学では広義の社会動向の一つとして環境主義を分析し、政治学では環境政策および政治思想としての環境保護を扱っている。経済学では、環境的な価値をどう経済理論に組み込むか、検討が進んでいる。

[21] 一九九五年に原住民を援助する国際組織Survivalが発表したレポート（Mowforth and Munt 1998より参照）においても、すでに世界の観光主体のうち五七％がヨーロッパ、一六％が北アメリカに属する国籍保持者であった。この傾向は、最近のWorld Travel and Tourism Council（WTTC）のレポート等でもあまり変わっていない。

本書の、環境観光における「環境」の具体的な意義を分析する試みには、ミルトンのいう、「環境」という用語の意味・解釈を構築していく過程を精査する、環境主義の言説分析が参考になる。そこで、まずは、先行研究や実践における観光対象としての「環境」の意味や解釈について確認しておこう。

2 観光における環境

観光対象としての「環境」の意味や解釈を分析する端緒として、改めて、環境観光で最もポピュラーな観光形態である「エコツーリズム（Ecotourism）」についてみておきたい。本章の最初の方で、国際団体である The Ecotourism Society（Western 1993: 8）はエコツーリズムを「環境が保護され、かつ地域住民に福利をもたらす自然地域への責任ある旅行」と定義づけていると紹介した。しかし、たとえば環境NGOの World Wide Fund for Nature（France 1997: 18より参照）はエコツーリズムを「自然資源を保存して経済利益を得る方法としての、保護された自然地域への観光」だと提唱しているように、この観光形態の定義は複数ある。

現在では、このエコツーリズムの定義の内容について比較研究がおこなわれている。たとえば、E・シラカヤら（Sirakaya et al. 1999）は、学術研究者による二五の定義を、米国エコツアー運営者の解釈とともに示した論文を発表している。また、フェネル（Fennell 1999）は自身の著書のなかで、学術研究者及び民間団体が提案する一五の定義を、自然への興味・環境保全への関与等一三の項目について比較している。国内では、敷田麻実・森重昌之（2001）が、定義に言及した文献やエコツーリズムの要件等を分析・紹介した論文を発表している。これらの複数の比較研究を参照してみると、エコツーリズムの定義に概ね共通する要素として、「自然を対象とした観光」「環境保護」「地域貢献」「負荷が少ない」などを挙げることができるが、その他にも「教育効果」「楽しさ」等、指摘されている項目は一様ではなく、エコツーリズムが「主義（-ism）」とも言われるようにさまざまな解釈・理解が可能であることが示唆される。

エコツアーの特徴について、世界各地での実践では人間社会と乖離した地域が観光対象となり（Mowforth and Munt 1998）、「原生の」「残された」自然が称賛されていることが多い。たとえば、エコツーリズム推進協議会（1999）がエコツアー・サイトとして紹介する地域・国をみてみると、全島が動物保護区に指定されているガラパゴス諸島、世界の動植物のうち約二〇％が生息するインドネシア、熱帯雨林から砂漠までの多様な環境を持つカメルーン、多様な環境に独特の進化を続ける動植物が生息しているハワイ島などが挙げられている。これらの観光地で強調されるのは、人間の営みや開発といったイメージとは無縁の、汚れのない自然、手つかずの自然、である。つまり、環境観光の対象は自然すべてではなく、明確な傾向があるのだ。

代表例であるエコツーリズムの特徴を確認したので、次に観光対象としての「環境」の解釈を示す先行研究にあたりたい。ここで「観光のまなざし」について触れておく。J・アーリ（Urry 1990）は、近代社会においては、日常における平凡な経験と日常を抜け出したところで得られる特別な経験があると述べ、観光客が興味を持って観光対象ととらえるものに着目して、観光のまなざしという概念（Urry 1990: 2）を提唱した。観光のまなざしとは、観光客が観光対象を捉える独特の視点の投げかけ方を意味しており、家庭や職場での社会活動を通じて生み出されるものであるため、各時代、各社会によって異なる。アーリが言わんとすることは、時代を問わずいかなる観光客でも得られるような普遍的な観光経験はなく、観光の対象となる事象は、人びとの日常生活での体験をもとに特定のもの、とりわけ対極である非日常的なものが選択されて、創られていくということである。なお、そのプロセスに大きな影響を与えているのがメディアであることも指摘されている[22]。

アーリ（Urry 1995: 174）は、自身が提唱した観光のまなざしと同様、環境そのものも社会的・歴史的・文化的背景によって定義が変わると論じている。そして、環境は、ある状況では生業のために次世代まで継続しなければいけない土地を意味するが、別の状況では人類の対立項としての自然であったり、科学的研究の対象であったり、あるいは多くの観光実践のように審美的な価値を与えられた景観だと捉えられたりする。

アーリ（Urry 1995）は観光を分析するのであれば、景観という概念に注目すべきだと記している。そもそも環境と景観の違いについては人類学的には次のような議論がある。Y・F・トゥアン（Tuan 1979: 90, 100）は、環境は単純にある場所に存在する実体の一部と考え、景観は人間の成熟した精神の結果として生み出されるものだと考えている。つまり、環境は所与のものであるが、景観は人間によって創り出されるという。これに対しT・インゴルド（Ingold 2000: 193）は、自然こそが物理的世界の実体、すなわち所与のものであり、環境は人や生物との関係で組織化される世界のための実体、簡潔にいえば、人や生物に何かを与え得る資源としての性質を有する実体であると述べている。さらに景観については、ある者がその時点で存在する世界を形作る枠組み、つまり、ある主体が自身をとりまく世界を個人の主観によって決定したものであると主張している。

このように、環境と景観については議論があるが、観光における環境とは、観光客の主観によって決定されるため、景観といった方が正しい。そもそも、景観という考え方が浸透し始めたのは十五―十六世紀頃からで（Cosgrove 1985: 46）、英語で景観を意味するlandscapeは画家が用いる専門用語としてドイツ語から引用された（Cosgrove 1985: 56）とも、十六世紀にオランダ語から引用された（Hirsch 1995: 2）ともいわれている。[23] どちらにせよ、当初は風景を芸術的に表現したものを示していた。だが、画家が同じ風景を描いても各々の主観や個性によって異なる作品に仕上がることから、景観は「人々が創造力および想像力を駆使して彼らを取り巻く環境の中に自分自身をどのように位置づけるのか」を意味するようになっていく（Stewart and Strathern 2003: 3）。景観には、人びとの主観によって形成されるものだという概念が含まれているのである。

景観の解釈について、E・ヒルシュ（Hirsch 1995: 3-5）は、まず、人びとの生活には、日々の生活の場と、日常と関連しながらも切り離される想像や期待が多く含まれる非日常の場があると述べる。その上で、P・カーター（Carter 1987）の研究に触れて、オーストラリアでは移住してきたヨーロッパ人と先住民アボリジニが異なる文化解釈を有しながら、共に同じ場所で現実としての日常と希望や可能性を秘めた非日常の関係の構築をおこなっていると論じる。そして、この、どのような文化的文脈においても存在する、人間が日常と非日常の関係を構築する過程こそが景観であるとする。

P・J・スチュワートとA・ストラザーン（Stewart and Strathern 2003: 4-5）は、上記のヒルシュの考えを受けて、「家」と旅の関係について触れている。家は場所が固定されているものだという解釈がある一方、家というのは場所から場所への移動のなかでも存在するとも解釈される。後者の解釈の例は、旅をしていても家にいるように感じる、という例をあげることができる。こちらにもとづくと、人びとは想像し、かつ理想だと考える特別な場所を自分自身のなかに景観として抱きながら移動できる。人びとは、景観とともに旅行し、観光実践を通じてその理想像を訪れた場所に投影し、個人の欲求を満足させるのである。観光対象としての環境を考えると、この理想像を形成する過程を「環境にやさしい」という形容詞で表現し、かつ景観という言葉を使わずに「環境」というキーワードで観光対象を表現していると考えることができる。

上記のように、景観と環境の概念を参照して観光における環境の意味や解釈を考えると、観光客は自身の日常に足りないものを満たすため、ある限定された景観を観光に求め、その観光対象を「環境」さらには「環境にやさしい」と表現して、観光を実践していることがわかる。

〔22〕Urry（1990: 100-101）は、人びとは観光地に投げかけるまなざしと同じ視線をテレビやビデオで映し出される場所や風景にも向けることができると指摘している。メディアを通じて個人の空間で観光と同じような体験ができることにより、レジャーと観光の差が薄れ、人びとは瞬間的に自分の欲求を満たし楽しませてくれるアクティビティを、時間・場所を問わず選択できるようになった。観光のまなざしを突き詰めていけば、まなざしが向けられる先は必ずしも「本物」とは限らず、観光する側もそれを多かれ少なかれ理解している。

〔23〕日本語の「景観」は、明治時代、植物学者の三好学がドイツ語の landschaft を訳すために生み出した造語だといわれている（後藤 2009: 24 より参照）。

以上、環境主義の人類学で提示された、「環境」の言説分析という研究手法を参考に、環境観光における「環境」の意味や解釈を検討してきた。まず、環境観光は、環境主義の人類学が対象とする、地球規模の社会経済システムによって生活を営んでいる人びとが地球規模の環境を懸念し保護しようとする動きのなかに位置づけられる。そして、観光対象としての環境は、実は観光に関わる人びとが主観的に創り上げている「景観」だと理解できる。観光実践において、人びとは自身の日常を反映しつつ理想的な景観を主観的に創り上げ、そのイメージを内包しながら観光活動をおこない、観光地に自分の理想とする景観を投影して称賛するのである。観光客にとって、観光対象として視線を投げかける環境は、現地住民が直接的に関わる生産のための自然とは質異なる、観念的な抽象物である。

冒頭からここまで、環境観光の観光と環境について、それぞれ観光人類学と環境主義の人類学からのアプローチを検討してきた。観光人類学では、ホストとゲストという関係主体に注目して観光を分析することが提案され、環境主義の人類学では、環境という言葉がどのように使用されているかという言語分析が有用だと提示されている。しかし、これらの枠組みだけでは、環境観光における環境がどのような性質のものであるか、さらには観光対象としての環境の生成と活用のメカニズムを解明するのは難しい。そこで、これらの人類学的アプローチから明確になった、観光地に投影される自然観や主観的な景観と、実際の観光地に存在する自然との関係をどのように分析すべきかに着目して、象徴系と生態系という視座から資源について考究する資源人類学からのアプローチを検討してみたい。

V　資源人類学における環境観光

1　資源人類学

「資源」とは、『広辞苑』第六版には「生産活動のもとになる物質・水力・労働力などの総称」と紹介されているが、学術的には一九三三年にジンマーマンが提示した資源についての定義が参照されることが多い。ジンマーマンは、「資源とは高度に動的な機能的概念である。資源は存在せず、生成する。資源は自然、人間、文化の三位一体的交互作用から展開するのであるが、この交互作用において自然は外的な限界を劃するが、物質的総体のうちどれだけの部分が人間の利用しうる状態におかれるかということに対しては、人間と文化に大いに責任がある」と唱えた（ジンマーマン 1954[1933]: 1074, 強調は原文ママ）。言い換えると、資源とは、人類にとって外的に所与されるものではなく、人間社会が自然環境に働きかけて関係を構築する中で生成されるものである（Hanink 2000: 227 参照）。資源が人間によって生成されるのであれば、いかなる事物（あるいは事象）が資源となりえるのか、また、どのように資源が生成され活用されるのか、という問いが想起される。

資源に対する人類学的アプローチについて、日本では二〇〇二年度から二〇〇七年度に文部科学省科学研究費補助金特定領域「資源の分配と共有に関する人類学的統合領域の構築——象徴系と生態系の連関をとおして」（以下、「資源人類学」）の研究が実施され、国内外の多くの人類学者が関わった。同研究の代表者である内堀基光（2007: 19）は、資源を「人間の活動の中で動的であるとともに、人間の生活に動的な力を供給するもの」と捉えている。そして、「資源人類学」では、資源を象徴系と生態系という二領域に大きく分け、農耕民にとって農業生産の基盤を提供する土地は生態資源[24]であるが、その土地の所有によって社会的地位や権威の象徴となる場合は象徴資源とみなされる（内堀 2007: 27）。つまり、同一の自然や環境の資源としての性質は、人びとのアプローチ

[24] ここでの生態資源は、資源を二領域に分けた際の広義の生態資源である。「資源人類学」では広義の生態資源をさらに自然資源、生態資源、生態空間資源、身体資源と区分して研究に取り組んでいる。印東（2007: 183）は、この細分された方の生態資源を、「単なる生物資源ではなく、自然環境や人間活動を含む、ある生態系に包括されるもののうち、そこに生活する人間が有用であると認識した自然物や現象をさす」と定義している。

によって生態資源であるか象徴資源であるか、決まるのである。

環境観光における自然や環境は、上述してきたようにある特定の人びとの自然観や観光に関わる主体の主観的なイメージによって創造されるので、生態資源ではなく象徴資源であるといえる。内堀（2007: 26）は、象徴資源を文化、知識、小生産物、貨幣の四つのカテゴリーに分類しているが、環境観光において象徴的に創りだされるイメージとしての環境、すなわち景観は小生産物や貨幣ではない。また、知識資源には、伝統的技術を含む伝統的知識や在地の知識が想定されているので[25]、知識にも該当しないであろう。では、環境観光における資源としての環境を、文化資源として捉えることが可能だろうか。

山下（2007a: 51–56）は、文化に複数の定義があることを示したうえで、エドワード・タイラーやフランツ・ボアズの著作に触れながら、「文化相対主義的な生活様式としての文化と普遍主義的な芸術的な文化（pp.52）」の関係を明示することが文化資源を論じるにあたっては重要だと述べている。そして、これら複数の文化の関係を解明するために、ジェームズ・クリフォードやピエール・ブルデュー等の先行研究に触れながら、「文化と芸術、文化資源と文化資本は、互いに排除的な関係ではなく、動態的な相互生成関係にある（pp.56）」と明示し、動態として文化の資源化のプロセスを論じている。

文化資本と文化資源の関係については森山工のまとめが参考になる。森山工（2007）は、ブルデューによって提起された文化資本を「階級分化と階級の再生産という社会の構造にかかわる事象を、何らかの時間的な幅において捕捉するための概念装置であるといえる。したがってそれは、構造志向的なものなのだ」と説明している。これに対し、文化資源という概念は行為志向的なものであり、文化資本のように「ある一定の時間の持続におけ る大きな尺度での社会的構造化の現象を捕捉するのでなく、ある特定の行為者がある特定の行為によってある特定のものを『資源』として活用する、その行為の具体性、およびその行為が紡がれる場の具体性を可視化するものとして、『文化資源』という概念を用いることができる」（森山 2007: 63）。

文化資源という概念から文化人類学的な研究を紹介した『資源化する文化』（山下編 2007）では、文化資源を論じるための事例が複数提示されている。それらの事例は、マダガスカルにおける女王の移葬（森山 2007）、ロシアにおける言語教育の事例（渡邊 2007）、フィリピンの植林運動とその映像化（清水 2007）、ネパールのメイフアルという催しとそれに関する歌・踊り（名和 2007）、オーストラリアにおけるアボリジニ美術（窪田 2007）、ノルウェーを中心とする北欧の先住民族サーミ人の権利回復運動と彼らの文化（葛野 2007）、日本の「ふるさと」を主な切り口とする民俗文化に関する諸政策（岩本 2007）、日本の葬儀に関わる諸要素（田中 2007）、そして拙稿の日本の環境観光における里山（堂下 2007）である。上記から、文化資源としてアプローチできる事例は多岐にわたることがわかる。

では、文化資源において、自然をどのようにとらえればよいか。森山は、文化資源を論じる意義を示すために、文化と資源に加えて自然にも言及しながら、これらの関係性について、以下のように議論を展開している。まず、文化資源は文化と資源という構成要素に分けられるが、文化をタイラー以降の定義である「人々の生活様式」と捉えるなら、その対概念は「自然」であり、人びとの営みのなかで生物学的・生理学的に規定されるものを除けば、「文化」としてくくられる（森山 2007: 61–62）。また、資源は、内堀（2007）の資源概念を概ね踏襲し、「何らかの用途のために動員され、利用される有形・無形のもの」と理解する（森山 2007: 62）。そして、文化資源とは、『文化』を『資源』として動員し、利用する営みにかかわる用語」であり、「包括的に規定された『文化』がその包括度のさまざまなレベルにおいて動員され、利用されているかぎりで、その『文化』は『資源』であることになる」と記す。その上で、文化と対極にある自然でも、「人間によって『資源』として動員され、利用された

［25］知識の定義・解釈は多岐にわたるが、ダニエルス（2007）を参考に、本論文で論じる環境観光の「環境」は知識資源として論じるものではないだろうと判断した。

時点で、なかば『文化』の領域に組み込まれる」と論じている。

ここで一つ事例研究をみよう。葛野浩昭（2007）は、北欧の先住民族サーミ人の事例のなかで、一九五〇年代からノルウェーで計画が検討され始めたアルタ・ダムに対するサーミ人の反対運動について論じる際に自然資源と文化資源について触れている。アルタ・ダムの建設計画が進むと彼らの生業で重要な「トナカイ放牧地が湖底に沈み、トナカイの放牧ルートやサケの遡上が妨げられることが明らかに（p. 217）」なった。そこで、サーミ人は反対運動を展開していくが、葛野（2007: 218）によれば、ダム闘争において「サーミ人が求め獲得したものは、『自然資源』の利用権や占有権といった文脈を越えて、『サーミ人の民族集団がその言語、文化、生活様式を維持・発展させることができる』ための諸権利であった」。そして、サーミ人のトナカイ遊牧やサケ漁労で利用される自然資源の利用、さらには存在そのものが「文化的な意味を帯び、文化資源とも呼べるようなものとして見つめ直された」。

この例からも、文化と自然、資源という三つの項目を考えると、自然は、人びとが働きかけて利用される過程において、その性質は文化的なものとなり、文化資源として論じるのが適切だとわかる。本論文で論じてきた環境観光における「環境」とは、人びとが主観的に創りだす景観であるので、まさしく文化資源として捉えるべき事象である。

では、環境観光における環境を文化資源として捉えた場合、どのような分析概念を想定すればよいだろうか。森山（2007: 85）は、文化資源を創造する行為および行為が紡がれる場の具体性を可視化する方法として、「誰が」「誰の『文化』を」「誰の『文化』として」「誰を目がけて」という四つの問いを立てて明示することを提案する。環境観光をこの四つの問いにあてはめて考えることができるか検討してみると、観光に関わる複数の主体が（「誰が」）、ある観光対象となる自然を（「誰の『文化』を」）、各々が主観的に創造した景観として（「誰の『文化』として」）、資源化して活用すると論じられるであろう。同時に、「誰を目がけて」、すなわち観光資源化が誰に対しておこなわれているのか、あるいは自然を資源化して観光で活用する際に想定される志向主体は誰なのか、を検討することも有用である。

なお、観光という事象を検討する場合、誰が、すなわち観光資源を生成・活用する主体については、観光人類学で提示されたホストとゲストという二主体を中心に分析する概念を援用できる。加えて、資源化が起こる場としては、環境主義の人類学から明示されたように、観光に関わる主体が地球規模の社会経済システムに依存している人びとであることを考えると、観光地というローカルなレベルだけでなく、地域を越えたレベルで検討することが必要である。

環境観光における環境を具体的に解明しようと試みる本書では、資源人類学的アプローチを援用して、誰が、対象となる自然を、どのように創りかえて、何のために活用しているのか、また、誰に対して資源を生成・活用しているのかを実際の長期フィールドワークによる文化人類学的調査によって解明することが、最も有用だと考える。そこで、次章以降では、文化資源の生成と活用を解明する概念を念頭に置いて、日本の二次的自然、さらには京都府美山町の事例を検討していくことにする。最後にここでは簡潔に、学際的な観光研究における資源の解釈について確認しておく。

2 観光研究における資源

ここ十数年、観光資源について言及する論文は多く、一九九〇年代に国際的に発表された観光に関する論文のうち約四五〇の論文が観光資源に触れている。日本国内の先行研究では、須田寛（2003）が観光という事象における資源とは、観光に関わる人びとによって生成されるものであり、観光の対象や観光行動の目的となるあらゆるものであると定義している。前田勇編（1998: 12）では、「観光資源と、観光資源を生かす観光施設から構成される」観光対象を、「人々に観光行動を生起させ、ひきつけるだけの魅力・誘引力をもつ目的のこと」だと紹介している。ここでいう観光施設とは、宿泊や飲食などのための諸施設であり、ここでの観光対象の解釈はほぼ観光資源の解釈として理解して構わないだろう。

海外では、観光資源について、フェネル（Fennell 1999）が「開発された資源」と「未開発の資源」に分類することを提案している。開発された資源とは、観光事業に役立つように手が加えられた事象であり、高速道路や観光施設等が含まれる。他方、未開発の資源とは状況によって観光対象になったりならなかったりするものを指しており、この資源は観光客を観光地に引き寄せたり、あるいは観光地の魅力を減退させて人びとの足を他の観光地へ向けさせることになる。

観光資源の別の分類として、Z・リュウ（Liu 2003）は①一般的な資源、②共有される資源、③観光に特化した資源、の三分類を提示している。リュウのいう一般的な資源とは、水や電気等、観光にかぎらずさまざまな状況で活用されるものであり、共有される資源とは、観光と他の産業で共有・分配されるものである。観光に特化した資源とは観光においてのみ活用されるもので、フェネルのいう開発された資源と意味合いが近く、観光施設等を指している。これらのことから、観光資源とは、観光対象および観光行動の目的となる事象すべてを指すが、観光実践のみに活用されるものと、状況によって観光に生かされるもの、さらには観光にかぎらず人間活動すべてにおいて資源となるものがあることがわかる。

ここで環境観光の対象となる環境を考えると、観光資源としての環境は、観光に特化して人工的につくりあげられたものではないので、フェネルのいう開発された資源やリュウのいう観光に特化した資源ではない。C・M・ホールとS・J・ページ（Hall and Page 1999）は、余暇活動における資源としての「環境」は、ある土地の一部や水源といったものではなく、自然に対する人びとの要望や能力、時代のトレンドや文化・社会の変化によって生じた環境に対する新たな見方から生み出されていると提唱している。加えて、農林業などに活用されている環境が観光資源と見なされることがあることから、複数の利用方法があるなかでの資源保全および観光実践を論じていくことが重要だと指摘している。

以上から、これまでの観光研究では、観光の対象や目的となるあらゆるものが資源となりうると認識されていたことがわかる。加えて、観光資源としての環境とは、観光にかかわる人びとの主観が反映されたものであり、かつ他の産業で活用されている自然や環境が、同時に観光資源として利用される場合が多いと指摘されてきた。他方、これまでの観光研究では、資源について触れた論文が多いにもかかわらず、資源の具体的な性質や資源化のプロセスについてはあまり論じられてきていない。これらの点を踏まえると、本書で観光資源の生成と活用のメカニズムを解明しようと試みることは、観光研究にも大きく貢献できる。

Ⅵ　まとめ

本章では、本書で解明しようとする問いと構成を紹介した後、環境観光への人類学的アプローチを検討してきた。環境観光は、一九七〇年代頃から人びとの環境への意識の高まりとともに発展してきた観光形態であり、実践や研究の蓄積が今後さらに求められている。

このような環境観光に対する人類学的アプローチとして、まず、観光人類学からのアプローチが考えられる。観光人類学では、一九七〇年代以降、ホストとゲストの関係、あるいは観光による文化変容といった切り口で多くの研究がなされてきた。環境を対象とする観光についての研究はまだ多くなく、今後の成果が求められる分野である。なお、エコツーリズムを扱った複数の先行研究では、エコツーリズムの対象として西洋の自然観にもとづいた原生の自然が選択され、観光客により消費されているという指摘がなされていた。

次に、環境観光の環境に着目して、環境に対する人類学的アプローチを検討した。環境観光における環境は、世界的な社会経済システムのなかで生活する人びとが、自身の生活に直接関係がない地域や地球規模の環境保全を論じる際の環境と同じ質のものである。言い換えれば、観光する側がまなざしを投げかける対象は地域住民が直接的に共生し依存している生態系と同じ場所でも、環境が意味する内容は異なる。そこで、本書では、環境主義を人類学的な手法で論じる手法としての言説分析にヒントを得て、環境観光における環境がどのような意味・解釈で論じられているのか、エコツーリズムの定義や特徴に注目しつつ、先行研究から検討した。その結果、観光実践での環境は、人びとが主観的に創造し、自身に内在させて移動する「景観」であることが判明した。

では、人びとが主観的に創造する景観と実際の観光の場の関係をどのように理解すればよいのか。本書では、資源人類学的視座から環境観光の対象である自然を捉えることを試みた。環境観光の対象は自然であるが、人びとが働きかけて限定された自然環境が選別され、観光資源となるので、資源としての性質は象徴的なものであり、厳密にいえば文化資源だと考えられる。そこで、環境観光の対象としての環境を文化資源として捉え、森山（2007）が提示した分析概念を援用して、複数の観光主体が、対象となる自然を、別の価値や意味を持つ自然に変換して、同一あるいは異なる主体に向けて活用する、という枠組みで論じることを提案した。この、資源人類学で提示された分析概念を援用すれば、環境観光における資源としての環境の生成と活用のメカニズムが見えてくるだろう。

本書で環境観光の性質そのものを考究しようとして立てた問い、すなわち、環境観光における環境とは具体的に何なのか、その環境を活用することで人びとは何を得ようとしているのか、という問いは、文化資源を分析する枠組みを援用することで、明確になるだろう。次章以下では、文化資源を分析する枠組みを用いて、二次的自然を対象とした環境観光について論じていく。

第2章　自然の観光資源化

本章では、環境観光における環境が具体的にどのような性質のものであるのかを探るため、自然がどのように観光資源化されていくのか検討する。第1章で論じたように、環境観光における観光対象は観光に関わる主体によって主観的に創られたものであり、たとえば世界のエコツーリズムでは原生の自然が称賛される傾向がある。しかし、日本においては人が手を入れて共生してきた自然が広く好まれている。そこで、本章では日本に着目して二次的自然を対象とした観光資源化を検討していく。

日本における二次的自然の観光資源化について、どのように新たな価値や意味を付与されて観光資源として生成されるのかを検討するには、大きく三つの視座が考えられる。第一に、二次的自然を包括する地域としての「農村」である。第二に、薪炭林から農林地、さらには農林地を取り巻く環境のセットとして、時代とともに意味が変化してきた「里山」である。第三に、貴重な自然環境ならびにその周囲の地域や集落へ付加価値を与える

「ヘリテージ・文化財」である。
本章では、日本における二次的自然の意味や解釈について簡潔に触れた後、上の三つの視座から観光資源化について論じていく。

I　日本における二次的自然

二次的自然は、欧米主導で環境観光が発展してきた過程ではあまり注目されていなかったが、日本をはじめアジア諸国が環境観光に積極的に関わるようになってから、脚光を浴びるようになった。二次的自然とは、武内和彦（2001: 2）によれば、「人間の手によって管理された自然」である。詳しくいうならば、原生の自然に人類がなんらかの負荷を与えて改変した自然、あるいは改変されながら維持・管理されてきた自然環境である。日本には、この二次的自然が多く存在しており、この点は環境庁／環境省が一九七〇年代からほぼ五年毎におこなっている自然環境保全基礎調査の結果から明らかである。

生物多様性情報システムが公開している情報[1]によると、自然環境保全基礎調査の一項目に植生調査があり、植生調査の目的の一つに「土地に加えられた、人為の影響の度合い」すなわち自然度を判定することがあげられている。この自然度には、自然草原や自然林から市街地・造成地に至るまで一〇ランクの区分が設けられている。[2]第五回植生調査（一九九四－一九九八年）の結果によると、「二次林、植林、二次草原及び農耕地を合わせた二次的な植生は、〔中略〕全国では七五・二％となり、国土のおよそ四分の三は二次的な植生に占められていることが判明している（環境庁自然保護局・アジア航測株式会社 1999: 45）。[3][4]

国土における二次的自然の多さは、日本人のもつ自然のイメージに大きな影響を与えている。日本人にとっての自然とは何かについて、日本は古来より宗教的に山や樹木等を神格化してきた社会であり、自然と調和した生活を営んできた、というのが長年通説となっていた（たとえばKalland 1992）。しかし、近代化以降、日本も他の先進国と同じように公害・環境問題に直面したことを受けて、日本人が自然と調和した生活をしているという前提に疑問が投げかけられ、環境社会学者や日本研究者を中心に日本の自然観は再考されてきた。

この議論のなかで、日本人の考える自然には、粗野な自然と日本庭園のように手を加えて審美的に表現された自然の二種類の概念があり、多くの日本人は審美的に加工された自然の方により価値を見いだしている（たとえば唐木 1970, Saito 1985）と指摘されるようになった。加えて、A・カランドとP・J・アスキス（Kalland and Asquith 1997）は、日本人にとっては審美的に加工した自然そのものより、加工する過程こそが重要なのではないかと問い、オギュスタン・ベルク（1988[1986]）は加工、言い換えれば「文化化」した自然の方がより真の自然を感じさせているのではないか、と提言している。

このように、日本では自然と文化を融合させることが大切で、文化的要素を含んだ自然、あるいは自然とも文化とも明確に区別できない対象が広く受け入れられ、加工された自然の方が原生の自然より称賛される傾向があ

---

［1］「生物多様性情報システム」ウェブサイトより、「自然環境保全基礎調査」の内容を参照した。ウェブサイトのURLはhttp://www.biodic.go.jp/kiso/fnd_f.html、参照日二〇〇九年八月二十二日。

［2］環境庁自然保護局・アジア航測株式会社（1999: 44）によると、植生自然度の区分は次のとおりである。自然度10 自然草原、9 自然林、8 二次林（自然林に近いもの）、7 二次林、6 植林地、5 二次草原（背の高い草原）、4 二次草原（背の低い草原）、3 農耕地（樹園地）、2 農耕地（水田・畑）、1 市街地・造成地等。「生物多様性情報システム」ウェブサイトでは、各区分のさらに細かい情報が紹介されているが、ここでは割愛する。

［3］自然環境保全基礎調査における植生調査では、一九九九年の第六回調査より植生図の縮尺が五万分の一から二・五万分の一に変更された。本書の内容を執筆していた時期は変更以降の調査結果は整備中であった。ゆえに本文では第五回の調査結果を引用した。

［4］植生自然度から日本の二次的自然の豊かさに言及するアイデアは、下村彰男（2002）から得た。

る。実際の環境保護の動きにおいては、一九七〇年代以降、日本国内で環境保護の重要性が唱えられたのにあわせて、二次的自然の保全が強く訴えられてきた（たとえば広木 2002: 227）。

上記のように、日本では特に重要な意味を持つ二次的自然であるが、観光との関係を検討すると、先に触れたように、三つの異なる視点で捉えることができるだろう。第一は、より包括的に人と共生してきた自然とそれをとりまく地域、具体的には農村として捉えることである。第二は、「価値ある守るべき環境」の一形態と見なすことであり、日本では里山という概念がこの意識形成に大きく関係している。第三には、人類が構築し保存しつづけてきた「貴重な財、遺産」の一つに分類することであり、ＵＮＥＳＣＯの世界遺産や文化財保護制度が大きく影響している。

以下では、上の三つの視点から、二次的自然がどのように観光資源として生成、活用されてきたのかを、日本を中心に検討していきたい。

Ⅱ　農村と観光

1　観光対象としての農村

まず、観光と二次的自然について論じていく視座として、二次的自然を構成する要素とそれを包括する地域、言い換えれば人と自然が共生してきた広範囲の空間としての「農村」をとりあげることができる。そこで、農村における観光について論じていきたい。なお、農村の観光利用は世界的な動きであるので、農村の定義と世界の状況を紹介した後、日本の場合について論じていく。

農村を英語に直訳すれば agricultural village や farm village となる。[5] しかし、日本語の農村が意味するところは、これらの英語が意味する農業をしている村、あるいは農場のある村ではなく、都市に対する地方としての農村であり、主に第一次産業が展開されている地域である。[6] つまり、英語でいうなれば、rural areaもしくはcountrysideが適している。この農村、すなわちrural areaの画定について、国土管理や都市計画といった行政上の区分としては、多くの国で人口および人口密度が基準となっている。たとえば、オーストラリアではリゾート地等を除く人口一〇〇〇人以下の地域をrural areaと設定し、カナダでは人口一〇〇〇人以下の地域のうち、人口密度が一平方キロメートルあたり四〇〇人以下の地域を指す（Lane 1994: 10）。

しかし、農村での観光を論じる場合、上記の人口あるいは人口密度による「農村」という区分を前提に論じても、あまり意味がない。なぜなら、G・ショーとA・M・ウィリアムス（Shaw and Williams 2002: 273）が論じているように、観光対象としての農村は、都市からの逃避を可能にする場所、素の自分を取り戻すことのできる自然がある場所、あるいは広々としたスペースを活用してレクリエーションを楽しめる場所、だからである。つまり、複数の研究者（Shaw and Williams 2002, Page and Getz 1997など）が指摘するように、観光における農村は、一概に人口や人口密度から決定される行政区分とは重ならない。観光に関係する複数の主体によって構築され、決定される。

では、観光対象としての「農村」をどのように理解しておけばいいのか。まず、一般的に農村と見なされる場所の特徴として、S・J・ページとD・ゲッツ（Page and Getz 1997: 5）によれば農業、人口密度の低さ、居住者の散在などが従来あげられてきた。あるいは、The Organisation for Economic Co-operation and Development（OECD）は、rural areaを人びと、土地、複数の資源から成る、大都市からあまり影響を受けない居住地であり、領地や場所としての概念だと唱えている。[7] ここでは、B・レイン（Lane 1994: 10）を参考に、人口密度の低さと

［5］たとえば、研究社『新和英中辞典』第四版では、農村はa farm（ing）village, an agricultural villageと記されている。
［6］岩波書店『広辞苑』第六版では、農村は、「住民の多くが農業を生業としている村落」と記されており、反意語として「都市」があげられている。

集落の規模の小ささ、農林業を中心とする土地利用と経済活動、伝統的な社会構造とコミュニティへの帰属意識、の三点が農村を決定する要素だと理解しておく。

このような農村での観光について、ＥＵの前身であるEuropean Communityは、農村観光をrural areaで行なわれる観光に関連するすべての活動だと提唱している(Page and Getz 1997: 4)[8]。言い換えれば、多様な農村の解釈とは裏腹に、農村観光は、農村で行なわれる観光という簡潔な理解が可能であり、ヨーロッパではこの理解が採択されている。以下では、農村観光をさらに深く理解すべく、世界で展開してきた農村観光の流れをみてみよう。

2 世界における農村と観光

農村観光が始まったのは十一世紀頃だとも、さらに前だとも言われている。ヨーロッパ、特にイギリスの上流階級は何世紀も前から農村での余暇を楽しんできた。当初の農村での余暇形態は、農村に土地を所有する富裕層が自分の土地で狩りを楽しんだものだったが、十八世紀頃には富裕層に娯楽としての旅行が浸透し、農村そのものが観光対象となっていく。十八世紀は、富裕層の子弟に対する教養旅行、すなわち「グランドツアー」が盛んに行なわれた時期である。Ｒ・シャープリーとＪ・シャープリー(Sharpley and Sharpley 1997: 48-49)によると、このグランドツアーが実践されていくなかで、ロマン主義の影響を受け、ヨーロッパの文化を習得するだけでなく、農村・田園の審美的な景観を愛でることが称賛されていった。ロマン主義における自然や風景を感情的・審美的に愛でる思想は、前章で触れた環境主義にも多大な影響を与えており、環境観光を発展させた要因の一つである。

十九世紀半ばには観光の発展に不可欠な交通の発達、余暇時間および可処分所得の増加が実現し(たとえばTanner 1983)、二十世紀、特に第二次世界大戦以降、農村での観光は大きく発展した。ここ半世紀ほどで盛んになった農村観光の特徴は、国内観光、すなわち観光客が居住する国内の農村・田園を訪れる点で、たとえばイギリスの農村観光で観光客総数のうち海外観光客が占める割合はわずか八％である（Sharpley and Sharpley 1997: 47）。また、日帰り観光が多いことも国際的な特徴となっており、イギリスでは宿泊を伴う観光に対し、日帰り観光は八倍となっている。概して、農村観光は農村・田園地域への公共交通や道路が整備され、アクセスが良くなったことを前提に、各国内で自国の観光客が気軽に日帰りで農村へ訪れているという特徴がある。[9]

なお、大きな観光動機として近代化への反動があり、都市化や工業化で失われた景観や環境を人びとが余暇に求め、農村で過ごしたいと考えるようになったことがある。一九八〇年代にヨーロッパで実施された調査を参照してみると、三〇代から五〇代の比較的高い教育を受けた層が、自然に触れたい、都市の喧騒から逃れて田舎で過ごしたい、といった理由で農村での余暇を求めていた（Greffe 1994）。急増した都市生活者が日常生活で得られなくなった「もの」を農村に求め、旅行するようになったのだ。

この流れが顕著に表われているのがイギリスにおける農村観光である。イギリスでは一九六〇年代後半に農村への来訪者が膨れ上がり、来訪者の管理や多目的利用についての議論が盛んになり、政府内に農村全体を統括するCountryside Commissionが設けられた。同組織が一九七四年に発表した調査（Aitchison et al. 2000より参照）では、観光利用の増加により、農村における観光と農業の共存が難しくなっていると指摘する一方、農業の近代化によって創りだされた新たな景観は、一部の批判にもかかわらず人びとを魅了しており、農村の保全に役立つと提唱された。これを受け、イギリスにおける農村観光の論争は農業従事者や観光客、さらには農村在住者といった複数の主体による最適な農村利用の追求と、魅力的な景観の保全が中心となっていった。

［7］OECDが一九九三年に発行した報告書 *What Future for Our Countryside?* による。
［8］これは rural tourism の定義である。
［9］これらの特徴は日本の農村観光でもいえることである。

一九九〇年代になると、世界的な環境保護運動を受け、イギリス政府内の複数の省庁が持続可能な農村観光についての政策提言を発表している。そこでは、来訪者、環境、地域コミュニティの要望をバランスよく充足しなければいけないと宣言されている。このように、イギリスの農村観光では、来訪者と地域住民をはじめとする複数の主体による利用の最適化と、観光客や地域住民がともに価値を見いだしている農村景観の保全が重視されている。加えて、農村保全のキーワードとして、二十世紀後半に地球環境保護論争のなかで提唱された「持続可能性」が用いられ、農村は「環境にやさしい」ものだという解釈が与えられている。

特筆すべき他の例として、次にアメリカをとりあげる。そもそも、アメリカにおけるrural areaというのは、ヨーロッパからの入植という歴史的背景や八〇％以上の人口が都市部で生活するという地理的特徴のため、国立公園に指定されるような未開の原野、自然環境として理解されることが少なくなかった（Timothy 2004: 41）。そのため、アメリカの農村・田園観光に関する政策は、イエローストーン国立公園が設立された十九世紀あるいは国立公園局組織法が制定された一九一六年から始まっていると論じられる場合がある（Long and Edgell 1997: 64参照）。

アメリカにおいて、人口密度や土地利用、社会構造から判断されるrural areaとしての農村が観光対象としてとりあげられたのは、一九七〇年代後半である。その背景には、アメリカ農業の低迷がある。柏博（1987）によると、一九七〇年代前半までアメリカの農業は好調で輸出産業としても確立していたが、一九八〇年代を迎える頃には、過剰な生産による環境負荷やドル高による価格面での国際競争力の低下により、打撃を受けた。立て直し策として、アメリカでは大規模農業を推進して資本や人材を集約し、生産効率の高い方法へシフトさせる方法がとられたが、低迷により職を失った農業従事者を再雇用するまでには至らなかった。そこで、農地や林地などを活用した観光やサービス産業が新たな雇用創出の場として脚光を浴びたのである（Timothy 2004: 41–42）。

農村での観光を後押しするように、テレビや書籍等のメディアで農村のよさや美しさが宣伝されるようになり、また、一九九二年にはアメリカ連邦政府が農村観光についての政策を打ち立て、National Rural Tourism Foundation（NRTF）を設立した。NRTFはインターネットでの情報発信や森林での観光に関するモデル事業を実施するなど、アメリカの農村観光の発展に寄与している。現在、アメリカ国内の約四分の一の地域では、農村観光が主な経済活動の一つとなっており、このうち七五％以上の地域では、少なくとも三％以上の収入を農村観光における来訪者の消費から得ている（Timothy 2004: 43）。

このように、アメリカでは歴史的変遷のなかで農村の意味する内容が変わり、かつ農業低迷の打開策の一つとして観光が展開されてきた状況がある。そして、農村観光は職を失った農業従事者の新たな雇用を生み出すとともに、農業が展開されていた地域に新たな産業を提供することとなった。

上記のように、国際的な農村観光は、一方で農村を利用する住民や来訪者といった複数の主体間の関係の最適化を実現し、かつ農村景観を環境保護の観点から保全することが必要だと論じられる。他方で、第一次産業低迷の打開策として、農地を利用して雇用を生み出すために農村観光が推進されている。

3　日本の農村の変遷

では、我が国の農村と観光の関係はどうなっているのだろうか。以下では、農村の状況と農村を活用した観光について論じていきたい。

まず、農村が観光対象となった背景を探るために、戦後の日本の農村の変遷について北出俊昭（2001）や暉峻衆三編（2003）を参照して確認しよう。終戦後、日本各地では農地改革によって少数の地主のもとで多数の小作農が高い小作料を納めて耕作する体制から、耕作者が土地を所有して農業に携わるように変わった。農地改革はアメリカ占領軍GHQ主導で行なわれたが、GHQは非軍事化・民主化を命題としており、農地解放が戦前の日本の体制を解体するのに効果的だと考えられた。そのため、小作地の八〇％が非常に低廉な価格で小作農に「解放」された。これにより、多くの農業従事者が自分の農地を所有し、小作料を搾取されることなく生産量に応じて収入が得られる制度が成立し、終戦直後の食料不足を解決するだろうと期待された。

しかし、ヤミ市場で生産物が高価格にて取引される一方、国内の食料増産は思うように進まなかった。戦後の統治を実施したアメリカも当初は日本の食料需給は国内の課題であるとして傍観していたが、共産主義国の台頭や農作物の輸出先確保といった国内の事情を受け、防衛協定と抱き合わせで余剰農産物を提供するという案を出し、一九五四年に相互防衛援助協定（ＭＳＡ協定）が締結されると、日本は食料自給を放棄する。

日本が食料自給を放棄し、国内生産と輸入によって自国の食料供給をおこなう方策を選択した頃から、国内は重工業を中心に急速な高度成長を遂げていく。北出（2001: 76）は当時の状況を、「（戦地）引揚者、復員、（戦前の）鉱工業の崩壊で農村人口が急増し、農業の過剰就業がむしろ強まっていた。農業のこうした過剰就業が改善されないまま鉱工業が新しい成長を遂げるようになり、農業との生産格差を一層拡大しつつあった」と解説している。この、工業従事者と農業従事者の間の格差を是正しようと制定されたのが、一九六一年に出された農業基本法である。

農業基本法では、ドイツをはじめとするヨーロッパ諸国を参考に、農業も工業であると位置づけて農業の近代化をはかり、西欧と足並みをそろえることが謳われた。法制定の議論では、一―二ヘクタール以上の農地をもつ自立経営農家を育成することやすべての従業者の地位を考慮することがあげられている。しかし、ドイツなど西欧の農業近代化が国内自給率を上げることや自国農産物の国際競争力を高めることを目指していたのに対し、日本の政策は、国内で生産拡大できない作物は縮小・放棄し、コメに代表される特定農産物にのみ力を入れる選別生産による近代化だった。加えて、自立経営農家の育成についても、一九六〇年の段階で一ヘクタール以上の農地を有した農家は全体の二八％にすぎず、この方針により残りの小規模農家に農業を放棄させ、成長著しい他産業へ労働力として移動させることが暗示されていた（北出 2001: 83）。

では、一九六〇年代以降、農村ではどのような変化が起きたのか。『日本統計年鑑』（総理府統計局編 1967, 総務庁統計局編 1986, 総務省統計局編 2009）ならびに農林業センサス[10]のデータをもとにみていきたい。まず、農林業従事者の変化について、戦後間もない一九五〇年には一七四一万人の農林業従事者がおり、これは就業者全体の四九％を占めていた。しかし、一九六〇年には一二七三万人、全体の二九％となっており、その後さらに一〇年で八四二万人、全体の一七％まで減少した。次の一〇年、一九七〇―一九八〇年でも減少は続き、一九八〇年には五三二万人、一〇％となった。最近のデータ（二〇〇八年）では、農林業従事者は約四％にまで減少している。

全国の農家数については、一九五一―六〇年代に六〇〇万戸以上あった農家が減少しつづけており、一九七〇年に五三四・二万戸、一九八〇年に四六六・一万戸、一九九〇年に三八三・五万戸、二〇〇〇年には三一二万戸、二〇〇五年には三〇〇万戸を割り込んで二八四・八万戸となっている。なお、農家数が減るのと同時に兼業化が進んでいる。第二次世界大戦前は総農家数のうち七割以上が専業、戦後一九五〇年の時点では半数が専業であったが、その後一九七〇年代半ばまで専業農家は減り続け、一九七〇年の時点で全体の一二％となった。その後も総農家数に対する専業農家数は一〇％台で推移している。加えて、一九五〇年頃から一九七五年頃までは農業を従とする第二種兼業農家の割合が増えた時代であり、一九五〇年の第二種兼業農家の割合は全体の二二％であったが、一九七五年までに全体の六二％、その後一九八〇年代半ばまでに全体の七〇％近くにまで上昇した。

このように、農村では農家が減り続け、農業を従とする兼業農家が多くを占めるようになっている。では、農業を離れた人びとはどうしたのか。農家就業動向調査の結果（農林省統計調査部 1969, 農林水産省統計情報部 1987）を参考に農家人口の純増減をみてみると、農業の兼業化が進んだ一九六〇年代から一九七〇年代にかけて、多くの人びとが他の産業へ就職して転出していることがわかる。たとえば一九六〇年には農家人口が前年より四六万

[10] 農林水産省ウェブサイトで公開されている二〇〇五年農林業センサスを参照した。

人ほど減少して三四六万人となったが、減少の内訳を「就職転出」、「勤務者の転出」、「縁事による転出」、「その他転出」、「農家の増減に伴う減少」に分類してみると、最も多かったのが就職による転出の三三万人で、全体の七二％を占めていた（農林省統計調査部 1969: 13）。これはつまり、農家の構成員が他産業へ就職して家を出て行ったと考えることができる。

その後、農家人口は減り続けていくが、一九六〇年代は概ね四〇–五〇％が就職による転出であった（農林省統計調査部 1969: 13）。流出人口の年齢層をみてみると、一九六〇年代に転出した人口の構成比は、概ね一九歳までの若者が六〇％後半から七〇％前半を占め、二〇–三四歳が二〇％前後、三五歳以上が一〇％前後、という状況であった（農林省統計調査部 1969: 16）。これらのデータから、一九六〇年代に農村を出て行ったのは、他産業に就職した一〇代後半から三〇代半ばの若者であるということができる。なお、一九七〇年代後半から八〇年代になると、就職による転出は二〇％台で推移したが、その一方で農家の増減に伴う減少、すなわち農家自体が消失するのに合わせて人口が減るケースが増え、一九八〇年代半ばには五〇％を占めるようになった（農林水産省統計情報部 1987: 12）。これは、農家人口の減少が「一家離村」によるものへと変化したと読み取れる。

上記のように、一九六〇年代から二〇年程の間に農村では農業の兼業化と青・壮年層の転出という大きな変化が起きていた。なお、農村の変化に大きな影響を与えたその他の要因として減反政策と農作物の輸入自由化がある。減反政策は、一九六九年の試験的実施を経て一九七〇年より本格的に実施されたコメの生産調整政策のことで、水田の休耕や他の商品作物への転作が奨励された。この背景には、選択生産を推奨した結果、米価の保護政策の影響もあってコメの単作化が進み、生産過剰、在庫過多となった上に、日本人の食生活の欧米化が進んでコメの消費量が頭打ちとなったことがある。

輸入自由化については、一九六〇年に出された貿易為替自由化計画大綱以降、促進されており、一九六〇年代初頭の輸入制限品が一〇三品目であったのに対し、一九七〇年代半ばには二〇数品目まで減少し、大幅な自由化が進んだ（暉峻 2003: 174 参照）。その上、一九八〇年代半ばにはアメリカを中心とする諸外国から日本の農産物市場の国際開放を強く求められ、国内の農家が国際競争にさらされていく。特に、関税及び貿易に関する一般協定（GATT）におけるウルグアイ・ラウンド（一九八六－一九九四年）では、コメ市場の国際開放が議論され、選択生産および保護政策によって守られてきた日本のコメ市場が、農作物輸入自由化の拡大によってついに開放されてしまうという懸念が現実味を帯びた。つまり、日本の農業が全面的に国際市場のなかでの競争にさらされる危機的局面を迎えたのである。

ここまでの流れをまとめると、高度成長期に農村では若年層を中心に離農離村が進み、兼業農家が増加した。農村の変化について北出（2001: 94）は、農業と他産業の兼業が難しい僻地では、「出稼ぎや過疎化が深刻化し、（農業）基本法農政の推進は中山間地域などの地域問題を大きくクローズアップさせることになった」と指摘している。その上、減反政策によって農家は水田の休耕や転作を余儀なくされ、さらに、国際的な輸入自由化の流れのなかで、日本の農作物は国際競争に打ち勝たなければいけなくなった。

農村での観光は、上記のような状況のなかで、農政の打開策として打ち出される。以下では、農村での観光、とくに政策における位置づけについてみていきたい。

4 日本における農村観光

そもそも、日本の農村はどのように観光対象としてとりあげられていったのか。農政における観光振興をみる前に、まず、国の政策における観光と農村の関係について検討したい。秋津元輝・中田英樹（2003: 195–199）は、観光と地方に関する施策について、「全国総合開発計画」をもとに変遷を紹介している。秋津・中田によると、まず、一九六二年に発表された計画（通称「一全総」）では、国立公園を中心とした「低開発地域」の観光開発について記されているだけであった。しかし、一九六〇年代半ばから地方の過疎化が社会問題として取り上げられるようになっていくと、一九六九年発表の「新全国総合開発計画（二全総）」では過疎地域と観光の関係について明示され、ゴルフ場建設に代表される中部山岳森林地帯での大規模な開発が推進されていく。

この大規模開発は一九七〇年代前半のオイルショックと経済停滞により、方向転換が余儀なくされる。一九七七年に発表された第三次計画（三全総）では、観光施策は生活圏に密接したレクリエーション環境の整備へと移行した。他方、同計画では過疎解消の一施策としても観光を挙げている。一九七〇年から日本国有鉄道が個人旅行客の増大を目的に実施したキャンペーン「ディスカバー・ジャパン」をきっかけに、日本国内では実際に生まれ育った故郷ではなく、「ふるさと」のイメージをもつ田舎、言い換えれば農村が、懐かしさをキーワードに観光対象として取り上げられていき（川森 2001）、農村が観光対象として脚光を浴びるようになった。

一九八〇年代になってバブル経済の兆しが見え始めると、一九八七年に第四次計画（四全総）が発表され、農山漁村の活性化と観光開発が高らかにうたわれた。また、同年にリゾート法が成立したこともあり、地域活性化の名のもとに観光リゾート開発が各地でおこなわれていった。なお、秋津・中山は、この四全総において過疎や地方ではなく初めて農村という言葉が明確に使用されたと指摘している。観光リゾート開発は、一九九〇年代初頭のバブル経済崩壊によって頓挫したが、観光による地域活性化の熱は冷めず、グリーン・ツーリズムやエコツーリズムなどの新しい観光形態による実践に移行していく。一九九八年に発表された第五次計画（五全総）においても、バブル経済崩壊以降の流れはおおむね変わらず、それまでの反省をふまえて地域主導の活性化、さらにはハード面ではなくソフト面を重視した開発が唱えらえた。

上記のとおり、国レベルでの観光政策は、過疎解消を念頭におきつつ、ゴルフ場やリゾートといった大規模開発を軸に進められ、経済が停滞すると生活・地域に密着した方向に舵取りされてきた。そのなかで、農村は一九七〇年代に「心のふるさと」として脚光を浴び、一九八〇年代後半には、農村の地域活性化方策として観光が明確にとりあげられるようになった。

ここで、農政に再び目を向けると、農業の兼業化、農作物の輸入自由化、農村の過疎化といった問題が表出しつつあった一九八〇年、内閣総理大臣の諮問機関であった農政審議会[11]が「八〇年代の農政の基本方向[12]」をまとめ、首相に答申した。この答申は、農村の計画的整備が農政の重要な課題の一つであるとはじめて位置づけたものであり、「豊かな緑の地域社会として農村を計画的に整備すること」が今後の重点課題であると明示している。そして、農村の役割は、国民への安定した食料供給等とともに「農林業活動を通じて国土や自然環境を保全し、自然景観を維持するとともに、緑の余暇空間を提供すること」「人間と自然の接点の場として人間の情操と創造性のかん養、伝統的な民族文化の継承、地域的に個性豊かな文化的風土の形成に寄与すること」であると提唱している。

この答申から読み取れるのは、農村が直面する農業の構造変化や過疎化等を解決する方法の一つとして、農村を「緑豊かな」「人と自然の接点の」場として捉え、農林業以外の方法で、具体的には余暇空間として、農村の有する環境を活用できないか検討しはじめたということであろう。その後、一九八〇年代後半に入ると、上述したGATTのウルグアイ・ラウンドがはじまって農産物の全面的な輸入自由化が現実味を帯び、農政としては国際競争に耐えうるだけの農業経営だけではなく、農村地域全体の所得の維持・確保も考慮に入れた対応を迫られた。

一九九二年六月、農林水産省は「二一世紀に向けて思い切った政策展開を図るため、新たな社会経済情勢に対応できる食料・農業・農政政策について広範な論理整理と方向付けを行っ」て（財団法人二一世紀村づくり塾グリーン・ツーリズム推進専門委員会 1995: 238）、「新しい食料・農業・農村施策の方向」通称「新施策」を発表した。

[11] 農政審議会は一九六一年に農業基本法にもとづいて設置された。一九九九年に食料・農業・農村基本法が制定されたことに伴い廃止されている。
[12] 一九八一年、創造書房より『八〇年代の農政の基本方向』として出版されている。

そして、この新施策において、観光が「地域全体の所得の維持・確保のための施策として位置づけ」られた（財団法人二一世紀村づくり塾グリーン・ツーリズム推進専門委員会 1995: 238）。具体的には、「都市にも開かれた美しい農村空間の形成にも資するグリーン・ツーリズムの振興をはかる」ことが盛り込まれている（井上他 1999: 21）。

この新施策に合わせて、新施策が公表される二ヵ月前（一九九二年四月）に「グリーン・ツーリズム研究会」が組織され、同年七月にはグリーン・ツーリズム推進の検討について中間報告書（二一世紀村づくり塾 1992: 1）が提出されている。その報告書では、「農山漁村地域における開かれた美しいむらづくりに向けた意欲と、価値観の変化や余暇時間の増大を背景に都市住民の側に芽生えた新たな形での余暇利用や農山漁村空間への想いとに橋を架けるものとしてグリーン・ツーリズム『緑豊かな農山漁村地域において、その自然、文化、人々との交流を楽しむ滞在型の余暇活動』、ひとことでいえば『農山漁村で楽しむゆとりある休暇』」が提唱されている。

なお、この「グリーン・ツーリズム」という名称は、「グリーン・ツーリズム研究会」が欧米諸国における農村での休暇に関わる政策を参考にし、さまざまな呼称のあるなかで、環境保全、持続可能性、社会動向との合致を考え、日本の農山漁村地域での観光に最も適合した呼称だと考えて選んでいる（二一世紀村づくり塾 1992）。英語の Green Tourism では、有機農法、環境に負荷の少ない宿泊施設、美しい自然環境、散策や観察などの自然体験、さらに時としては環境保護についての学習プログラム等が基本的な要素となり（European Centre for Ecological and Agricultural Tourism 2002）、日本語のものとは意味が異なる（たとえば宮崎 1998, 多方他 2000）。日本のグリーン・ツーリズムを英訳するなら Rural Tourism の方が近い[13]。

さて、日本のグリーン・ツーリズムであるが、施策を進めていく方向として、大規模開発ではなく既存の地域資源を有効利用することや、物的交流ではなく人的交流に重点を置くこと、さらには社会・文化的にも地域に貢献する可能性があること、地域主導で取り組むべきこと、等が示されている。また、推進施策としては、①美しいむらづくりの推進、②受入体制の整備、③都市・農村相互情報システムの構築、④推進・支援体制の整備、の四項目が提示された。

これらの基本方針を元に、一九九三年から「農山漁村でゆとりある休暇を」推進事業が実施され、グリーン・ツーリズムを推進していくための調査研究、ならびに基本構想を策定するためのモデル地区整備事業が実施された。また、一九九五年には、都道府県レベルでの基本方針策定、市町村レベルでの計画策定、農林漁業体験民宿の登録、および同民宿業協会の指定等を定めた「農山漁村滞在型余暇活動促進法（通称農村休暇法）」が施行されている。その後、グリーン・ツーリズムは順調に発展しており、農林水産省農村振興局企画部農村政策課都市農業・地域交流室が二〇〇六年に公表した資料[14]によると、二〇〇五（平成十七）年三月時点での農林漁家民宿数は三六五三軒、年間のべ宿泊者数は約二四〇万人となっている。加えて、グリーン・ツーリズムを中心とした都市農村交流を実施している六八九市町村のうち、過半数が観光の波及効果および農産物の販路拡大について期待以上の効果をあげていると評価し、四割強が雇用機会の拡大についても期待以上だと回答している。

以上、二次的自然を有する農村と観光について、国内外の変遷を確認した。農村における環境観光は、都市との格差によって農村が「環境にやさしい」「人と共生した自然が残る」「自然と触れ合える機会の多い」場所として称賛されるようになったこと、また、農村が直面する現実的な問題を打破するための手段として観光が提唱されるようになったことを受けて発展してきた。日本で農村を新たな観光資源としていち早く認知し、グリーンツーリズムの名称で全国的に観光を推進したのは農政関係者であった。

---

[13] 現在では日本流のグリーン・ツーリズムが海外でも評価されはじめ、韓国で「グリーン・ツーリズム」として日本の事例の応用が試みられている（Hong et al. 2003）。

[14] 農林水産省農村振興局企画部農村政策課都市農業・地域交流室（2006）『グリーン・ツーリズムの展開方向』による。なお、同名の報告書がこれ以前にも発行されているが、ここでの情報は上記の資料から引用した。

Ⅲ 「里山」という焦点

次に、環境保護的な視点から二次的自然と観光について検討していこう。環境保護的な視点で日本の二次的自然をみるのに欠かせない用語がある。それは「里山」である。里山は、人の手が入った、文化的な自然の代表例であり、環境保護対象として頻繁に紹介され、また観光対象としても注目されている。以下では、この里山について詳しくみていきたい。

1 里山の変遷

里山とは、『広辞苑』では「人里近くにあって人びとの生活に結びついた山・森林」と定義されている。[15] しかし、「里山」の意味は歴史的に変化し、現在では複数の意味を含んでいる。深町加津枝・佐久間大輔（1998）によると、現在の里山の解釈には以下の四つがある。第一に、農業や農村の生活との関連で利用される薪炭林など、人為的な影響のもとで形成され管理される森林、第二に、平地農村や農山村にある森林、第三に、二次林の主要な成立基盤である丘陵地に視点をしぼったもの、第四に、雑木林やため池、田圃、集落などを含んだ環境のセットである。このように里山に複数の解釈があるのは、歴史的変遷のなかで里山の意義が変わってきたからである。

まず、元来の里山は、居住地あるいは村落の周りに存在していた、日常的に薪や茅、肥料などを得ていた森林を意味していた。たとえば、一七五九年に発行された寺町兵右衛門の『木曾山雑話』では、「村里家居近き山をさして里山と申し候」という記述がある（武内 2001）。また、有岡利幸（2004）は、戦前の青森営林局では日帰りで仕事できる山を里山、泊りがけで仕事する山を奥山（深山）と区別していたと述べている。本書で取り上げる京都府美山町知井地区の歴史を記した『知井村史』では、個人宅の周りの所有林および各村の周りの村落所有林が里山、複数村・地域を取り囲む森林および山頂付近の森林は奥山とされ、里山では薪や茅、肥料を得、奥山では炭や木材を得ていたと記されている。

この里山という言葉が変化するのは戦後である。ここ半世紀ほどの間に里山という用語が世間で頻繁に使われるようになったことを振り返って、京都大学・四手井名誉教授は、一九六〇年代初めに自身が初めて使用した造語であると論じており[16]、一時は、里山は四手井の造語であるという説が主流になった。丸山徳次（2007: 3-4）は、この四手井の造語という説を滑稽としながらも、「高度経済成長を通して、農用林が、農業との関係を失い、薪炭から石油やガスへとエネルギーが大きく転換されることによって放置され、都市化の波に押されて宅地造成やゴルフ場建設によって破壊されてゆく」なかで、四手井が通俗的な「里山」という語を「再発見」した功績は大きいと述べている。

さて、里山という言葉の解釈が変化する発端となったのは、開発ラッシュに伴う都市近郊の森林の減少である。一九七〇年代以降、森林減少を受けて都市周辺の緑地確保や森林保全の必要性が盛んに議論されるようになり、環境保護論争のなかで「里山」という言葉が使われるようになっていった。一九八〇年代に入ると、関西自然保護機構が「環境保全と二次林」シンポジウムを開催するなど、里山の保全やトラスト運動が活発化していき、里山についての研究も盛んになっていく。同年代、国の政策でも「里山」は取り上げられるようになり、第四次全国総合開発計画では、「森林管理の方法として、森林を『奥山天然林』『人工林』『里山林』『都市近郊林』の四タイプに分け」、里山林地域を農山漁村集落周辺の森林と言い換えて「育成天然林、人工林、複層林等として整備する」と記されている[17]。

[15]『広辞苑』第五版より。
[16] 武内（2001）や丸山（2007）をはじめ、里山に関する多くの文献でこの話が紹介されている。
[17] たとえば『朝日新聞』一九八六年八月九日朝刊の記事で国土庁の試案が紹介されている。

一九八八年には守山弘の著書『自然を守るとはどういうことか』が出版され、里山の定義を変えるのに十分なインパクトを与えている（丸山 2007: 5–10）。守山はこの著書で農用林としての「雑木林」の保全を論じているが、その際、「雑木林を農業環境の全体のなかに中心的に位置づけ」、「農業環境・農村景観の全体から雑木林を見る」ことを主張している。[18] 丸山（2007: 5, 8）によれば、これは里山の解釈の変化を「用意するものであ」り、里山の意味が包括的な農村環境へ大きく変化するきっかけの一つとなった。

一九九〇年代には里山という語が浸透していくが、明確に里山の解釈を包括的な農村環境だと世に知らしめたのは、一九九二年に田端英雄を中心に発足した「里山研究会」[19]であろう。この「里山研究会」では、「雑木林や割木山・マツ山と呼ばれる二次林を『里山林』と規定してはっきりと『里山』から区別し、『里山』という言葉に対しては、むしろ里山林・水田・ため池・用水路・茅場などがセットになった農業環境・農業景観という定義を与えている」（丸山 2007: 9）。以後、里山研究会はこの定義による里山の保全を目指して関西圏を中心に活動していく。

このように、複数の文献から、時代とともに里山が村里近い森林から農村の風景や風土を含む包括的な農村環境・田園景観という解釈に変わったことがみてとれる。しかし、里山の解釈の変化を決定的にしたのは一般市民による環境保護論争であろう。以下では、新聞記事に表出する「里山」の意味する内容を分析し、「里山」という語が歴史的にどのような変遷をたどったのか確認する。

2 メディアが創造する里山

上記で紹介したように、専門家を中心とする論議のなかで「里山」の解釈は変化してきた。しかし、里山の解釈を変化させた最も大きな要因は、人びとの意見、言い換えればパブリック・オピニオンとそれを構築するメディアではないだろうか。P・マクノートンとJ・アーリ（Macnaghten and Urry 1998: 58）は、国際的な環境NG

〇のキャンペーンを例にあげながら、ここ数十年、メディアが中心となって環境に関する言説を構築してきたと論じている。P・ハリスージョーンズ（Harris-Jones 1993: 50）は、カナダの例をあげながら、ある印象的なことがらが、メディアを通じて浸透することで人びとに経験的に認知され、環境主義的な思想が構築されていくと論じている。

ここで、里山がどのようにメディアで報道されてきたのか、戦後の『朝日新聞』の記事を検討してみたい[20]。『朝日新聞』では、一九八〇年代前半までほとんど「里山」というキーワードは使われていなかったが、一九八〇年代半ばから、森林保全に関するシンポジウムやセミナーの紹介記事のなかで、里山という言葉が表われるようになった。一九八六年十月二十四日付の紙面では、大阪で開催されたシンポジウム「森林と人間──都市近郊林を考える」についての記事で、都市近郊林がすなわち「里山」であるとして、シンポジウムの内容が紹介されている。一九八七年六月二十六─二十七日付紙面では、「シンポ国民の森林」の紹介記事のなかで里山が用いられている。ここでの里山は森林形態の一つとされ、「国有林には、国土保全や治山治水を第一に考えなければならない森林、自然の維持を主体とする森林、里山として地域住民とかかわりのある森、主に木材生産の場である森林など、さまざまな機能を持った森林が存在している」と述べられている。

その他、一九八九年二月二十日付の、近畿圏の七〇団体が「自然環境を考える近畿連絡会」を結成したという

[18] ここでの引用は、守山（1988）を確認しながら、丸山（2007）の文献からおこなった。
[19] 里山研究会は身近でありながら多様な里山の自然を生態学的に調査するという目的を持って生まれた。田端は当時、京都大学生態学センター助教授。くわしくは、「里山研究会」ウェブサイト（http://homepage.mac.com/hitou/satoyama/）を参照のこと。
[20] 『朝日新聞』のデータベース検索「聞蔵Ⅱ」およびCD‐ROM『CD-ASAX』を使用して、二〇〇八年五月以前の記事を検索し、分析した。「聞蔵Ⅱ」の検索ヒット数は二二二八件であった。

記事では、「野生生物の貴重な生活圏である里山」と紹介され、同年十二月七日には、大阪自然環境保全協会による里山をよみがえらせる取り組みを紹介した記事で、「『おじいさんは山へ柴刈りに』と、おとぎ話の世界でも親しまれてきた集落近くの『里山』」と記されている。このように、一九八〇年代後半の里山に関する記述を見直すと、「里山」という言葉は森林の一形態、あるいは人びとの生活圏に近い自然として使用されていることがわかる。

一九九〇年代に入ると、「里山」という言葉は引き続きシンポジウムやセミナーをはじめとする環境保護活動の紹介記事で使用されているが、同時に、ゴルフ場建設や開発反対の動きを紹介する記事のなかで使用されていく。たとえば、一九九〇年六月十一日付の、ゴルフ場について考える名古屋で開催されたフォーラムを紹介した記事では、同フォーラムで「あまり価値がないとして次々と壊されて行く都市近郊の里山の大切さを強調」していたと記されている。同年十二月二日付紙面には、『ゴルフ場亡国論』を編集した山田国広氏のインタビューが掲載され、「ゴルフ場はだいたい、いわゆる里山というところに作られることが多い」「これに対抗して、里山を守ろうという運動が瀬戸内、岐阜、三重、石川などで起きて」いると紹介されている。

これらの記事に続くように、一九九一年一月十六日付紙面では、「日本環境会議第一〇回総会」でゴルフ場をはじめとする画一的な開発プランによって里山が軒並み破壊されていることが紹介されたと載り、同年五月二日には、長野県でゴルフ場開発計画を阻止して里山を保全することを目的に開園された「樹木農場」の記事が掲載された。さらに、同年八月六日付では、山形県でごみ処理施設建設を阻止して水辺や里山をレクリエーションの場に活用する計画が紹介され、同年十月三日付では、大阪府内のゴルフ場建設反対・里山保全の署名運動が取り上げられた。その他、同年十一月二日付では、三重県においてゴルフ場計画に反対する住民が先手を打って予定地の里山に、自然にとけ込んだリゾート施設「エコリゾート赤目の森」をオープンさせるという取り組みが紹介された。

このように、一九九〇年代初めには、ゴルフ場を代表とする開発計画に反対し、里山を保全するという動きが活発になっていることが度々取り上げられている。なお、里山保全の記事が増えるのにあわせて、『朝日新聞』では改めて里山とは何かを周知する記事を掲載している。一九九二年八月二十八日付では、里山を大きく取り上げ、環境保護の主な理念の一つである「持続可能性」を実現するのに里山が大きな意味を持ち、世界から注目を集めている、と里山を紹介している。この記事では、「里山とは、農山村の背後にある丘陵地をいう」、と簡単に定義づけ、その上で、「多くは、クヌギ、コナラなどを中心とする雑木林になっている。たきぎや灰、たい肥、家畜の飼料、建築材、生活具用材を供給する農用林として利用されてきた」と、里山を雑木林、農用林であると説明している。

里山に関する記事が急増するのは、一九九五年頃からである。この背景には、二〇〇五年に開催予定となった愛知万博の是非をめぐる論争のなかで、会場予定地が「里山」だと強調され、その保全が求められたことがある。愛知万博の誘致が博覧会国際事務局総会で決定したのは一九九七年六月であるが、愛知県は一九九〇年以前から国際博覧会誘致に向けて動いており、一九九〇年には瀬戸市海上町をはじめとする南東部の丘陵地帯（「海上（かいしょ）の森」）を会場候補地に決め、同時に会場までの交通手段として東海環状自動車道や低速リニアの建設計画を検討していることを発表した。これらの発表を受けて、一九九〇年七月に地権者を対象とした説明会が開かれたが、地権者の一部からは、愛知県の環境保全意識について疑問が投げかけられていた。

学識経験者らの議論を経て一九九四年六月、愛知万博の基本構想が「技術・文化・交流―新たな地球創造」というテーマとともに公表され、翌年には、愛知県は開催予定地「海上の森」の整備計画をまとめた。この計画では、南部約二五〇ヘクタールに外国政府や企業の出展館を建設して万博の中心部とすること、北部約二九〇ヘクタールは「自然観察」「里山文化」「木の文化」の三テーマに区分けし、散策路や林業体験施設を設けることなどが盛り込まれていた。さらに、開催予定地の森林の一部は伐採あるいは植え替え、市街地の環境整備に活用されることになっていた（一九九五年六月十六日付）。このように愛知万博の誘致計画が具体的になっていくなか、会場候補地の環境破壊を懸念する環境保全団体等が反対を表明し、博覧会国際事務局へ反対の封書を送る等、誘致の是非をめぐる動きが活発になっていく。

一九九五年九月には、カナダのカルガリーが国際博覧会候補地として立候補すると表明し、万博誘致の競争相手が明確になった。カルガリーのテーマは「環境」であった。博覧会国際事務局長は一九九五年十月の朝日新聞との会見で、「カルガリーが出て、競争が正常な状態になった。日本もカナダもこれまで大きな万博を組織し、水準も高かった」と、愛知とカルガリーの競い合いを経て開催地を決定できることを評価した。愛知万博誘致反対の動きについては、「事務局としては、正常な反応だと思っている。愛知に限らず、万博開催となると、環境団体などから反応が返ってくる。決まりきったカレンダーのようなものだ。一五〇〇通の反対派のはがきが来ているし、一〇〇〇から一二〇〇通の激励のはがきも来ている。ただ、反対派を最後まで説得することが立候補国としては大切だ。もちろん環境を破壊すべきではない」とコメントしている（一九九五年十月十九日朝刊）。

日本国政府においては通産省（当時）が万博に関する施策を担っていたが、カルガリーの立候補を機に、「環境」を強調した誘致活動を展開していく。一九九五年十月に通産省（当時）国際博覧会予備調査検討委員会が提示した万博誘致の指針では、「環境」と「アジア・太平洋」を中核テーマにすると示され（一九九五年十月二十日付）、十二月四日の同委員会報告では、愛知万博のテーマは「新しい地球創造―自然、文化、技術の交流―」となり、自然との共生が中核に据えられた。その後、一九九五年十二月十九日には愛知万博誘致は閣議了解となり、国の事業として正式に認められた。一九九六年十一月一日、国によって提示された「構想概要」では、さらに環境を強調すべく基本理念が「新しい地球創造：自然の叡智《えいち》」となり、最終的に一九九七年六月に万博誘致が決定した。

このような愛知万博開催決定までの流れにおいて、「ものみ山自然観察会」をはじめ、複数の環境保護団体が反対運動を展開し、一連の活動が『朝日新聞』で紹介されていく。一九九四年十一月には、同十二月に開催される反対派の集会「万博と里山」の紹介記事が掲載された（一九九四年十月二十七日付、十一月三十日付）。一九九五年十月二十四日付では、万博開催反対グループによる、会場候補地をエコミュージアム（自然博物館）とする基本構想が紹介された。この構想では、会場候補地「海上の森」を、以下の六ゾーンに分けて環境教育等に活用しようと提案している。六ゾーンとは、「希少動植物保護ゾーン」「天然二次林・里山ゾーン」「天然遷移ゾーン」「天然林化ゾーン」「人工林モデルゾーン」「住民生活ゾーン」である。

一九九五年十一月十七日には、環境庁（当時）が、愛知県が建設を計画している東海環状自動車道について、会場候補地を南北に縦断する高架式道路建設にともなう環境負荷が大きいとして、計画変更を求めた。同日、『朝日新聞』は愛知万博誘致に関する解説記事を載せ、愛知県は「雑木林は価値がない」と主張していると説明した上で、「いま、環境保全はうっそうとした鎮守の森だけを守る時代から、貴重さで一段低くとも都市近郊にある里山をどう保全するかを考える時代に変わりつつある。一部の貴重な動植物の保護から、生態系を丸ごとどう守るかが世界の環境政策の流れになっている」と論じた。

また、一九九五年十二月一日付の社説では、コナラやモクレン、シデコブシ、ムササビやオオタカ、ギフチョウといった動植物をはじめとして多様な生物が生息する里山である「海上の森」を、愛知県は「どこにでもある雑木林」と考えていると批判している。加えて、一九九五年十二月十二日には、同年十一月の環境庁の指摘に対して愛知県が意向に沿うよう計画を修正する姿勢を示したことについて、学識者である広木詔三名古屋大助教授（当時）の「この計画変更は生態系保全の観点から行われたとは言いがたい」というコメントを紹介した。なお、万博の議論に関連して、複数の一般読者から里山の価値が見直されてきている、万博は時代に逆行している、貴重な里山の自然を破壊する、といった「里山を保全すべきだ」という批判的な投稿が寄せられ、随時掲載されていた。

このように、『朝日新聞』からは、愛知県等の推進派と環境保護グループ等の反対派はともに万博予定地を里山と位置づけながらも、推進派は里山を単なる雑木林として万博開催地に開発しようとし、反対派は「貴重な」「昔は身近にあった」「希少な動植物が多い」、多様な生物をはぐくむ都市近郊の大切な自然であると捉えて保全を主張していることが読み取れる。

このような流れのなかで、里山の解釈は、「集落近くにある山林の総称。都市近郊に残る『みどりの空間』とされる（一九九七年八月三日付）」、「豊かな生物や自然が人の近くに存在する」場所（一九九七年八月二十五日付）、「山間にある人の住む里に近いところ」（一九九七年十月二日付）、「人間が何百年もかけてつくり上げてきた『人工自然』〔中略〕雑木林、田畑、用水路、神社やススキ原も全部含めて、奥山の原生林に対して、人の暮らしと関係あるすべて（一九九七年十二月二日付）」と、人びとの身近なところに存在する包括的な自然を指すようになっていく。加えて、万博の議論をきっかけに全国の里山も注目を浴び、調査や保全運動が展開していった。

万博そのものの経緯は、一九九九年五月十二日に会場予定地内で希少種・絶滅危惧種のオオタカの営巣が見つかったことを受け、日本野鳥の会がオオタカが住み続けられる森を守らなければ意味がないと表明し、国や県は会場予定地の変更を余儀なくされた。さらに、二〇〇〇年一月、国際博覧会事務局が万博跡地に予定されていた新住宅市街地開発事業を痛烈に批判して、国際的にも環境重視の万博へと舵取りされていった。二〇〇〇年一月二十日付の解説記事では、世界的な環境重視への流れを受け、地元の複数の自然保護グループが「里山を守れ」と訴えていたにもかかわらず、テーマだけ環境重視に転換して根底にある開発優先を変えていなかったツケが表出したとの指摘がなされている。その後、誘致側は市民グループとの対話を重ね、さまざまな紆余曲折を経て、二〇〇五年に環境重視の万博開催にこぎつけた。

上記のように、里山をめぐるメディアでの報道では、まず、森林形態の一つあるいは都市近郊の自然として里山が紹介されたが、一九九〇年代前半になると、ゴルフ場などの開発反対や自然保護を訴える動きのなかで里山がとりあげられだした。一九九〇年代後半には、愛知万博誘致の是非をめぐる議論のなかで、「単なる雑木林」とする誘致派に対して、反対派が「貴重な、身近な、人と共生してきた、包括的な自然」として里山の保全を訴え、最終的には計画が見直されて環境重視の万博開催となった。いうなれば、『朝日新聞』は里山に関する一連の報道をすることによって、身近な自然としての里山を保全すべきだというパブリック・オピニオンの形成に一役買ったと同時に、里山の解釈を二次林という森林形態の一つから、包括的な自然、景観へと変化させる触媒になったといえる。

「里山」が包括的な環境のセットとして使われるようになると、元来の里山の意味はもちろん、地理的な位置や活用方法によって区別されてきた里山と奥山の違いもあいまいになる。「里山」という用語がメディアを通じて浸透したこともあり、現在では、「里山」が奥山も含めた人が歴史的に活用し共生してきた環境全体を指すことが多くなっている。

以上、日本人が好んできた二次的自然の代表である「里山」は、その定義を変化させながら、人々が保存すべき文化的な自然、愛すべき貴重な環境として位置づけられていった。観光実践の中では、里山は、雑木林や田畑、集落などを含んだ環境のセットとして捉えられ、活用されていく。以下では、日本の環境観光における里山の位置を確認していきたい。

3 日本のエコツーリズム

日本において、環境観光と里山が密接に関わるのは、環境保護意識を前面に出す観光形態であるエコツーリズムであろう。第1章で記したとおり、世界におけるエコツーリズムの特徴は、原生の自然を対象とする点であり、世界中の国立公園などが観光地となっていた。しかし、日本のエコツーリズムにおいては、日本の自然観や地理的特徴を背景に、二次的自然も観光対象となっている。そこで、日本のエコツーリズムの略歴を振り返りながら、上記で論じてきた「里山」がどのように観光対象として認識、利用されていったのかを確認したい。

日本でエコツーリズムが導入され、浸透していくのは一九九〇年代からである。真板昭夫（2001: 39）によると、日本でエコツーリズムが始めて紹介されたのは、一九九〇年に環境庁（現在は環境省）[21]が編んだ熱帯地域生態系保全に関する報告書である。『環境白書』においても、エコツーリズムという名称が現われるのは、同時期の一九九一（平成三）年版からであり、日本にエコツーリズムが導入されたのは一九九〇年頃だといえる。

では、どのようにエコツーリズムが紹介されたのか。平成三年版の『環境白書』では、まず、地球生態系の保全を記した部分に、生態系を保全する地域の周辺、すなわち緩衝地帯の計画的な利用方法の一つとしてエコツーリズムがあげられている。また、国内における自然とのふれあいの推進を記した部分で、自然とふれあう旅としてエコツーリズムが紹介されている。この部分では、コスタリカや海外の国立公園でのエコツーリズムについてまとめた後、日本の国立公園での自然とのふれあいの推進、さらには「里山」[22]などの自然の保全とこれらの自然とのふれあいの重要性を記し、自然体験を推進するためには自然解説員（インタープリター）の整備が重要だとした。つまり、日本にエコツーリズムが導入された当時、エコツーリズムが盛んな海外の国立公園などが事例として紹介される一方、日本が有するさまざまな自然環境でのエコツーリズムが検討されていたことがわかる。

一九九〇年代初頭より、環境保護を重視するさまざまな団体によってもエコツーリズムは推進されている。一九九二年には日本環境教育フォーラムがエコツーリズム分科会を発足、一九九三年には社団法人日本旅行業協会（ＪＡＴＡ）が「地球にやさしい旅人宣言」を発表、一九九四年には財団法人日本自然保護協会（ＮＡＣＳ－Ｊ）がエコツーリズムガイドラインを発行している。一九九六年、日本で初めてとなるエコツーリズムの協会、西表島エコツーリズム協会が発足し、一九九八年には日本エコツーリズム協会の前身である日本エコツーリズム推進協議会が設立された（以上、エコツーリズム推進協議会（1999）及び社団法人日本旅行業協会（1998）より参照）。

では、国内におけるエコツーリズム実践はどのようなものだったのか。エコツーリズム先進地の例として、西表島、屋久島、知床、小笠原諸島等が挙げられるが、これらの地域の特徴は、「残された」自然を有する離島、遠隔地という点である。たとえば、沖縄県・西表島は、沖縄本島から四〇〇キロメートル以上離れた島で、島全体の九〇%ほどが亜熱帯性の森林におおわれている。また、天然記念物及び絶滅危惧種に指定されているイリオモテヤマネコをはじめとした固有種が多数見られる、独特の自然環境を有する島である（環境省自然環境局 2009）。

海津ゆりえ・真板昭夫（2001: 213-215）によると、西表島では、一九七二年に日本の本土として「復帰」を果たすと同時に島の一部が国立公園に指定されたが、他方、本土の発展に追いつくためにと、農地開発や道路建設が次々に進められた。加えて、一九七〇年代後半には、道路の整備や観光バスの運行によって観光客が急増し、西表島の開発は急速に進んでいった。そんななか、一九七五年にドイツ人動物学者が「島民よりイリオモテヤマネコの保護」を強く主張したことから、人かヤマネコか、開発か保護か、という議論になった。この対立に答えを出すべく複数の調査が実施され、その結果をふまえて一九八三年ごろから「共存」という方向が示され、持続可能な観光開発としてエコツーリズムが発展した。その後、日本屈指のエコツアー先進地として、一九九四年に西表島エコツーリズムガイドブックが発行され、一九九六年の西表島エコツーリズム協会設立に至る。[23]

別のエコツーリズム先進地の例として、鹿児島県・屋久島は、一九九二年に日本が世界遺産条約に批准した際に候補地に挙げられ、翌一九九三年に島の約二割の面積が世界遺産に指定された島である（野間 2002）。UNESCO[24]によると、屋久島では亜熱帯から亜高山帯に至るまでのさまざまな植物が一九〇〇種ほどみられ、なかで

[21] 環境庁は一九七一年に発足し、二〇〇一年の中央省庁改編の際に環境省となり、現在に至っている。本文内では、一般論として同庁／省を紹介する際は環境省と統一し、それ以外は時期に合わせて環境庁と環境省を併用する。

[22] 平成三年版『環境白書』には、里山の解釈についての解説がないため里山をどのように認識していたのか明確ではないが、同時期の朝日新聞では、「農山村の背後にある丘陵地」と説明されているので、同じような理解をしていたと推測される。

も樹齢三〇〇〇年に至ると推測される「屋久杉」は世界的にも希少である。また、固有種を含む一六種の哺乳類や一五〇種の鳥類、一九〇〇種の昆虫など、動物も非常に種類が多い。なお、世界遺産指定時の報告では指定地域内の住民は無と報告されている。エコツーリズムに関しては、初めてエコツアーというものを掲げて事業を始めたのが屋久島野外活動総合センター（YNAC）で、ビジネスを開始したのが一九九三年だということである（国際エコツーリズム大会二〇〇一におけるYNAC松本氏の発言を参照、詳しくは日本エコツーリズム協会 2001）。

上記を踏まえると、独特な自然環境を有する離島・遠隔地でエコツーリズムの萌芽が芽生えていたところへ、一九九〇年代、環境庁のみならず民間の複数の環境保護団体によって、日本国内にエコツーリズムが紹介されていき、大きな流れとなってエコツーリズムの発展に寄与したのではないだろうか。

4 里地里山の提唱とエコツーリズムの変化

では、どのように国内のエコツーリズムに二次的自然が取り入れられたのか。そもそも、『環境白書』では当初から里山などの自然も対象にすることが示唆されていたが、契機になったのは一九九四年の「環境基本計画」である。この環境基本計画は一九九三年に制定された環境基本法にもとづいて定められたが、全体目標として以下の四つが提示されている。

- 環境への負荷の少ない循環を基調とする経済社会システムの実現
- 自然と人間の共生
- 公平な役割分担の下でのすべての主体の参加の実現
- 国際的取組の推進

このうち、第二の「自然と人間の共生」において、「国土の各地域の自然的・社会的特性に応じて、自然的な環境を保全するとともに、賢明な利用、ふれあいを行っていくべきである〔中略〕。つまり、人為的影響の少ない原生的な自然やすぐれた自然を保護するだけではなく、人為の加わった自然も自然の一つのあり方として認めた上で、持続的な形での利用を通じた自然環境の維持など図っていく必要がある」と記されている。[25] いうなれば、環境基本計画はさまざまな自然を包括的に保全していこうとしていたのである。

この理念の下、同計画では日本の国土空間を、①山地自然地域、②里地自然地域、③平地自然地域、④沿岸海域の四つに分類した。ここでの里地自然地域とは、「人口密度が比較的低く、森林率がそれほど高くない地域」[26]と定義され、全国の農耕地の五五%、二次林の五〇%を含む地域がここに含まれることになった。なお、同計画では、この里地自然地域に対しての問題として、都市周辺の雑木林の荒廃や、農村での高齢化・過疎化による農地や自然の保全危機を取り上げている。

環境保護施策のなかで二次的自然を取り上げた里地自然地域について、平成十年度『環境白書』に詳細な記述がある。この白書では、里地は「自然のメカニズムを人間が把握し、それに沿った形で人間活動が行われた場所

[23] ちなみに現在、西表島ではある業者によって生態系や景観を無視したリゾート建設計画が進行中であり、全国的な反対運動がおこなわれている。保護すべき貴重な自然環境が観光・リゾート開発によって破壊されるというのは、既に一九九〇年前後までに忌むべき行動として世界的に批判されていることであり（たとえばLea 1988）、日本のエコツーリズム先進地が時代を逆行する過ちを犯し、世界に醜態をさらすのかどうか、注目されている。
[24] UNESCOのWorld Heritageウェブサイトより参照、http://whc.unesco.org/
[25] 平成七年度『環境白書』総説第四章第六節二「環境基本計画の概要と効果の高い対策の推進」より。
[26] 平成七年度『環境白書』総説第三章第二節一「平地、里地の自然の特徴と状況」より。具体的には、人口密度五〇〇〇一三万人、または人口密度五〇〇〇人未満かつ森林率八〇%未満の地域を指している。

である」と解釈されている。そして、「農地、里山林等の地域の資源を掘り起こし、その活用、管理を行うことにより、地域の活性化と環境保全につなげることができ」るという提案がなされている[27]。加えて、都市近郊の里山が宅地開発やゴルフ場開発などによって消滅の危機に瀕していることを懸念した財団法人日本自然保護協会が一九九七年に実施した「里山の自然調べ」の結果を紹介している。同協会によると、調査活動では、農村景観としての「里やま」の再定義、「里やま」の多面な側面の把握、等に留意した、とのことである[28]。しかし、平成十年度の『環境白書』を見る限りにおいては里山に関する明確な定義の記述はない。

環境省による里山の定義がみられるのは、二〇〇二年の「日本の里地里山の調査・分析について（中間報告）」においてである。環境省では、一九九九—二〇〇一（平成十一—十三）年度にかけて里地里山に関する調査を実施した。その報告書において、里山は、「里地里山」として定義が記されている。その定義とは、「都市域と原生的自然との中間に位置し、様々な人間の働きかけを通じて環境が形成されてきた地域であり、集落をとりまく二次林と、それらと混在する農地、ため池、草原等で構成される地域概念である」。さらに、「一般的に、主に二次林を里山、それに農地等を含めた地域を里地とよぶ場合が多いが、言葉の定義は必ずしも確定しておらず、ここではすべてを含む概念として里地里山と呼ぶこととした」と注記がある。

この里地里山の定義は、エコツーリズム施策にも反映されている。里地里山が定義された翌二〇〇三年、環境省はエコツーリズム施策を大きく前進させるべく、有識者による「エコツーリズム推進会議[29]」を開催した。この会議の趣旨は、「エコツーリズムを『原生的な自然地域におけるガイドツアー』といった特別なものではなく、環境保全を実践する活動、農林業体験を通じた自然への理解を深める活動なども含めて捉え、普及定着を目指すもの」であった。会議は三回にわたって実施されたが、議事要旨をみてみると、環境省が定義した里地里山を対象として実施されているグリーン・ツーリズムとの連携などについても論じられている。

この会議の結果、環境省は全国のエコツアー総合情報サイトの立ち上げやモデル事業を実施していく。モデル事業は二〇〇四―二〇〇六（平成十六―十八）年度に実施され、従来のエコツアー・サイトの特徴をもつ「豊かな自然の中での取り組み」をはじめ、「多くの来訪者が訪れる観光地での取り組み」「里地里山の身近な自然、地域の産業や生活文化を活用した取り組み」の三類型に対して一三地区が選定された。このうち、里地里山モデルで選定された長野県飯田市は、グリーン・ツーリズム先進地としても有名な場所でもある。この事実は、環境省や農林水産省の名称選定や補助金制度の差異に関係なく、うまく補助金制度を活用しながら観光による地域振興を継続していく地方行政のしたたかな面を示唆している。

なお、上記のモデル事業などを経て、二〇〇七（平成十九）年にはエコツーリズム推進法が制定され、自然環境のみならず、自然に関係のある風俗慣習や伝統的な生活文化も観光資源としてエコツーリズムを推進していくことが盛り込まれている。

以上、エコツーリズムと二次的自然について検討してきた。現在では二次的自然とそれを取り巻く包括的な生活・自然環境を意味する「里山」は、実は二十世紀後半の環境保護に関する国内における議論のなかで再定義されたものであった。そしてそれゆえに、里山は、価値ある貴重な環境であり、保全すべき自然であると位置づけられていく。この認識は、観光において里山を活用する際にも鍵となっている。

環境観光においては、エコツーリズムを中心に里山が活用されていくが、先にみてきた農政主導の農村観光と異なり、エコツーリズムは管轄官庁となる環境省だけではなく、複数の環境NGOや諸団体の活動によっても推

[27] 平成十年度『環境白書』総説第二章第四節四「里地自然地域への期待」より。
[28]「地球環境基金」平成九年度活動報告書より http://www.erca.go.jp/jfge/act_repo/report9/pages/166.htm
[29] ここで記述したエコツーリズム推進会議に関する内容は、環境省がインターネットで公開している審議会・委員会等の情報を参照した。情報公開のURLは、平成二十一年十一月十四日時点で、http://www.env.go.jp/council/22eco/yoshi22.html である。

進されてきた。行政と民間が交わりながら、エコツーリズムにおいて里山が新たな価値ある環境として承認され、モデル事業などが実施されていく。いうなれば、環境保護論争が生み出した新たな里山の価値を、観光資源として取り入れて環境観光が実践されているのである。[30]

ここまで、二次的自然と観光について、農村、里山という二つの視点で検討してきた。以下では、第三の視点として、世界遺産・文化財における二次的自然の位置と観光について検討していく。

Ⅳ ヘリテージとしての自然

二次的自然は、文化庁の文化財保護施策や世界遺産のなかでも注目され、文化財や世界遺産に指定されることをきっかけに、対象となった自然および周辺の地域が観光対象として脚光を浴びる。そこで、世界遺産および文化財における二次的自然の扱われ方と、観光の関係について考えてみたい。

1 ヘリテージと観光

まず、世界遺産や文化財を包括する言葉であるヘリテージの意味を確認しよう。C・ケリー（Kelly 2006）が論じているようにヘリテージの解釈は複数あるが、ここでは、G・J・アシュワースとP・J・ラーカム（Ashworth and Larkham 1994: 47）の、「過去からの資源を現代の人々の需要のために選別した公共の事物」という定義で理解しておきたい。現実には、ある事象がヘリテージと認識される上でカギとなるのは、政府や権威を有する機関によって特定の価値があると承認され、多くの人びとが共感できる社会的意義をもつと認められることである（たとえば Kelly 2006: 36–37）。

ヘリテージと観光について、L・K・リヒター（Richter 1999: 122–123）は、ヘリテージが観光において活用されていくなかで、ヘリテージ自体が観光客から影響を受ける一方、これまでマイノリティとして注目されてこなかった社会的な集団が表舞台にあがるきっかけとなったり、ヘリテージの持つ価値やメッセージが観光客に大きな影響を与えたり、虐殺などがおこなわれた負の遺産が観光スポットになることで人種差別や偏見の解消につながっていると指摘している。ヘリテージ観光には大きな政治的作用があるのだ。

では、どのようにヘリテージが選定されていくのか。世界的にはユネスコの下で多くの国によって批准されている「世界遺産条約」があり、さらに各国に日本の文化財制度に当たる認証制度がある。つまり、ヘリテージとは、国内外の行政によって公的に承認されていくのである。ケリー（Kelly 2006）はこの点について、現在はイギリス政府とアイルランド政府によって統治されているアイルランド島における、両政府の文化遺産に関する制度を比較し、その上で、北・南アイルランドそれぞれからの来訪者が観光スポットとしてのヘリテージをどのように捉えているのか分析している。そして、ヘリテージの活用によって南北の政治的対立を緩和できる可能性があること、しかしながら、たとえば「国立（National）」という言葉の使用の是非など、二政府による統治体制ゆえにアイルランド島の文化遺産が複雑な位置にあることを論じている。国内の制度については、才津祐美子（2007: 105–107）が、世界遺産の選出が日本の文化財保護法の範囲内でおこなわれること、保全にかかる費用も文化財保護法の範囲内での補助金にかぎられていることなどを指摘している。

［30］エコツーリズム推進法制定の翌年（二〇〇八年五月）、生物多様性条約第九回締約国会議（ＣＯＰ９）で第一〇回（ＣＯＰ10）の開催地が名古屋に決定したことを受けて、日本は「自然と共生する社会づくりを世界に発信する『ＳＡＴＯＹＡＭＡイニシアティブ』に取り組んでいく」と表明した。しかし、二〇一〇年のＣＯＰ10までの二年間で、このイニシアティブが保全対象とする景観が国際自然保護連合の Category Ⅴや世界遺産の文化的景観と類似していると批判が相次ぎ、二〇一〇年十月に「ＳＡＴＯＹＡＭＡイニシアティブ」国際パートナーシップが発足したが、ＳＡＴＯＹＡＭＡの解釈は混沌としている。観光実践を含めた「里山」の取り巻く環境は、本書の議論以降もさらに変化していくと思われる。

上記を踏まえると、ヘリテージというのは観光において非常に影響力の大きい存在であるが、その認証は国連のユネスコや各国の法規ならびに管轄官庁の影響下にあり、各国政府や国際機関が価値を認めた事象に限り保存・保護がおこなわれていく。国の情勢や遺産に対する考え方は普遍的ではないため、ヘリテージの選別や保護の変遷に注意を払うのは重要である。では、本章で論じてきた二次的自然を取り巻く認証制度はどうなっているのであろうか。

2 世界遺産における二次的自然

まず、世界遺産における二次的自然の扱いについて確認したい。一九七二年に世界遺産条約が採択された際には、世界遺産のカテゴリーは文化遺産と自然遺産しかなく、これら二つは対極に位置するようなものであった。文化遺産は建築家や歴史家の視点から審美的な建造物や遺跡が選ばれており、自然遺産は自然保護主義者の立場から人為的な影響が限りなく少ない場所が選ばれていた（Fowler 2003: 15）。つまり、世界遺産条約が成立した当初は、文化と自然が混じった事物を世界遺産として登録する制度そのものがなかったのである。そこで、世界遺産を管轄するユネスコは複合遺産という概念を導入したが、このカテゴリーに適合するには、文化遺産としての基準と自然遺産としての基準を同時に満たす必要があったため、世界遺産の制度上の偏向を解消するには至らなかった。実際、二〇一一年十月時点においても、文化遺産七二五ヵ所、自然遺産一八三ヵ所が登録されるなか、複合遺産として登録されている場所は二八ヵ所のみである[31]。

上記のような状況を受け、世界遺産委員会は、文化と自然、両方の要素を有する場所を登録できる新たな概念を検討し、「景観」というさまざまな要素を包括的にとらえる概念を用いて「文化的景観」を提唱した（Fowler 2003: 18）。日本ユネスコ協会連盟によれば、文化的景観は、「自然と人間の共同作品を表して」おり、「人間が自然を利用して長い時間をかけてつくり出された景観を意味する[32]」。世界遺産条約における文化的景観は三つの領域に区分されており、それぞれ、庭園や公園など人工的に創り上げられた「意匠された景観」、第一次産業に関連する、もしくは遺跡などの重要な要素を成す「有機的に進化する景観」、信仰や宗教などに直接関連する「関連する景観」とされている（文化庁文化財部記念物課 2005: 5）。

この、文化的景観という概念は世界中から称賛され、国立公園や村落、農耕地、建物など、六〇の世界遺産が新たに誕生した。なかでも、フィリピンの「フィリピン・コルディレラの棚田」の登録は、アジアの稲作文化の伝播の重要な物的証拠であると評価されてのことであり（文化庁文化財部記念物課 2005: 6）、人と共生してきた自然が世界遺産として承認されたことを意味する。この遺跡の誕生は、日本各地の棚田を中心に、国内のすぐれた農村景観を文化的景観として世界遺産へ登録しようとする動きを活発化する契機となった。

3 文化財における二次的自然

ここで、日本における世界遺産と文化財の制度について確認しておきたい。世界遺産や文化財は文化庁の管轄であり、文化財は文化財保護法によって規定される。文化財保護法は、戦前に施行されていた国宝保存法[33]、重要美術品等ノ保存ニ関スル法律[34]、ならびに史蹟名勝天然紀念物保存法を統合して、一九五〇年に制定された法律である。戦前の国宝保存法および重要美術品等ノ保存ニ関スル法律は建造物や美術工芸品等を対象としたものであり、史蹟名勝天然紀念物保存法は「様々な遺跡や国の成り立ちの基盤を構成する自然」（文化庁 2001: 11）を対象

[31] UNESCO World Heritage Centre ウェブサイトの情報より、二〇一一年十月十日参照。http://whc.unesco.org/en/list
[32]『日本ユネスコ協会連盟』ウェブサイト「世界遺産について　用語集」より、二〇〇八年十二月四日参照。http://www.unesco.jp/contents/isan/glossary.html#c2
[33] 国宝保存法は一九二九（昭和四）年に制定された法律で、一八九七（明治三十）年に制定された古社寺保存法が対象としていた社寺有の建造物や宝物を、公・私有、個人・法人有の建造物や宝物にまで拡大したものである。

とする法律であった[35][36]。

戦中・戦後の混乱を経て、「政府は、新しい時代にふさわしい文化財保護の制度が必要であることを強く認識し、保護行政の在り方と制度改正の検討に着手」する（文化庁 2001: 18）。政府が戦後の混乱期に消滅の危機にあった文化財を保護すべく新法を検討していた際、当初は国宝保存法と重要美術品等ノ保存ニ関スル法律を統合した上で無形文化財を加えた「文化は文化財という方面で一貫」（文化庁 2001: 23）させたものと、史蹟名勝天然紀念物保存法を継続した自然的存在物を扱うものを考えていた。しかしながら、国会では、文化の解釈や科学と文化の差異、動植物や自然から成る史蹟名勝天然記念物を文化と見なす可能性の有無等、複数の懸案事項が論議され、結論として現行のように、国宝・重要美術品等の文化と見なされる財とともに、史蹟名勝天然記念物といった自然から成ると捉えられるものを包括する形で法律が制定された。この、文化も自然もすべて包括して一つの法律で保護を制定したことは世界的に類をみない。

では、本書で取り上げている二次的自然は、文化財保護法のどの区分に入るのであろうか。

4　名勝と文化的景観

まず、戦後に文化財保護法が制定された際に規定があった区分のうち、二次的自然が入る可能性のある区分は名勝である。名勝は、文化財の体系における「記念物」の種類の一つとして、史跡と天然記念物とともに規定されている。そして、名勝は「『庭園、橋梁、峡谷、海浜、山岳その他の名勝地で我が国にとって芸術上又は鑑賞上価値の高いもの』のうち、〔中略〕文部科学大臣が重要なものとして指定したもの」と定められている（文化庁文化財部記念物課 2005: 34）。加えて、名勝には人文的なものと自然的なものの二種類があるとされており、庭園や橋梁などが人文的名勝、峡谷・海浜・山岳などが自然的名勝に分類される。

人文的・自然的にかかわらず、文化財制度のなかで名勝を規定している最大の理由は、「指定した時点での

『優秀な景観』を保護すること」である。ゆえに、「道路開発や観光開発など官民による土地利用変更への対応が保護のための重要な課題」となる（安原 2000: 6）。実際の保存管理は、人文的名勝の場合、個人もしくは法人が所有していることが多いため、所有者が責任をもっておこなうことになる。他方、自然的名勝の場合は特定の所有者が保存管理をおこなうことが難しく、文化財保護法の規定にもとづいて指定された地方公共団体がおこなうことが多い[37]（平澤 2000: 9–10）。

自然的名勝の保存管理において重要なのは、まず、名勝となった景観が形成された過程をきちんと把握することである。その上で、現在のさまざまな状況のなかでの名勝の存在意義について総合的に考察しつつ、「現状における問題解決のための方策のみならず、本来あるべき姿へと誘導していくための景観形成等を含め、全体的な

[34] この法律は一九三三（昭和八）年に制定され、当初は「輸出防止の為の応急的な措置」という性格であったが、次第に「国宝の次位を占める価値公認の制度として機能するようになって」いった（文化庁 2001: 11）。

[35] 史蹟名勝天然紀念物保存法は一九一一（明治四十四）年に「欧米諸国の天然記念物保護に関する制度を見聞した有識者を中心に、我が国においても史蹟や天然記念物の保護について国が取り組むべきであるとする考えが醸成され」（文化庁 2001: 12）たことを受けて制定された。実際の指定は諸規定の整備が整った一九二〇（大正九）年からである。

[36] 文化財保護法制定時の指定数は、国宝として建造物一〇五七件、美術工芸品五七九〇件（文化庁 2001: 9）、重要美術品等として美術工芸品七八九八件、建造物二五七件（文化庁 2001: 11）であった。また、史蹟名勝天然紀念物については、指定が始まって以降、史蹟六〇三件、名勝二〇五件、天然紀念物七七二件（文化庁 2001: 14）が登録されていた。

[37] 現行の文化財保護法の第一一三条には次のとおり定められている。「史跡名勝天然記念物につき、所有者がないか若しくは判明しない場合又は所有者若しくは第一一九条第二項の規定により選任された管理の責めに任ずべき者による管理が著しく困難若しくは不適当であると明らかに認められる場合には、文化庁長官は、適当な地方公共団体その他の法人を指定して、当該史跡名勝天然記念物の保存のため必要な管理及び復旧（当該史跡名勝天然記念物の保有のため必要な施設、設備その他の物件で当該史跡名勝天然記念物の所有者の所有又は管理に属するものの管理及び復旧を含む。）を行わせることができる」。

保存管理のための取り組み方針を定める」ことである（平澤 2000: 10–11）。つまり、名勝の保存管理は、歴史的に形成された景観を、現代社会における経済的な利用などを考慮しつつ、できるだけ望ましい形で留めることを主眼としているということである。なお、保存や修繕にかかる費用については、上述の理念にもとづいて管理団体（多くは地方公共団体）が策定した保存管理計画ならびに事業に対して、必要に応じた国庫による補助を受けることができる。

この名勝という区分において、第一次産業で活用されている農地や林地が注目を浴びたのは一九九〇年代以降である。本中眞（2000: 14）によると、従来、学術的には農耕地やそれを取り巻く環境が農村社会の構造などを解明するために重要であり、歴史的・文化的価値が非常に高いという認識はあった。しかし、高度成長期になると、農村の環境がもつ非経済的価値が軽視され、さらに、産業構造の変化や開発によって農村景観が大きく変貌することになった。

このような農村の変化を受けて、先に触れた農政における観光推進や里山の保全運動が起きてくるのであるが、文化財との関係からは、これらとは別に棚田の保全運動と棚田を文化財・世界遺産へ登録しようとする動きがある。棚田とは、農林水産省によれば、「傾斜地に等高線に沿って作られた水田。田面が水平で棚状に見えることから、こう呼ばれる。棚田は、雨水の保水・貯留による洪水防止、水源のかん養、多様な動植物や貴重な植物の生息空間や美しい景観の提供などの様々な役割を果たしている」と定義されている。[38] このような棚田に対して、国内では一九九〇年代から保全に向けた全国的な動きが始まり、国際的には先に触れたように一九九五年に「フィリピン・コルディレラの棚田」が世界遺産の文化的景観として登録された（本中 2000: 14–16）。

一九九二年に世界遺産に「文化的景観」が導入され、フィリピンの棚田が登録されたことは日本に大きな影響を与えている。国内では、一九九九年に名勝として長野県千曲市の「壱千枚田（田毎の月）」が登録されているが、菊池暁（2007: 87–89）は、この棚田の登録は、「生産施設を生産活動に利用されていることを前提に保存する、という従来の保護制度からは考えられなかった保護行政が始められ」た転機だと記している。

これに続き、日本で文化的景観が文化財保護法に定められたのは二〇〇四年である。日本では、文化的景観を、「地域における人々の生活又は生業及び当該地域の風土により形成された景観地で我が国民の生活又は生業の理解のため欠くことのできないもの（文化財保護法第二条第一項第五号）」とUNESCOとは若干異なる定義を採択した。菊池（2007: 89）は、この文化的景観が文化財保護法に導入された際の主な対象は棚田だと述べているが、文化庁は記念物のそれぞれの分野と重なりあう形で文化的景観を位置づけようとしている（文化庁文化財部記念物課 2005: 29）。そして、名勝の範疇で文化的景観となるものとしては、「古来より名所として親しまれ、芸術作品等によって広く知られてきた農林水産業の風致景観を成す地域で観賞上の価値が高いもの」としている（文化庁文化財部記念物課 2005: 29）[39]。

すなわち自然の「あるべき姿」を保存することを念頭に置いた名勝区分であったが、時代の変化、国際情勢の変化とともに、経済的に利用される農地や林地、言い換えれば変化を前提とした二次的自然をも保存の対象にした。そして、二次的自然を保存対象だと明示するカテゴリーとして文化的景観が導入されたと考えることができる。実際、文化的景観という新たな概念に狙いを定めて、国内各地で人と共生してきた自然・風土を文化財へ登

［38］農林水産省ホームページにおける「農林水産用語集」より二〇〇九年一月二十九日参照。URLは http://www.maff.go.jp/j/use/tec_term/t.html
［39］史跡の範疇で文化的景観になるものとしては、「歴史上又は学術上の価値の高い地割若しくは土地利用の在り方等を示す遺跡が、現代の農耕地又は林地等と融合することにより、独特の『史跡の景観』を形成しているもの」である。天然記念物の範疇で文化的景観になるものとして、「学術上価値の高い動植物が生息、繁殖、渡来又は自生する土地並びに学術上価値の高い地質鉱物及び特異な自然の現象が生じている土地において農林水産業が営まれ、それらの生業及び産業の在り方が当該天然記念物の存続に物理的又は精神的に深い関係を有するもの」である。

録、さらには世界遺産へ登録するための活動が活発になっている。

なお、この文化的景観の保存にかかる経費については、文化的景観のなかでより価値が高いとされる重要文化的景観の保存に関しては、「特に必要と認められる物件の管理、修理、修景又は復旧について都道府県または市町村が行う措置について、その経費の一部を補助することができる」と定められている（河村 2005: 21–22 参照）。つまり、重要文化財として登録されたもののうち、望ましい景観を守るための費用については国庫からの補助が出るということだ。

次に、人と共生してきた自然に深く関わりのある人工物を発端とする文化財の区分について検討する。

5　伝統的建造物群保存地区と人と共生してきた自然

名勝や文化的景観が貴重な自然という視点から検討されてきたとすれば、ここで紹介する伝統的建造物群保存地区は、人がつくった事物の保存という視点から、それを取り巻く農村や村落という地域をも保存しようとする制度だといえる。以下では、伊藤延男（2000: 4–9）を参照に、伝統的建造物群保存地区（以下、伝建地区）制度の概要について述べていく。

一九七五年に導入された同制度は、伊藤（2000: 4）によれば町並み保存もしくは「歴史的環境の保存を目指した」ものであった。戦後施行された文化財保護法では、建造物もしくは城跡などの史跡を単体で保護することは定められていたが、複数の対象物あるいは建造物や史跡を有する地域を保存することについては定められていなかった。ゆえに、複数の建造物さらには地域を包括的に保存する制度が求められたのである。加えて、建造物の一種として民家の保存が推進されていくなかで、民家一戸を保存するよりも町並み・集落として保存する方がはるかに価値を高めるという認識が広がったことがこの制度の導入に影響している。さらに、高度成長の影響で全国各地の町並みや集落の様相が様変わりしていたことも伝建地区制度の検討に大きな拍車をかけた。

上記のような理由で、一九六〇年代後半から同制度の検討が始まった。当初はフランスやイギリスの町並み保存に関する法や制度が参考にされた。伊藤（2000: 7）によれば、まず解決すべき問題として「そもそも町並み保存が国の法律になじむかどうか〔中略〕、併せてこれが文化庁の行政だけで遂行できる範囲にあるか」という二点があった。

文化庁が国家の制度をつくるべくこのような問題を検討している際、国内一〇ヵ所ほどの市町村では、地元の町並みや景観を保全しようと独自の条例を制定した。この複数の自治体による試行的取り組みが大きく影響して、伝建地区制度に関しては、他の文化財保護と異なり、まずは市町村が条例を定めて地域の保存を推進し、そのなかから国選定地区を選出する形がとられることになった。また、地域が地区の保存を推進する際、保存地区を都市計画区域[40]の一地区として定めることで、地域の発展、整備がスムーズにいくように工夫された。伊藤（2000: 8）が主張する通り、「町おこし、村おこしの目玉として大いに活用」できる素地が含まれていたのである。

こうして成立した制度によって、具体的には建造物群が文化財として扱われ、伝建地区はそれらを保存するための地区という解釈になった。つまり、寺社仏閣や歴史的建物、古い家屋といった「伝統的な建造物」だけではなく、建造物がある村落や町、都市をも包括的に保護することが可能になったのである。文化庁建造物課伝統的建造物群部門（2000: 19–20）は、この制度のユニークな点について、①市町村みずからが主体性をもって地区の保存をはかる制度であり、国が必要な指導と経済的支援をおこなうこと、②建造物内の生活部分は規制をせず、

［40］都市計画法に定められた都市計画区域とは、以下のとおりである（同法第一章第五条）。「都道府県は、市又は人口、就業者数その他の事項が政令で定める要件に該当する町村の中心の市街地を含み、かつ、自然的及び社会的条件並びに人口、土地利用、交通量その他国土交通省令で定める事項に関する現況及び推移を勘案して、一体の都市として総合的に整備し、開発し、及び保全する必要がある区域を都市計画区域として指定するものとする。この場合において、必要があるときは、当該市町村の区域外にわたり、都市計画区域を指定することができる」。

文化財としての地区保存と住民の日常生活の保障・維持を両立しようとしていること、③都市計画と連携していること、④地区内の新築物件等の修景をも事業の一つとしていること、をあげている。

さらにこの制度が地域にとって望ましいと思われる点として、重要伝統的建造物群保存地区（以下、重伝建地区）に選定された際の、税制措置や建築基準法の緩和がある。まず、税制措置について、重伝建地区に指定された土地や家屋にかかる税のうち、建造物そのものの固定資産税および土地計画税は非課税となる。また、敷地にかかる固定資産税は最大で半額に軽減される。加えて、地区のなかにある建物等の敷地についても、固定資産税の軽減が受けられ、かつ、地区内の土地への地価税が免除される。つまり、重伝建地区に住む住民にとっては、土地建物に対する複数の税が減免されるということである（文化庁建造物課伝統的建造物群部門 2000: 25 参照）。

建築基準法については、重伝建地区で修築・修繕などをおこなう場合、古い町並みや集落では建築基準法の規定の範疇で既存の景観を守ることが困難になる場合があるため、建築基準法の一部について緩和措置がとられている。文化庁建造物課伝統的建造物群部門（2000: 25）によると、二〇〇〇年現在、一二地区で「構造、防火、採光、換気、道路内での建築の制限、建蔽率、容積率、高さ等の規制について、最小限の緩和措置」が設けられている。その他、重伝建地区に指定されると、同地区を有する地域が地方自治体を通じて政府から指定された文化財保全のための経済的援助を受けることができる。

このように、伝建地区制度は、文化財制度のなかでもボトムアップで地区の保存が実現されていくという特徴があり、住民の生活や地域振興と両立する形で運用されている。そして、重伝建地区に選定されると、税制優遇措置や建築基準法の緩和措置がとられる。この制度に地域のなかの「自然」を直接的に保全するという仕組みは明記されていないが、建設省の「街なみ環境整備事業」や農林水産省の「農村総合整備事業」などがあわせておこなわれ、町づくり・村づくりの推進に寄与している（文化庁建造物課伝統的建造物群部門 2000: 24–25）。

6 文化財と観光との関係

以上、二次的自然、言い換えれば人と共生してきた自然に対する世界遺産・文化財のあり方を検討した。以下では、観光との関係について考えてみたい。まず、文化財と観光との関係について、戦後の基本的な考えを確認しておこう。まず、一九六〇年代において、鈴木忠義（1964: 16）は、文化財の保存は人類の文化の発展のための保存でなければならず、そのためには活用も重要だと論じている。その上で、観光における文化財の利用について、「観光はあくまで素人の観賞なのである。そして素人なるがゆえにその数が多く、その処理に問題が発生する。そして、今日にはそのゆえに経済活動へとつながり、露骨な商業主義への問題を誘発している」と警鐘を鳴らしている。

この鈴木（1964）の指摘は、すでに半世紀前のものであるが、文化財の本質的な価値を見いだして保存しようとする専門家や行政と、価値があるとお墨付きがついた対象を観賞して楽しもうとする一般観光客とでは、保存に対する意識も立場も違うということを明確に示している。このことについて、品田譲（1970: 12–13）は、観光開発と自然保護に焦点を当て、観光利用を推進する側が利益追求を第一とし、保護する側がどのような理由であっても文化財に変化をもたらすようなことはすべきでないという立場をとるなら、観光開発と自然保護はどこまでも両立することはない、と論じている。つまり、文化財保護と観光利用においては、保存と活用のバランスをとることが重要だということである。

ここで、上記でみてきた文化財と二次的自然の関係について再確認すると、まず、名勝の保全は、時代とともに変化する動態の視点ではなく、最も理想的な形での景観、つまり静態として論じられてきたといえるだろう。に加えて、このような名勝の保存対象を明示的に二次的自然まで拡大したのが文化的景観である。名勝・文化的景観の制度では、名勝の指定、保存管理が直接的に観光実践へとつながるわけではない。言い換えれば、名勝・文化的景観にとって観光は、どちらかといえば文化財にインパクトを与える要因の一つとして捉えられるものであり、積極的に観光利用を促進する制度ではない。

別の区分である伝建地区は、人工物、人の生活環境を中核に置きながら二次的自然を包括する形での保存制度となっている。この制度では、ボトムアップで保存すべき対象を「面」としてとらえ、都市計画とも連動させながら選定が進められていく。また、重伝建地区に選定されると、税制の優遇措置や建築基準法の緩和措置が受けられる。加えて、制度を推奨してきた担当者がいうように、町おこし、村おこしに積極的に活用することが制度の整備段階において配慮されている。ゆえに、文化財保護と観光利用のバランスを考えた場合、伝建制度には対象地区を活用して観光を推進できる可能性が高いといえるだろう。次章以降で検討していく美山町の事例では、名勝や文化的景観ではなく、この伝建地区制度を活用した観光実践がおこなわれている。

V　まとめ

以上、環境観光における環境の資源化について、日本を中心に二次的自然の観光資源化を検討してきた。世界における環境観光では原生の自然が好まれる傾向があるが、日本では、国土に占める二次的自然の割合が高く、人びとの二次的自然に対する思い入れが深い。そして二次的自然は、農村、里山、ヘリテージ・文化財という三つの異なる切り口から観光対象となり、活用されてきたことがわかった。

まず、二次的自然を含む地域としての農村という切り口があり、農政や農村をとりまく状況の変化によって観光が推進されてきた。農村での観光が盛んになった背景には、自家用車・週休二日制の普及や道路の整備といった、人びとが農村で観光しやすくなる要因があった一方、農村における人口流出や農業の兼業化、農作物の輸入自由化等、農政が直面する問題を解決するための新たな方策として期待されたことがある。日本では一九八〇年代頃から農村の余暇利用が検討され、一九九二年から農村での観光としてグリーン・ツーリズムが推進されていく。このグリーン・ツーリズムにおいて、農村は「環境にやさしい」「自然が豊かな」場所であると明示され、新たな観光対象として注目を浴びていく。この流れを説明するならば、農作物や森林生産物を生み出す資源として活用されてきた農村の環境が、「環境にやさしい」というイメージを付与されることによって観光資源になり、観光を通じて雇用機会や現金収入といった新たな価値を生み出してきたということだろう。

他方、二次的自然、さらには二次的自然を包括する地域は、価値ある自然環境／地域として、環境保護的な視座から観光に取り上げられている。その際、注目を浴びたのが「里山」という用語である。里山は、かつて村落・居住地から日帰りでアクセスできる、生活に必要な薪や茅などを取得するエリアをさしていた。しかし、一九七〇年代頃から環境保護論争のなかで里山の意味は農村全体を包括する環境のセットに変わっていき、この環境のセットとしての「里山」が環境にやさしい観光で称賛されるようになり、日本国内のエコツーリズムで活用されていく。

ここで第一の視点と第二の視点をまとめよう。農政を中心に観光資源化された農村は、環境保護論争のなかでは「里山」として捉えられ、環境省をはじめ環境保護・保全を主張する人びとが「里山」をエコツーリズムの資源として扱い、活用している。つまり、二次的自然は、複数の角度から観光資源化されており、さらにグリーン・ツーリズムあるいはエコツーリズムという異なる観光実践で利用されているのである。

これらの農村、里山に次ぐ第三の視点として、ヘリテージとしての二次的自然がある。世界遺産・文化財を包括する意味でのヘリテージは、公的制度において「財」としての認証を与えられることで価値を保証され、保存や活用が推進されていく。日本の文化財制度において、二次的自然は、名勝、文化的景観、伝統的建造物群保存地区、の三分類によって価値が承認されることが可能である。名勝・文化的景観は、貴重な自然を保存することを重視し、理想的な景観を保存することが主目的である。これに対し、伝統的建造物群保存地区は、自然を人工物とともに空間を構成する一要素、さらには文化的なものとして捉え、人工的な建築物やそれを取り巻く空間全体を保存することを目的とする。そして、保存方法には、地域が地区を選定し優れたものを国が選定する、というボトムアップの方式を採用している。

二次的自然は、ＵＮＥＳＣＯなどの国際的な機関や国家レベルの行政、さらにはメディアや地域行政といった、さまざまな人為的な働きかけによって、農村、里山、名勝／文化的景観／伝統的建造物群保存地区という新たな価値や意味を付与されて、人びとの注目を浴び、観光資源として生成・活用されていく。これらの価値や意味は、ある地域に同じタイミングで付与されたり見出されたりすることが可能であり、そのような地域は農村であり里山であり、かつヘリテージでもある観光地として世に知られ、発展していく。次章以降で事例研究として精査する京都府美山町は、まさに農村、里山、文化財、全ての視点から有名になり、観光によって町おこしに成功した地域である。

第3章　美山町における地域振興

本章から、美山町での実地調査について紹介していく。美山町は京都府内に位置し、山村集落からなる地域であり、地域住民は時代の流れに合わせて生活の糧を得るための活動を変えながら自然とともに生き延びてきた。美山での生活はどの時代もけっして裕福だといえる状況ではなかったが、度重なる浮き沈みを乗り越えて、現在では昔ながらの風景が残る観光地として知られ、観光による地域活性化に成功した地域として紹介されるようになった。

本章では、この京都府美山町について、情報提供者・団体を紹介した上で美山町の歴史的変遷と観光による地域活性化の概要を記していく。

I 美山町での情報提供者・団体

第1章において、美山町を調査地として選定した理由およびフィールドワークをおこなった期間を紹介した。ここでは、二〇〇二年八月の予備調査から、二〇〇三–二〇〇四年の本調査、二〇〇五年三月までの事後調査における主な情報提供者・調査協力者について簡潔に触れておきたい。

美山町での情報提供者・調査協力者は多岐にわたっている。主なインフォーマントは、美山町立自然文化村[1]の職員、美山町役場関係者、美山町知井地区の住民、宿泊施設や飲食施設を経営している町民（移住者を含む）、美山町で芸術活動をおこなっている移住者、美山町でツアーを展開している旅行業者、ツアー参加者、一般観光客などである。情報提供者・調査協力者については事例を検討する際に随時紹介していくが、個人情報・プライバシー保護のため、原則として匿名で記述していく。なお、実名で記す場合、敬称は略す。

主要な調査について、まず、最も集客の多い茅葺集落・北集落で来訪者へ聞き取り調査を実施して、来訪理由や美山町の景観の印象等を調べるとともに、同集落在住者に話を聞いて来訪される側の意見や景観の維持方法等の情報を収集した。また、ツアーを実施している旅行業者に美山町をどのように捉えているか確認した。加えて、自然文化村が実施する芦生原生林ハイキングに週二回程度、同サービス事業に週二回程度、林業家が実施する森林学校に随時、観光案内所に不定期で、各々関わらせてもらい、観光する側・提供する側両者の言動を参与観察して美山町の観光実践に関するデータを収集した。

さらに、観光行政担当者へインタビューすると同時に、各種会議やイベントへ参加して行政や地域内の動きを掴んだ。また、美山町内で観光関連事業に関わる人びとや地域振興の中心人物等、多くの人にインタビューして幅広くデータを収集した。さらに、環境美化をはじめとする地域の活動・行事に積極的に参加して、住民の環境への関わり方、景観の維持方法等も参与観察した。加えて、移住者らの会合や親交の場に参加して、移住者からみた美山町についての情報収集もおこなった。その他、山村留学事業に週一回参加し、都市農村交流の現状を把握した。

以下では、調査地・美山町の概要や略歴について記していく。

Ⅱ 美山町の概要

まず、美山町の地理情報と歴史的背景を紹介する。美山町は京都市から北へ約五六キロメートル、日本海から南へ五〇キロメートル、標高六〇〇―八〇〇メートルの丹波高地の東部に位置している（図3―1）。美山町の面積は三四〇平方キロメートルで、約九六％が山林によって占められており、残りの約四％が宅地、農地、河川等から成り立っている。美山町の住宅は町内を東西に横断する由良川および支流によってできた谷に沿って散在しており、町内の集落数は五七である。集落同士は地理的に断絶していることが多く、徒歩で二〇―三〇分ほどの距離があることも少なくない。

美山町と隣接地域は山の稜線で接しており、町内に鉄道はなく、町営バスが一日数本運行されているだけである。なお、このバスも町内を横断・縦断しておらず、町内の端から端に移動するには乗り換えが必要となる。京都府の府庁所在地・京都市から美山町への移動は、峠を四つほど越えるため自家用車なら二時間かかり、公共交

［1］設立当初は美山町立自然文化村であったが、二〇〇六年の広域合併で南丹市美山町となってからは財団法人となり、美山町自然文化村と「立」を除いた名称に変わっている。本書で記述・分析するデータは広域合併前に収集したものであるので、基本的には「美山町立自然文化村」と記す。

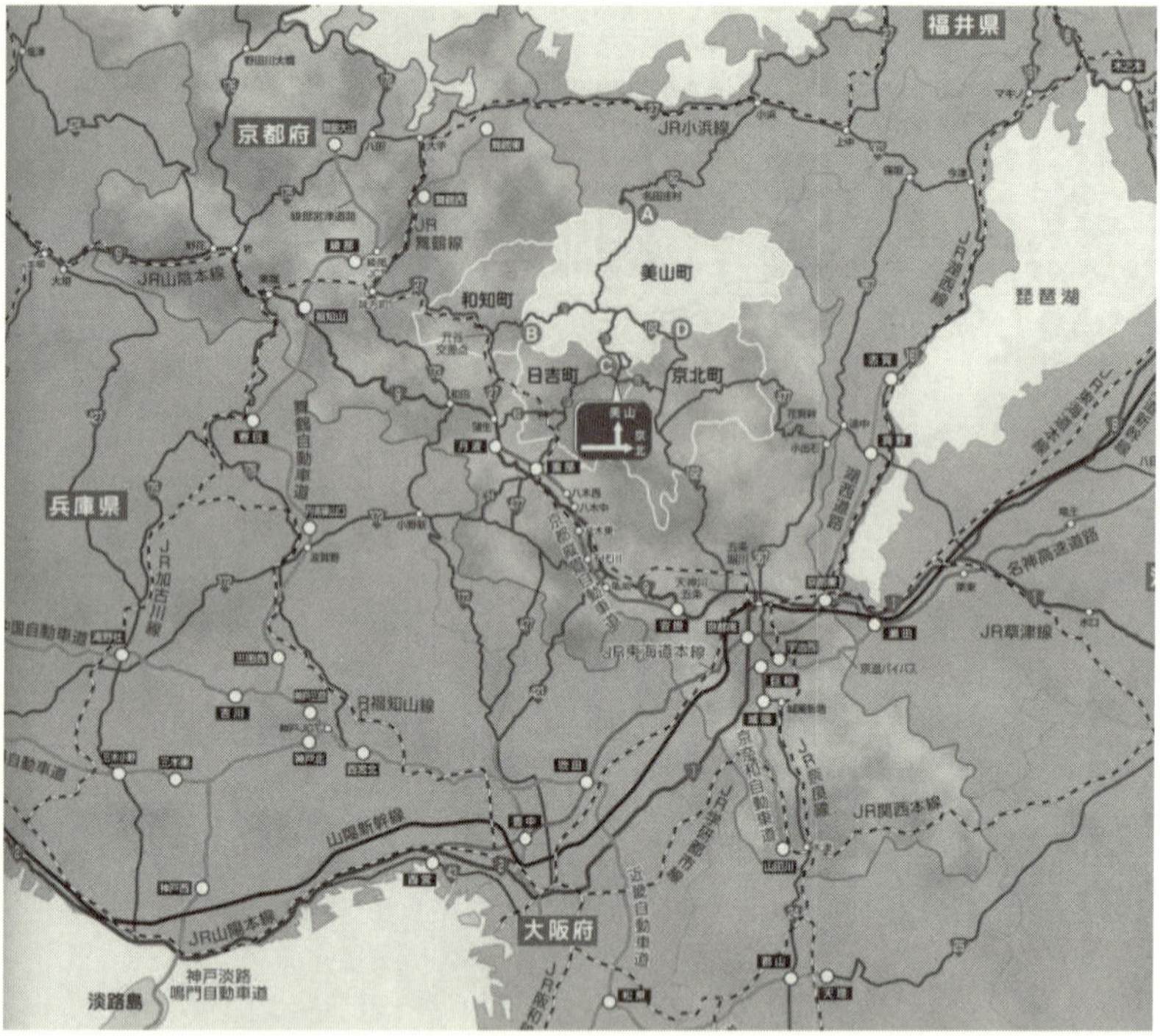

図3－1　美山町の位置　　『京都・美山町』アクセスマップより

「『京都・美山町』アクセスマップ」には近畿各地からのアクセスが紹介されている。車での移動が主だと想定されているように見受けられる。実際には各地から峠を越えて美山町に至るため、来訪客は地図では分からない「遠さ」を感じるだろう。

通では鉄道で二時間かけて和知町へ移動したのち、和知町のバスと美山町のバスを乗り継ぐ、あるいは京都駅から二時間かけて京北町へ移動したのち、美山町営バスに乗り継がないとたどり着けない。[2] まさに、文字通りの僻地である。

現在の美山町の地域にある約六〇の集落は、江戸時代には園部藩、篠山藩のどちらかに統治されていた。しかし、いずれの藩でも領地内では最も僻地にあたっており、十九世紀に至るまではほぼ自治、言い換えれば半ば放置されていた。十九世紀末、これらの六〇集落が明治政府によって、知井、平屋、宮島、鶴ヶ岡、大野の五村に組みかえられ、その後、一九五五年に昭和の大合併によって美山町となる。しかし、美山町となっても五村はそのまま地区（たとえば知井地区）として置き換えられ、現在でもこの地区が多くの地域行事・祭事、政策実行をおこなう単位となっている。そのため、多くの住民の帰属意識は美山町ではなく旧五村にある。[3]

五地区内にはそれぞれ一〇数個の集落が存在するが、各集落は同じ姓をもついくつかの同族集団で成り立っていることが多く、[4] 美山町内ではこの集団は「株」と称される。竹田聴洲（1977: 7-8）によると、日本国内における同族の呼称にはイッケ、イットウ、イチモン、カブ、マキ等があるが、丹波一円から京都府丹後地方の由良川沿岸にかけてはカブが使用されている。なお、竹田（1977: 4）は「同族結合が生活関連上に営む機能は、〔中略〕大別すれば財産の共有、労働および祭祀の協同」だと記しているが、美山町を含む京都・丹波地方は株の結びつ

[2] これらは調査データを収集した、美山町が隣接する三町と合併して南丹市になる以前の状況である。合併後は南丹市営バスに名称が変わり、園部駅・日吉駅から美山町内へのバスが一日各四往復ほど運行されている。だが、不便さは基本的に変わっていない。

[3] たとえば、京都府下で実施された小学生のスポーツ大会では、「知井には負けるな」「鶴ヶ岡にだけは勝て」といった言葉が当たり前のように親から子どもへ伝えられている。

[4] たとえば、知井地区の北集落では、中野株もしくは勝山株が多数を占めている。

きが強いといわれている（たとえば大野 2000）。

美山町の人口について、美山町が毎月発行していた『広報美山』の統計では、住み込み調査を実施していた二〇〇三―二〇〇四年時点で五三〇〇人前後を推移し、一九五〇ほどの世帯を構成していた。戦後の人口推移としては、一九五五年に美山町が誕生した時の人口は一万人以上だったが、それ以降、人口が下落の途をたどっている。また、高齢化が進んでおり、一九六〇年には六五歳以上の人口が全体の八・一％でしかなかったのに対し、二〇〇一年には三二・六％まで上昇している（美山町 2002: 2）。

地域住民の生計の立て方について、多くの世帯では農業、林業、事業所での労賃など、複数の収入源によって家計がまかなわれていた。一九九六年発行の『美山町統計書』（美山町総務課 1996）によると、およそ九〇〇世帯が平均一〇〇平方メートル以下の小規模の農地を有しており、一〇〇〇以上の世帯が平均五〇〇平方キロメートル以下の林地を所有していた。これらの農林地では、日々の生活のための農作物や酒米、緑茶、花などの商品作物が生産される。賃金労働については、約四〇〇の小規模な事業所があり、各事業所で平均四人が勤務していた。勤務者数は町内総計で人口の約半分、二四〇〇人にのぼった。この数値および農林地の所有状況から、美山町では、多くの人びとが農林業および賃金労働といった複数の仕事をして生計を立てていることが読み取れる。

さて、以下では、美山町で九六％を占める山林がどのように人びとの暮らしと関係していたのか、歴史的な変遷を確認したい。

Ⅲ　江戸期の山林の機能と所有形態

現在の美山町知井地区の歴史を記した『知井村史』によると、江戸時代、わずかな農地で生産した米に対する税は重く、十七世紀の記録では米の収穫量の七〇％以上を租税として徴収されていたことが記されている（知井村史刊行委員会 1998: 65)。手元に残った米では生計が立ちゆかないため、美山の住民は森林から得られた炭などの産品を金銭等に交換して生計を立てていた。美山町に関する記録では、概して森林関連の産物に対する税率は低く、たとえば十八世紀初頭、北集落では生産高のうち六%しか徴収されていない(知井村史刊行委員会 1998: 71)。これらのことから、一方で租税のための米を生産しながら、他方で生活のために山林を活用していたことがわかる。

森林はまた、住民にとって移動や物資運搬等のための道路の役割を果たしていた。日本の各地では河川や海、すなわち水路が主要な交通として活用されることが多かったが、美山町を横断する由良川は都市部である京・大坂[5]ではなく日本海に流れ込んでいるため、地域住民が川魚などの食料を得るためには活用されても、交易のための活用は難しかった。そのため、美山町から大きな市場への主要なルートは、いくつもの山を人力で越える道であった。実際、日本海側に船で輸送されてきた物資を運ぶためのルート、俗に言う「鯖街道」が丹波高地を縦断して京・大坂へと複数伸びており、美山町はこの交易ルート上に位置する地域だった。なお、近代以降、車の普及とともに由良川に沿って走る道路や峠越えの道路、町外へ抜けるためのトンネルが整備されていったが、鉄道が整備されなかったこともあって、美山町から町外へのアクセスが大幅に改善されることはなかった。

山林は、住民にとって生計をたてるための重要な資源であり、かつその谷筋や尾根筋は近畿全域にとって不可欠な交易ルートになっていた。このような山林に対して、江戸期以降、住民の間では所有に関するさまざまな取り決めがなされていた。『知井村史』(知井村史刊行委員会 1998)によると、まず、各戸には、宅地や農地の周辺の林地に対して個別の所有が認められていた。この林地から、住民は薪や柴、山野草や木の実、家屋を保全するための茅や壁の材料を得ることが可能だった。次に、各集落を取り囲む山林に関しては、各集落ごとに共有林と

[5] 大阪/大坂の表記については、使用されていた時代に合わせ、明治以前は大坂、明治以降は大阪と表記する。

しての所有が認められ、個人所有の林地と同様に生活関連物資を得ることが認められていた。しかし、この共有林の利用には当該集落に毎年利用料を納めることが取り決められており、支払いができなかった場合は利用できない決まりになっていた。これらの各戸周辺の林地および集落周辺の山林はしばしば「里山」と言われていた。

この里山に対し、「奥山」とされていたのが、各集落の周辺の山林よりさらに周辺に位置していた山林で、これらは複数の集落によって共有されていた。たとえば、現在の知井地区では、検地にもとづいて知井村と隣接地域の境界に位置する五〇〇ヘクタール以上の山林を九集落によって共有していた（知井村史刊行委員会 1998: 76）。これらの山林は主にスギやヒノキの植林による建材や、カエデやカシといった落葉樹から生産される薪炭を得るために活用されていた。具体的には、三八に区分され、使用を希望する村民によって植林一サイクルが終わる期間を基準として入札がおこなわれ、権利を勝ち得たものが使用料を九集落に納めて活用していた。

なお、この奥山とされるエリアについては、上記のような共有林としての規則にもとづいて使用される他に、宮山として社寺の維持にのみ活用を限定されたエリアが四つあった（知井村史刊行委員会 1998: 77）。さらに、奥山の稜線付近には「木地師《きじし》」と呼ばれる人びとが住みつき、落葉樹を切って木工ろくろの技術によって木の碗など生活用具を作成していた。木地師は独自の居住権や移動の権利を主張しており、当時の統治権者（たとえば江戸期なら園部藩および篠山藩）と軋轢が絶えなかったが、知井のなかでは慣習的に木地師の居住および森林の利用を黙認しており、歴史資料には木地師に代わって知井の住民が租税を払っていた記録が残っている（知井村史刊行委員会 1998: 90–91）。

Ⅳ　近代から現代までの森林所有形態

明治期の合併の際、明治政府は新設の地方自治体に対して、旧行政組織の共有財を統合し直接管理するよう指示した。この指示を受け、美山町内の大野村や宮島村は国の政策に沿って共有林を整理・再編したが、知井村などでは、国の政策は地域に根差した文化・社会的慣習から大きく乖離しているため受け入れられないとして、反対姿勢を貫いた（知井村史刊行委員会 1998, 美山町誌編さん委員会 2000）。全国的にも、国の政策に対して諸地域で反発が起こり、結局、一九〇〇年代に明治政府が政策を緩和することになった。このため、知井村での共有林統合は実現せず、江戸期の所有形態が明治期も続くことになった。

しかし一方で、共有財の整理・統合の妥協案として、政府は諸地域に対して共有林を公的機関が利用する権利を認めるよう要請した。この影響もあって、美山町ではいくつかの共有林に対して公的機関との借款が結ばれることとなる。たとえば、京都府が大野村と知井村に対して共有林を林業促進と森林保全のために提供してほしいと依頼し、一九一七年に京都府が借款、管理する林地が知井村河内谷の共有林に誕生している（知井村史刊行委員会 1998）。また、大野村にも同様に京都府が借り受けた林地が整備され、これは一九四六年以降、京都府立大学[6]の研究林となっている（美山町誌編さん委員会 2000）。その他、これ以外の借款として、第5章で詳しく述べる知井九集落と京都大学による芦生林借款がある。芦生林は生息する動植物の数と種類が豊富だという特徴があり、かつ杉の植生がすぐれていたため、京都大学は林業研究をはじめ幅広い学術利用を目的に借款を申し込んだ。こうして複数の共有林に対して京都府や府下の大学による借款が取り交わされたことにより、地域に賃料という現金収入がもたらされる仕組みができることになった。

美山町における森林所有の形態は、第二次世界大戦後に農地の所有形態が大きく変わったのとは異なり、あまり変化することなく継続する。前章でも触れたが、戦前の農地所有制度は一握りの地主が土地を所有し、多くの小作人がその土地を耕作していたことから、この仕組みを通じて国民の意識を統率し、帝国主義を浸透させる機

[6] 京都府立大学は、何度か大学名を変更しているが、ここでは現在の京都府立大学という名称で記した。

能を果たしたと強く批判された。そのため、日本政府は大幅な農地改革を実施し、耕作する者にその農地を所有させる形態をとった。しかし、一九五〇年代以降、農薬および農機具が広まり、近代農業が展開されるようになると、小規模農業の価値が低下した。そのため、わずかな農地しかもたない農家は土地を手放すか、狭い農地でも採算のあう商品作物を耕作するか、どちらかの選択を迫られた。一方、山林の所有に関しては戦後も大きな変革はなく、そのため、美山町の住民はより一層農地ではなく林地に依存することとなった。続いて、戦前からの美山町における山林の活用を詳しく見ていきたい。

V　森林関連産業の盛衰

一九五〇年代の燃料革命まで、美山町での森林生産物は主に薪炭であった。上述したように美山町から市場のある京・大阪までの移動は陸路であったため、材木を人力で運搬することは難しく、薪炭が人力での運搬に適していた。実際、子どもから大人に至るまで、薪炭を束にしたものを複数背負って、峠越えしていた。これらの薪炭は小学校の教室や旅館の客間、個人宅の部屋などで燃料として活用されていた。

薪炭の需要は一九〇〇年頃から日本の軽工業の発展に伴い急速に増えていき、一九〇五年頃には美山の森林生産物の約一五%を占めるようになり、美山の住民のなかには農業を放棄して炭焼業に専念していくものが複数現われた（知井村史刊行委員会 1998）。さらに、全国規模で車道が整備されていくのにあわせて、生産した薪炭を隣接する和知町まで由良川で運び、その後和知町から陸路で京都市へと輸送するルートが確立されると、京・大阪への移出量は急増した。具体的な数字としては、一九一八年から一九二一年までの間に五倍となっており、京都府下での薪炭生産量は第一位となった。

しかし、一九二九年に世界恐慌が起きると、その余波が美山町の薪炭業にも打撃を与え、生産量は恐慌前の約六〇％まで落ち込んだ。その後、一九三〇年代後半に日本の景気が回復してくると美山町の薪炭業も盛り返した。また、軍用としての需要が高まったため、供給できる最大量を生産することになった。戦後も美山町の薪炭業は続いたが、一九五〇年代に燃料が石油に替わっていくと、薪炭業は急速に衰退して現在に至る。

薪炭業の衰退と前後して、全国的な材木不足による林業の盛況があり、美山町では植林が盛んにおこなわれた。一九五〇年代から六〇年代にかけて、林業の好況は美山町の経済を支えただけではなく、町内に四国・九州などからの出稼ぎを多く迎え、町全体の活況をもたらした。しかし、一九六〇年に中央政府が国内の林業だけでは材木不足を補えないと判断して材木の輸入自由化に踏み切ると、国内の林業は安価な輸入材との競争にさらされ、次第に冷え切っていった。この林業の低迷は美山町に大きな打撃を与え、主産業が立ちいかなくなった美山町は深刻な危機に直面することになる。

Ⅵ　工業の試行

林業不況による大打撃を受けた一九六〇年代、美山町では農産物加工業と下請け工場による地域活性化が試みられている。一九六〇年代の調査によると（木戸 1970）、当時の美山町内では農業よりも工業や商業に取り組んで現金収入を得たいという声が強かった。農産物加工業については、町行政が率先する形で展開していく。美山町役場は、国や京都府の補助金を活用して農産物加工のモデル事業に取り組む集落を募り、一九六六年に五集落が各自の計画を策定する形でのモデル事業を実現した（木戸 1970）。この事業では、いち早く山林でキノコ類を栽培、収穫して販売するというビジネスに取り組んでいた芦生集落のキノコ類の加工製品をはじめ（松野・野谷 1974）、茶の生産や畜産業などが選ばれた五集落で実施された。

下請け工場については、まず、町行政によって繊維工場が立ち上げられ、その後この工場で勤務した町民らが実地で運営方法を学んで、次々に自分たちの工場を立ち上げていく形で発展した。一九六〇年前後から開設される工場の数が急速に増え、最盛期には六〇を超えている（松野・野谷 1974）。多くの工場は全国展開している企業の下請け、孫請けであったが、町行政が関与して住民の利益を町外の企業から搾取されないように舵取りをした。同時に、地元の農協が農村工業を対象に資金を援助し、経営が円滑にいくように後押しした。このように、町民らの積極的な姿勢と行政や農協の援助によって、一九七〇年頃には美山町内の工業は軌道に乗り始めたのだが、オイルショックによって町内の工業は大打撃を受けた。

このように、美山町では九六%を占める山林に依存した生活が立ち行かなくなった後、工業への転向を試みたが、うまくいったのは一時であった。なお、美山町が林業の浮き沈みを経験し、工業による地域活性化に取り組んでいた一九五〇—六〇年代、日本は高度成長期を迎え、目覚ましい経済発展を経験している。そのため、町民は美山町を出て都会へいけば、高給で長期雇用が約束された新しい仕事を得ることが可能であり、都市での生活を始めるのは難しくなかった。ゆえに、高度成長期全期にわたって美山町では人口流出が起きており、一九七〇年代前半には、過疎化に直面する。さらには、放棄された農地や林地が町内のいたるところで見られる状況になった。

Ⅶ　農林業復興による地域再生

美山町が発行している複数の文書によると、美山町の地域活性化施策は一九七八年の農林業復興から始まると記されている。一九七〇年代後半、上述したとおり林業・工業の浮き沈みや過疎化を経て、美山町は「田んぼが荒れ、山際から木が植えられて、農地が減っていく。山が里におりてくる状況」だった（高野 2003: 47）。また、住民が転出して空き家になった家屋には草木が生い茂りはじめていた。このような状況に直面して、美山町行政および住民は、これ以上地域を荒廃させないようにと必死で復興策を立てた。

まず美山町行政がおこなったことは、住民に対して地域存続のために何が必要かを問う調査だった。一九七八年に全五七集落を対象として、アンケートによる意向調査ならびに意見を徴収するための町職員と集落の住民による懇談会が、のべ一八三回おこなわれた（高野 2003，美山町 2002）。時には、住民が町職員に対して、職員は給料が安定しているけれど自分達の状況は非常にひっ迫していると、半ば喧嘩腰で話し合いにのぞんだ。この調査の結果、美山町行政は町民が農地を再整備し農機を活用して耕作できるようにしてほしいと望んでいること、集落ごとに集落センターをつくり、住民が意見交換しやすくなるようにすると同時に農機を収納できるスペースを確保してほしいと願っていること、を把握する。この、農地整備と農業の近代化を軸とする地域活性化策は、「田んぼは四角く、心は丸く」の合言葉をもとに、一〇年の年月をかけて実行されることになる（高野 2003）。

美山町の施策の特徴は、集落の田んぼすべての整備が終了し機械による耕作が可能になったら、集落に農事組合を設置し農機を共有して近代的な集落営農ができるようにするというものだった。当時から町役場の職員として美山町のために尽力してきた高野美好は、当時を振りかえって、自分たちも休日を返上してできる限りのことをしたが、町民一人一人も美山が息を吹き返すようにと必死だった、とコメントしている[7]。このように、美山町の活性化は、町行政が住民の要望を丁寧にくみ取り、それにそって活性化施策の計画をたてて町内一丸となって実現した。この活性化の取り組みは、美山町の地域振興を担っていく人材を育てる役割を果たすとともに、農業の効率化によって余剰労働力を生み出し、観光振興における事業の担い手を創出することにつながっている。

［7］本調査のためのインタビューによる。

Ⅷ　観光による地域活性化

農業を中心とした地域活性化が一段落した一九八〇年代末から、美山町での観光振興の取り組みが始まる。その直接的なきっかけとなったのは、一九八八年に京都府下で実施された京都国体である。美山町は、国体の競技のうち自転車ロードレースを誘致し、参加選手を集落毎で受け入れて民家での宿泊を提供した。そして本番のレースでは、各集落で受け入れた選手を応援して、この競技誘致を盛況のうちに終わらせた（高野 2003）。町役場では、この誘致経験を生かして町内で観光振興をおこなうことができるのではと考え、翌年一九八九年から本格的に観光によるまちおこしを推進していく。

具体的な観光による地域活性化の施策として、美山町は当時の竹下内閣が拠出した特別事業費を活用して観光や都市農村交流の拠点となる観光複合施設・美山町立自然文化村を設立した。設立にあたっては、行政側の意向で、単なる宿泊施設にしないためにりんご園などを併設して意図的に複合施設とした。また、地元の宿泊業者から反対の声があがったため、行政は宿泊業者が属している料飲組合と会合を開き、設立についての理解を得ようと働きかけて、競合となりえる住民との対立を避けるよう細心の注意を払った。

美山町の観光振興がさらに発展するのは一九九三年である。この年は、農林水産省が提唱したグリーン・ツーリズムの施策を受け、美山町でもグリーン・ツーリズム構想を策定し実施していった年であり、同時に茅葺き家屋群が特徴的な知井地区北集落が、重要伝統的建造物群保存地区に選定された年でもあった。美山町のグリーン・ツーリズムでは美しい農村景観、美山らしさ、そして住みよい農村空間をつくりだすことが基本理念とされ、観光推進だけでなく地酒やミネラルウォーターなどの地域特産物の開発も盛んになっていった。また、重要伝統的建造物群保存地区の選定は、美山町に貴重な農村風景が残っていることを全国に宣伝することになった。

このような観光振興の取り組みが影響したのか、一九八〇年代末から、美山町への来訪客に変化が見られるようになっている。一九〇三（明治三六）年から続く美山町知井地区の料理旅館の経営者によれば、同旅館への来訪客は一九五〇年代までは美山町の住民を中心とし、仕事に伴う利用者が大半であったが、一九六〇年代から釣り客が増え、一九八〇年代末頃から一気に観光客の利用が増えたという。彼らは、川遊びやホタル狩り、桜や紅葉狩り、さらには美山の鮎やマツタケなど、豊かな自然や食材を目的に宿泊しているそうだ。この旅館については第6章で詳しく紹介する。

また、美山町の東端に位置する京都大学芦生研究林の来訪者の推移では、一九八〇年代末からハイキングや自然観察を目的とする利用者が急増している。同研究林では、実習・研究利用および釣り・キャンプ利用の来訪者がある程度いたが、これらの目的による来訪者数にさほど変化がなかったのに対して、ハイキング等の利用者は、一九八七年から一九九一年の五年間に三五〇－五五〇人から一七〇〇－一八〇〇人前後へと急増している。このように、芦生研究林においても、一九八〇年代末から美山の自然・景観を目当てにした来訪者が増えている（枚田他 1993: 158）。この芦生研究林でのハイキングについては、第4章で詳しく述べる。

美山町への観光客が増加したことは、観光入込み客数の推移からも明確である。美山町への観光入込み客数は、一九八〇年代後半から年々順調に増加しており、一九八五年の一一万八五〇〇人から一九八九年には二四万三〇〇〇人強に、二〇〇一年には五三万九〇〇〇人を越え、二〇〇三年には七〇万人を突破した。現在の美山町の主要な観光スポット（図3－2参照）は、上述の美山町立自然文化村、「かやぶきの里」として知られる重要伝統的建造群保存地区・美山町北、京都大学フィールド科学教育研究センター森林ステーション・芦生研究林（二〇〇二年度までは京都大学大学院農学研究科附属芦生演習林）、その他、美山町に散在する茅葺き家屋や「昔話」のような農村風景が大きな魅力となっている。ちなみに、美山町は約二〇〇〇戸のうち二五〇戸近くが茅葺きで、[8] 国内における茅葺き残存率が一位、残存数は二位である。主な来訪理由は、美山町（2002）によれば、「美山の景観

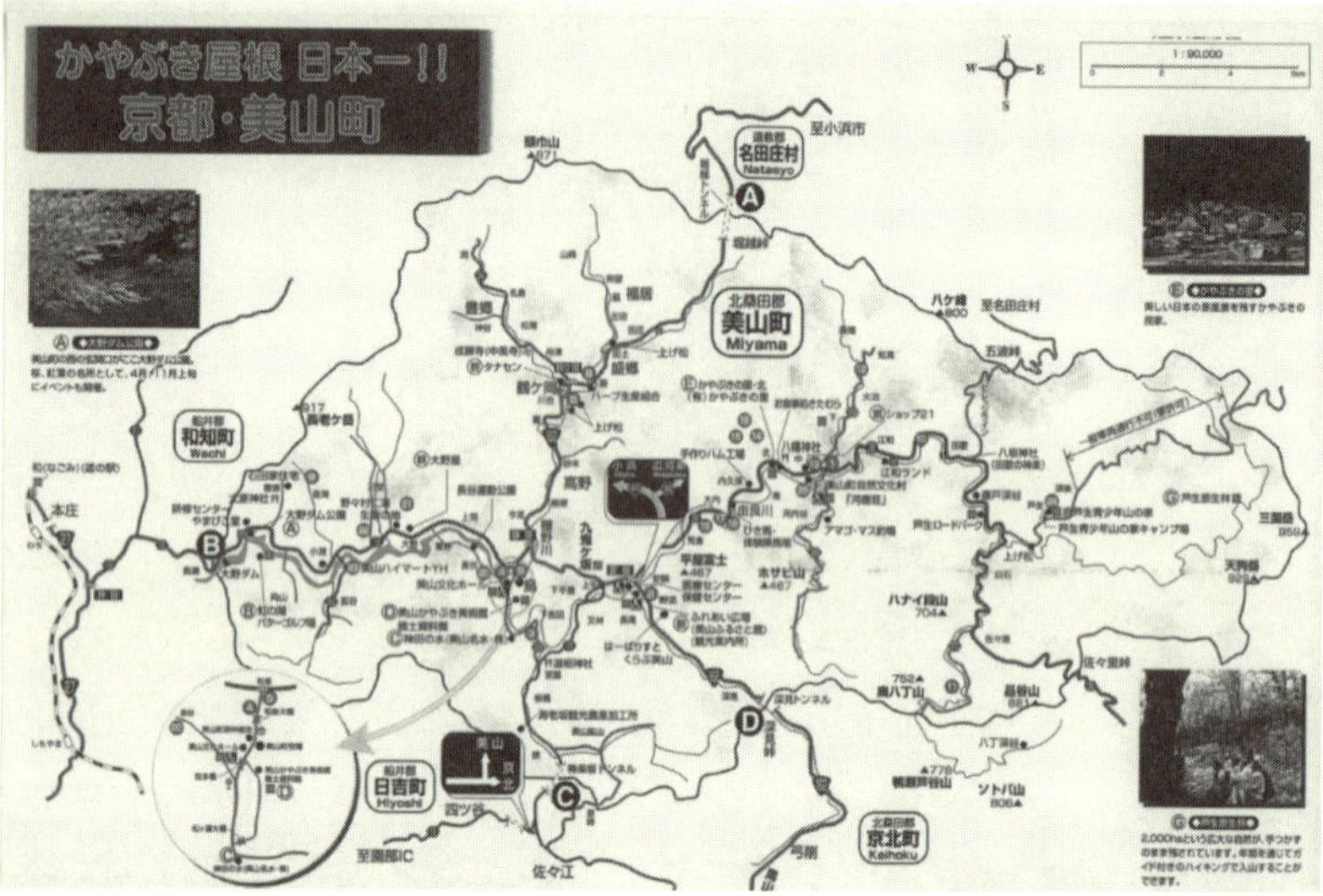

図 3-2　美山町の観光客向け概要図　　『京都・美山町』アクセスマップより

美山町観光協会で無料配布されていた「『京都・美山町』アクセスマップ」には、本文で紹介した「かやぶきの里・北」(Ⓔ) や「芦生研究林」(Ⓖ) の他、由良川の本流・支流と並走する主要道路上に位置する観光スポットが明記されている。

を楽しむため」が四五％を占め、美山町の環境が人びとを魅了していることがわかる。

このような美山町の観光に関する取り組みは全国的に評価されており、二〇〇一年には日本観光協会より「優秀観光地づくり賞」金賞・農林水産大臣賞が授与されている。また、今日では、京都府が発信しているインターネットサイト「エコツーリズム京都」で、美山町の「里山風景」が紹介されている。その他、二〇〇三年にはエコツーリズム研究の先駆者でもある京都嵯峨芸術大学の真板教授らによって、美山町のエコツーリズム資源調査が実施されている。[9]

このように、美山町では農林業の振興による町おこしを経て、第2章でふれたグリーン・ツーリズム、エコツーリズム、ヘリテージ、すべての要素を組み入れながら、懐かしい農村、価値ある里山、貴重な文化財のある場所として有名になり、観光地として発展している。

Ⅸ 行政関係者からみる美山町の観光振興

では、実際に美山町の観光まちおこしに関わった人びとはどのように考えていたのか。筆者が二〇〇三年に実施したインタビューに対し、当時、町役場助役であったＡＡは、環境として山や林、住む場所としての茅葺き、これらがまとまった空間が里山であると話し、「里山はお金にならない、加えて栗や採草の利用も減った。何に使うか考えて、『都市との交流』をしようと」観光をはじめたという。そして、美山町では「川、田、道、住、畑、山と移り変わっていくのが現実の空間」であり、これを活用してまちづくりをしているのだといっていた。

［8］例えば、観光庁が美山町の観光カリスマを紹介する際にこのデータを明記している。
［9］筆者の住み込み調査中であったので、インタビューの手配などを現地で手伝った。

また、「里山は共存共栄、共存共生」してこそ保全されるものであり、「田園、山林、住によって正常な里山にかえっていく」と考えていた。他方、観光に訪れる人びとに対しては、「三世代の生活の中、おじいちゃんやおばあちゃんに出会うことで感動、感激、感心して、田舎の良さを身体で覚え」てほしいそうである。

このことについて、AAの部下であり、二〇〇三年度に町役場産業振興課観光係係長だったBBは、筆者のインタビューで、美山町では観光を町内外の人が感じて交わる「感交」だと考えていると述べ、自然が売り物だと前置きした上で、「民家、川、おばちゃん」が来訪者をひきつけているのではないかとコメントしていた。また、先に触れたエコツーリズムの資源調査の際、調査関係者に向かって、美山町にはホタルが数種類おり、京都や遠方から見に来る人が多く、マスコミからも「夏のホタル」の絵を求められることが多いと紹介した上で、自分にとっては「クワガタやカブト、ホタルはいつでもいるもの、どこにでもいるものなので珍しいという認識がない」と話していた。美山町の観光振興については、「美山の知名度があがるのはうれしい。『感交』が美山の観光」であると述べた上で、観光を推進することに特に抵抗はなく、「美山はごく普通の自然の姿。でも、日本には減っている」と述べていた。おそらく、BBをはじめとする美山町住民にとって、自分たちの日常に存在するありふれたモノが町外では減っており、多くの人びとを惹きつけているのだということを、観光を通じて認識しつつあったのだ。

なお、美山町役場の組織体制における観光の部署は、産業振興課の下に観光係として部署が設置されていた。美山町役場職員CCからの聞き取りでは、産業振興課の農業担当部署の職員が二〇〇三年度当時五名程であったのに対し、観光係は三名で、うち一名は嘱託職員であった。筆者が三人で職員が足りるのかと問うと、CCは、「やろうと思えばやれるし、やらんといても、やし」と答えた。つまり、三人で事足りる分をおこなえばよく、人員を補充してまで観光に取り組まなくてもよい、ということである。また、美山町観光協会が他の自治体視察を実施した際、町の行政関係者は、「〔美山で〕みてもらうところは茅葺きだけで、一日みてまわってもらうコースがない。道がよくなったせいもあって、平成九年から宿泊客は減少」していると述べていた。これらのことから、美山町が観光振興で有名になり、成功したように外部へ紹介されているが、行政においては最小限の人員でできるかぎりのことをしたという位置づけだと考えられる。

二〇〇一年に日本観光協会から賞を受賞して美山町の観光振興が評価されると、美山町はますます地域活性化に力を入れていく。しかしながら、地域活性化推進の方法は、観光のさらなる発展ではなく、住民サービスを重視し、「日本一の田舎に」を合言葉に住みやすい田舎をつくりあげていくものであった。つまり、二〇〇一年度以降、美山町では観光から地域へとまちおこしの視点が変化したのである。具体的には、旧村単位で「振興会」を設置してボトムアップによる地域活性化の提案や議論をしやすくした。また、各振興会に役場職員を出向させ、各地区と役場の連携を強めるとともに住民票の発行などの行政の仕事を振興会でできるようにした。他方、この振興会の機能を活用した観光関連企画が複数あり、たとえば知井地区では二〇〇四年に観光客に来訪動機などを問うアンケートを実施している。宮島地区では、外国のホームステイを体験した者がアイデアを出し、都市住民を対象としたホームステイ・プログラムを展開しようと動いていた。

X　まとめ

以上、次章以降で検証していくフィールド調査の舞台となった美山町の概要と略歴、および美山町でのフィールドワークのあらましを紹介した。美山町は、京都府内に位置しているが鉄道は通っておらず、町内にコンビニエンスストアもない、人口五〇〇〇人強の山深い町である。元来けっして豊かな土地ではなく、面積の九六%を占める山林に依拠しながら、人びとは暮らしつづけてきた。

明治以降、時代の流れに合わせて、薪炭や材木などで町が潤った時はあったが、燃料革命と木材の輸入自由化によって林業および森林生産物の需要が冷え込むと、美山町の経済は打撃を受けた。その後、農村工業の取り組みがなされるが、これもオイルショックとともに下火になった。さらに高度成長期以降、都市への人口流出が続き、一九七〇年代末には、美山町の衰退は明確になった。

このような状況のなか、都市へ転出せずに美山町に残っていた住民らは、一丸となって農林業の復興を成し遂げ、さらに一九八八年の京都国体での競技誘致をきっかけに、観光振興を推進していく。一九九〇年代前半にグリーン・ツーリズムが導入され、同時に文化財制度の下で北集落が重要伝統的建造物群保存地区に選定されると、美山町は農村風景を特徴とした観光地として有名になっていった。二十一世紀初めには、エコツアー・サイトとしても知られていくようになる。まさに、美山町では住民とともに存続しつづけてきた環境がさまざまな視点から観光資源として生成され活用されているのである。

なお、美山町の観光振興について行政関係者の意見を拾うと、前章で紹介した「里山」という言葉を積極的に使い、美山町を里山とみなして観光に活用しようとしていたことがわかる。他方、行政のなかにおける観光は、最小限の人数でできることをする、という位置づけであり、町として惜しみない財政措置や人材配置をした結果、観光振興がうまくいったわけではない。実際のところ、観光振興が町外から評価されていくと、美山町の町おこしは地域内のサービス充実をめざす方向にシフトしている。しかしながら、美山町の人びとは、観光を通じて、美山町住民にとって「普通の」「どこにでもある」モノが町外者にとっては貴重なものであり、美山町に観光客を呼び込むきっかけとなっていることを、はっきりと認識していくことになった。

これらの事実をふまえ、次章以降では、美山町でのさまざまな観光実践における参与観察をもとに収集したデータを分析し、フィールドワークの成果を検討していきたい。

第4章　芦生の森

——森林の観光資源化とその活用

第4—7章では、前章までの内容を踏まえつつ、京都府美山町でおこなった長期フィールドワークから得られたデータを精査していく。まず、本章では美山町の森林を対象とした観光実践を討究し、第5章では美山町の山村集落を対象とした観光実践、第6章では複数の観光施設における観光実践を検討する。第7章では観光と密接にかかわる移住に関する事例を考究する。これらの四章は、人類学でいうフィールドノーツの記述と分析になるため、読み手によっては冗長に感じられるかもしれない。ぜひその醍醐味を味わってほしいが、見通しやすくするため、第4—7章においては、章の初めに内容のあらましを記しておくことにする。

さて、本章では、美山町の森林を対象とした観光実践、具体的には京都大学芦生研究林で実施されている観光実践を検討していく。前章で記したとおり、美山町では一九九〇年代以降、豊かな自然環境を生かして観光振興に取り組んできた。ハイキングツアーが実施されている京都大学芦生研究林は、観光客には豊かな自然、貴重な自然、学術的に価値ある森として紹介され人気を博しているが、かつては美山町内の旧知井村九集落の共有林であり、美山町の住民らが建材や森林生産物を得るために活用してきた入会地であった。

芦生の森が京都大学の演習林／研究林になったのは一九二一年で、五〇〇〇ヘクタールを超える広大な芦生の森のうち四二〇〇ヘクタールに地上権を設定して、京都大学が九九年借款する形で演習林を設定した。当初、京都大学が借り上げた際の芦生演習林の利用目的は営林を含めた林学・林業であり、特に戦時中は物資確保のため積極的に演習林内での林業が推進された。また、演習林設定後は入り口に位置する芦生集落の住民を中心に地域住民が複数雇用された。言い換えれば、戦前は地元住民ならびに京都大学関係者に経済的に活用される森だったのであり、地元の雇用確保にも役立っていたのである。

この芦生演習林が「保護された貴重な森林」と認識されるようになった背景には、京都大学側の事情としては戦後の林業低迷で営林による利益が見込めなくなった演習林に新たな存続意義が求められたことがあり、利用者側の状況としては林学関連だけでなく釣りやアウトドア等、森林でのアクティビテイを目的とした来訪者が増えたことがある。すなわち、国内の林業低迷や余暇活動の変化にともない、芦生演習林の性格は京都大学の林学・林業のための森から、市民が自然に親しめる、レジャー活用される森へと変化していったのである。この芦生演習林／研究林の地域貢献、ならびに市民利用の増加は、多大な維持費のかかる演習林／研究林の存続意義をたしかに高める効果があった。

しかしながら、芦生の森の位置づけに最も大きな影響を与えたのは、一九六〇年代後半に提示された電力会社によるダム建設計画とその反対運動である。ダム開発問題に直面して、芦生の森は開発のために破壊して良い森かどうかが議論されるようになり、芦生の地元住民らは、経済的利益は一時のものだと考えて反対運動を展開した。しかし、芦生の森がかつての共有林であり、美山町内でも芦生の森に関する利害や意識が異なっていたことから、地元住民らの反対運動はけっして容易ではなかった。そこで反対運動の一環で、住民らは森の価値を協力者らに理解してもらうための森林散策を実施して保護を訴えた。この森林散策が現在美山町で実施されているハイキングツアーの原点である。ダム建設計画は住民らの反対運動への尽力もあって、京都大学が芦生は学術上保護すべきという見解を出して中止となったが、その後、反対運動者らの森林散策は地元の公営宿泊施設・芦生山の家がハイキングツアーとして継承している。同時に町営の観光複合施設・美山町立自然文化村が観光振興に生かすためにこの森林散策を参考にしたハイキングツアーを実施するようになり、現在では美山町の観光ツアーの目玉となっている。

ハイキングツアーを参与観察ならびにインタビューにて分析してみると、ダム反対運動に端を発する「森を守り生かすという」理念を継承してハイキングツアーを実施している芦生山の家と、美山町を観光によって活性化しようとする美山町立自然文化村では、ガイド内容に明確な差がみられることがわかる。芦生山の家のガイドは住民と芦生の森との共生を丁寧にガイドする一方、美山町立自然文化村では、一般的な生態学的知識や動植物の名称、特徴等を紹介し、美山あるいは芦生が強調されないガイドの方が参加者に好まれている。他方、参加者は、ハイキングツアーに参加することで美山という地域や生態学に関する知識を高めようとしているというよりは、他地域のハイキングツアーと比較をしたり、自然を擬人化したり、食用等の活用方法について話しあったりしていた。

このように、芦生の森での観光実践を精査すると、森の意味合いが歴史的に変わり、現在ではさまざまな人びとがそれぞれの立場から森を活用していることがみえてくる。以下では、この芦生の事例を詳しくみていきたい。

I　芦生の森……知井九ヶ村惣山

芦生は美山町の東端に位置しており、総面積五二〇〇ヘクタールの広大な森林地帯である。そのうち、芦生集落や民有地を除いた四二〇〇ヘクタールが京都大学フィールド科学教育研究センター・森林ステーション・芦生研究林であり、ハイキングの主な実施場所となっている。標高は、芦生集落および研究林事務所周辺が三五〇メートルほどで、研究林の奥に行くほど高くなり、京都市左京区、福井県、滋賀県に隣接する尾根筋は八〇〇―一〇〇〇メートルほどである。芦生の森は元来美山町知井地区（旧知井村）九集落（北、南、中、河内谷、江和、田歌、芦生、白石、佐々里）の共有林であり、一九二一年に地上権を設定して九十九年借款で京都大学の芦生演習林となった。現在の芦生研究林という名称は国立大学が独立法人化される少し前の二〇〇三年四月から使用されている。なお、九十九年借款については、京都大学が正式に契約更新を決定したので（芦生研究林職員ＦＦのインタビューによる）、二十一世紀も継続して京都大学の研究林となる。

共有林としての芦生の森は、すでに江戸時代の初めには知井九ヶ村惣山として認識され、年貢の取立てがおこなわれていた。実際に山の検地、すなわち面積の実地測量がおこなわれたのは一七世紀末であり、一七〇九年に現芦生研究林内の谷筋に沿った三七ヵ所に各村もしくは個人（同族株山であったところは名頭）の名前で地権者を定め、その後もう一ヵ所追加して、権利区分を確定した。これらの区分に対しては、主に薪炭や建材を得る場所として植林一サイクルに対して所有権者（各村人あるいは同族の者）が入札をおこない、入札料を権利者に分配した。ただし、尾根筋近くの山深い地域までは地権が設定されておらず、滋賀県側等から許可なく移り住む木地師の存在および彼らの森林利用を黙認していた（知井村史刊行委員会 1998）。なお、清水哲男（1996）をはじめとして「芦生の森は宮山であった」といわれることが多いが、一七〇九年に権利が確定した際に森林資源を社寺関連の利用に限定したのは三八ヵ所のうち四ヵ所で、宮山、さらには神聖な森と呼ぶには程遠かったことが窺える。

知井地区ではかつて薪、茅、肥料などを得るために個人の家の周りには個人所有の、各集落の周りには各集落所有の「里山」があったが、芦生集落出身者ＤＤの話によれば、「我々の山がない、自前の山がないのが芦生」の特徴であった。ＤＤの説明では、芦生集落周辺の森林は「入会地にするには、大きすぎて深すぎる」ものであり、いうなれば集落自体が材木などを得る「奥山」の入り口に位置しているのである。また、最も奥の地域の木地師を黙認していたことに関して、木地師の子孫であるＥＥ（古文書に先祖の名前が載っている）によると、「上流から茶碗が流れてきて人の存在に気づいた、という話があるが、それはうそ」である。ＥＥは、木地師が住んだとされる上部から嫁いできた人もいたといい、明治政府が所有の「線引き」をするようになるまでは「上流部も芦生も関係なく暮らしていた」と説明する。そもそも、若狭（福井県）や近江（滋賀県）から京都へ抜ける際、尾根筋を越えて芦生を通っていけば近かったと伝えられており、ＥＥは「〔芦生は〕人の行き来の要所。文化的にええ暮らし。今でこそすごく不便なところのようだけど、昔は歩いてが普通だったから、閉ざされたところではなく交通の要所」だったと述べている。

京都大学の演習林になる前の芦生は、地元九集落の薪炭や建材を得る生業の場だけでなく、地元の人間と木地師がともに生きる場として、また若狭や近江から京へと往来する商人たちの交通の要所として、人びとに活用されてきた森であった。

Ⅱ　京都大学芦生演習林の変遷

芦生の森が京都大学の演習林（現在は独法化にともない研究林と名称変更）になったのは、上記にも記したとおり一九二一年である。大学の演習林／研究林は今でこそ研究目的が前面に押し出されているものの、当時の国内外の大学付属演習林は経済林の性格があり、芦生に関しても契約書には「演習林設定の目的は学術研究および実地実習を目的とした造林事業」と記されている。実際、演習林設定以降、林内には林業用のトロッコ軌道や車道が整備されていき、同時に芦生集落から二キロメートルほど離れた場所に走っている京都市内から美山町内へと至る府道三八号線までの車道が整備された。また、演習林の賃料は演習林における林業の収益から捻出することになっていたため、当初から収益が少ないことを理由に賃料の払い渋りがあり、何度も京都大学と地元の土地権利者との間で衝突が起きている（知井村史刊行委員会 1998）。この演習林の経済林としての性格は戦後まで変わらず、第二次世界大戦中には芦生は林業による重要な資源供給の役割を担い、戦争直後も建材の需要にあわせて積極的に事業経営がなされている。

演習林での事業について、京都大学発行のパンフレット[1]では、「演習林設定直後には、スギの伐採により一部に林相の悪化がみられたために伐採を中止した。戦前期から戦後の昭和二〇年代までは、軌道が開設された由良川本流沿いで椎茸生産、製炭事業などの林産物生産が主に行われ、跡地にはスギ林が造成された。昭和二〇年代後半からは奥地林開発のための林道が開設され始め、昭和三〇年代には伐採量はピークをむかえている。天然林の伐採跡地には、比較的大きな面積でスギ林が造林された」とある。

芦生の置かれた状況が経済林から研究林へと明確に変化するのは一九六〇年代で、木材輸入が開始され国内の林業不況の波が押し寄せた時期からである。京都大学芦生研究林の職員であるＦＦは、もともと熊による被害や雪のために良材を得るのが難しかったところへ、間伐で収入を得ること自体も困難になったと述べている。そして、一九七五年頃に京都大学は、「芦生は木を切らなくてもいいが予算は八割カット」という決断をしたという。前掲のパンフレットには、「昭和五〇年代に入って施業に再検討がなされ、森林の公益的機能を維持しつつ、森林の質的・量的生産性を高めるため天然林施業が進められた。昭和六〇年代までに、林道も幹線がほぼ整備された。総延長は三四・二㎞である。平成に入ってからは、伐採はほとんど行われておらず、拡大造林期に造成されたスギ人工林の保育、天然更新補助作業や広葉樹人工林の造成が試験的に行われている」と記されている。これらの情報から、京都大学における芦生演習林の位置づけが、もはや経済林ではなく純粋な研究林へと変わってきたことがわかる。

Ⅲ　芦生集落の変遷

芦生演習林の存在と芦生集落の関係について、芦生の中心人物であった井栗登の言葉によれば、演習林ができる前は芦生から建材を切り出して運び出すには距離も手間もかかりすぎたため、「作物は採れんし、まあ炭を焼いたり、熊やら鹿を撃ったり、椀やら杓やら木でこさえるもんくらいかな、仕事ちゅうたら」（清水 1996: 11）という状況だった。京都大学の演習林ができてからは、演習林が営林事業等をおこなう経済林の性格をもっていたことが寄与したのか、「地元の人間にとっても演習林の中で働き先ができたわけやから、芦生の里にとって演習林ができた意味は大きい」（清水 1996: 13）と井栗登は評価している。しかし、戦後、燃料革命や国内の林業不況がおこったため山の経済は落ち込み、芦生集落は厳しい状況に置かれる。

芦生では地域で生き延びていくための方策を模索し、一九六一年に井栗登を中心とする九人の芦生住民が地元でできる仕事を起こそうと、なめこの栽培を開始する。翌年、彼らは「芦生なめこ生産組合」を設立し、一九六六年には第一次林業構造改善事業を利用して加工場を建設し、山菜の加工を始めた（清水 1996）。芦生集落在住のDDは、「プロパンで炭がダメになったのでなめこ組合をつくって、春・秋にしいたけ、その他ふきや柴漬けなどの山菜を加工」するようになったと話す。当初は試行錯誤の繰り返しであったが、屋根の下で働けるようになった点も大きく影響して、時間を経るとともに芦生集落内で組合への就労者が増えていく。現在は、美山町住民のなかでは、芦生の住民はすべて「なめこ」で働いている、と認識しているものも少なくない（移住者IIの

［1］京都大学フィールド科学教育研究センターが二〇〇三年に発行した『京都大学フィールド科学教育センター森林ステーション芦生研究林』による。なお、参照したパンフレットは、二〇〇三年七月三十一日から八月二日にかけて実施された京都大学公開講座で配布された資料の一部である。

インタビューより）。芦生なめこ生産組合は着実に軌道にのっていき、一九六六年には京都生活協同組合で商品の取り扱いが始まり（DDのインタビューより）、一九七七年からは生活協同組合連合会のコープ商品に決まった（清水 1996）。DDによると、「一九七五年前後からは自分達で価格がつけられるようになった」。なお、一九八〇年には芦生なめこ生産組合木工部が開設され、ナラ、ケヤキ、カエデなどの広葉樹を利用した事業の取り組みも始まっている。

その一方で、一九六九年には府が建設した「芦生山の家」の運営を、町を通じて芦生集落が受託し、宿泊施設として稼動させた。EEによると、当初、この芦生山の家は町が電気等の運営経費を負担し、かつ管理費の補助を出す見返りとして宿泊料を徴収していた。受託した芦生集落では管理と食事の提供を請け負って朝食・夕食費の収入を得、その他の人件費や食材は芦生なめこ生産組合が請け負った。当時は、少人数の宿泊では人件費の方が高くなってしまうため、一〇人以上の場合のみ食事つきで受けて、少数の場合は素泊まりとしていた。上記の方法での運営には諸般の問題があり、現在は完全に芦生なめこ生産組合の経営となっているが、EEは「建物を生かして地域活性化」をしているのだとコメントしている。

以上のように、芦生集落では、戦後、芦生という地で生きていくために、芦生なめこ生産組合を設立して森林生産物に関連した事業を展開し、また、観光に結びつく芦生山の家の運営がおこなわれてきた。以下で紹介するハイキングは、この芦生集落から奥へ広がる研究林で実施されている。では、芦生の人びととハイキングはどのように関わっているのか。次に、一九六〇年代末から芦生で起きたダム建設問題とそれに絡んで実施されていく森林散策および芦生ハイキングツアーについて紹介する。

Ⅳ　ダム問題とハイキングのきっかけ

京都大学が芦生演習林の性格を経済林から研究林へと転換し、芦生集落がなめこ栽培を開始していたまさにその頃、関西電力は芦生演習林内でのダム建設を画策し、その見返りとして旧知井村九集落の土地権利者および彼らの属する自治体である美山町に莫大な賃料と補償金を支払うと提示した。具体的には一九六七年からダム建設計画が始まっており、この計画に対し、芦生および周辺集落の住民は「芦生の自然を守り生かす会」を結成して強く反対姿勢を示した。ここでも中心人物の一人であった井栗登は清水のインタビューに対して、「こんなもん、認めるわけにはいかんわのう。自然を切り売りするようなもんや。〔…〕関電に協力して、補助金もうた方がええやないかちゅうやつもおる。金は一時や。わしは自分の経験で経済に振り回されることの恐さをよう知っとる」と話している（清水 1996: 19）。京都大学でも、大学院生を中心としたグループ「芦生のダム建設に反対する連絡会（現・芦生ゼミ）」が組織され、地元の団体と協力して反対運動を展開していった。

しかしながら、美山町内においては、芦生がもともと旧知井村九集落の共有林であり、地権を有するのが九集落の地元民にかぎられていたため、芦生から離れれば離れるほど、さらには旧知井村から遠ざかれば遠ざかるほど、直接的に関係がないとしてダム反対に冷ややかになる傾向があった。むしろ、美山町住民の多くはダム建設によって生活水準がよくなるのではないかと期待し、地元に莫大な臨時収入が入ることを望んで賛成の姿勢をとった。行政のなかでも、町はダム賛成、役場労働組合は反対と意見がわかれ、さらに共有林の地権者のなかにも、個人として地権を売るとすれば一世帯あたり数千万になると皮算用したものがいた。このように、ダム問題に対して、町内は森を守るのか、森を金に買えて経済的利益をとるのか、賛否わかれて大きく衝突していった。

やがてダム問題は京都府や国を巻き込み、一九八五年の日本生態学会総会で芦生ダム計画の白紙撤回が要求され、一九八六年には京都弁護士会が国民的議論の必要性を提言、最終的には一九八八年に京都大学が、「芦生は学術研究上保存すべき」としてこの計画を受け入れないことを表明して一段落する（芦生の自然を守り生かす会編 1996 参照）。

芦生出身者のEEによると、このダム問題が紛糾している間に、「自然をどうしたらいいか、どうしていったらいいのか。小さい村で反対とがんばるだけでは」と地元住民らが議論し、「外にPRしてダム運動に協力してもらおう」という考えに至って「芦生を活性化して山を守るため」のシンポジウム、さらには芦生をより多くの人に理解してもらうための森林散策を始めた。このダム問題反対のシンポジウムと芦生散策は、基本的に春と秋の年二回および月一回のミニ講習会として実施され、多いときは一〇〇人以上が参加し、グループを分けて地元の人間と京都大学の学生らが森を案内した。「地元の人はよう歩いたはった」とは当時を振り返ったEEの言葉である。一九八八年にダム計画が一旦沈着した後も「芦生の自然を守り生かす会」は反対運動支持者らと年二回交流会をもち、この交流会において随時支持者に芦生の森をより深く理解してもらうための森林散策を実施している（鈴木編 2004）。この芦生散策が現在美山町の公的施設で展開されている芦生ハイキングツアーの原型である。

V　芦生ハイキング

現在、美山町で芦生ハイキングツアーを実施している公的施設は二つあり、一つは芦生山の家、もう一つは美山町立自然文化村である。両施設とも後述する京都大学公認ガイドによるハイキングを実施している。まず、芦生山の家のハイキングツアーについて、こちらが上記のダム反対運動に関連した森林散策に直接につらなるものであり、登録している公認ガイドはほぼ地元の人間で、芦生なめこ生産組合をはじめとして地域に根付いた職をもっているため、ガイドが主たる収入源でない者が多い。そのため、現在ではハイキングツアーは依頼があったときに実施する、という程度の稼働率になっている。

EEによると、芦生山の家では年間四〇－五〇回程度のハイキングを実施している。料金は調査当時、弁当付きで日帰り六〇〇〇円、芦生山の家の宿泊客は五〇〇〇円、ただし六人以下の実施の場合は三万円を人数で割ってもらうことにしているとのことだった。ハイキングツアーの主理念として、ダム反対運動のなかで開始した森林散策と同じく「芦生を守り生かす」ということが運営側にとっていちばんの優先事項となっており、そのため参加者が一人のときや知り合いの時などは費用等に対して柔軟な対応をしている。

町内におけるもう一つのハイキング実施団体は美山町立自然文化村で、この施設は美山町行政が地域振興施策を農林業の復興から観光へとシフトした一九八九年に設立された観光複合施設である。同施設設立当初から、美山町行政の主要人物であり自然文化村の初代館長を務めたＡＡは、ダム反対運動者らの芦生林散策を観光客向けに応用できないかと考えていた。偶然にも同時期、美山町内で移住者が主催するアウトドア・グループの会員数名が芦生の森に魅了され、芦生でガイドとして働けないだろうかと考えており、そのうちの一人ＨＨが自然文化村に就職したことによって同施設での芦生ハイキングが実現することになった。当時を知る地元出身のガイドＧＧによれば、ＨＨが初代館長にハイキングの具体案を提案し、初代館長が行政の力を生かして実現した、とのことで、自然文化村開設より遅れて二年、一九九一年から京都大学の許可の下で芦生ハイキングが開始されている。このことに関して芦生集落のＥＥは、美山町立自然文化村が芦生研究林の使用に関し、芦生と同じような権利を認めてくれるよう、京都大学に依頼したと回顧している。

その後、自然文化村のハイキングは順調に発展し、二〇〇四年度初めの時点で自然文化村と契約していたガイドは地元出身者一、移住者五、町外在住者一の計七人であり、複数の旅行業者と提携したツアーも含めて年一五〇回程度のハイキングツアーを実施していた。ハイキングの費用は、自然文化村企画・主催の場合は同施設集合・解散、弁当・ガイド付きで一人七〇〇〇円であった。旅行業者の提携ツアーの場合は各旅行業者によって価格設定される。集客数は、二〇〇二年時で全ツアー合計三二〇〇名弱であった[2]。

自然文化村のハイキングに対して、芦生の住民は、芦生の森でハイキングをする以上、ダム問題の啓蒙や芦生

図4－1　芦生ハイキングの様子　（著者撮影）

なめこ生産組合の売店に寄るなど、もっと地域に対して貢献してほしいと自然文化村に申し入れた。これに対し、自然文化村はダム問題啓蒙については反対を訴える冊子を同施設内の売店におくことで対応したが、ツアー中に売店に寄ることについては同施設内でも芦生なめこ生産組合の商品を扱っているという理由で断っている。これに対し、芦生の住民側は批判的であり、芦生の住民の活動は民間主導でダム問題と連携し地域の存続・保全を第一に考えているものだが、自然文化村は行政主体で商業中心だという意見が聞かれた。

Ⅵ　旅行業者の意識

芦生でハイキングツアーを実施している旅行業者の考えはどうなのか。旅行業者はたいてい自然文化村と提携している。ここでは四社からの聞き取りをもとに、旅行業者がどのように芦生のハイキングツアーを捉えているのかみてみよう。

まず、美山町および芦生について、A社は、芦生や北集落といった限定されたスポットのみをツアーの対象と考えており、観光地というより自然の教室、里山という捉え方をしていると述べている。B社は、日本の原風景が見られる、あるいはガイドをしてくれる、というような場所は多数あるが、「きちんとしたネイチャーガイドがおって、それ〔歩く場所〕を正確に説明してくれるというのは、あそこ〔芦生〕しかない」とコメントしている。そして、エコツアー・サイトとして美山を広めていきたいとも述べていた。C社は、芦生を原生林と繰り返し言い、特殊な生態系、自然が残された生態系というのは関西圏には少ないので、参加者には自然を守りながら楽しんでもらい、自分たちは少し儲けられればいいと話していた。D社は、美山の特徴は山菜、きのこ、景色がいい等であるが、そのような特徴をもつ場所は他にもいっぱいあるのでそれだけでは商品にならない、と前置きした上で、芦生は原生林であり、京都大学の研究林、つまりは保護林というイメージが付加価値となっている、と述べていた。

美山町の住民と芦生の印象についてでは、A社は、地元出身者で芦生に行ったことのある人がどれだけいるのか疑問に思う、芦生という森が美山町にあって保存しなければと思っているのは都会からの移住者だけではないのか、とコメントする。B社は、芦生の地元の人に頼みごと等をするとあまりいい顔をされないとの感想を述べているが、同時に、旅行業者が自然文化村をとおしてツアーを運営することでハイキング者数の増加を自主規制しているのに、「芦生なめこ組合とかが、あっちのバスで〔ハイキング〕やってたでしょ。ああいうのがあると、やっぱり〔自主規制しても意味がない〕ね」とコメントしている。D社も、芦生で地元の人間に個人的に道を尋ねた時にあまり反応がよくなかったという。もともと芦生の森を守るために始まったハイキングだが、旅行業者は芦生の住民や芦生側のハイキング活動に対して批判的な傾向にあるようだ。

旅行業者は美山町を里山や日本の原風景と捉え、その上で芦生は京都大学の研究林として活用されているよう

---

〔2〕これらの情報は、フィールドワーク実施期間中に筆者に提供された、自然文化村の関係者が作成した資料による。

に、原生の自然が残された生態系であり、付加価値があると考えている。ハイキング実施については、そもそも芦生集落および周辺住民がダム開発反対の一環で始めたものであるという明確な認識はなく、むしろ芦生の住民の態度や彼らのハイキング運営の仕方には否定的な意見をもっている。

Ⅶ 京都大学の姿勢

芦生でのハイキングの動きに対する京都大学の姿勢はどうだったのか。京都大学芦生研究林の職員であるＦＦの話によると、京都大学としては、前述のとおり芦生の森からの収入が減少し予算がカットされた一九七〇年代以降、芦生の特徴的な環境、すなわち寒温帯と暖温帯が交差し、かつ原生の植生が残っている限られた森だということを訴えて価値を評価してもらおうという動きを強めていった。折しも一九七〇年代前半から釣りやワンダーフォーゲルを主目的とする芦生への一般客が増え始め、マイカーでの来訪も増えていた。他方、プロによる植物の盗掘などもあったことから、盗掘防止のため入林ゲートを設けたり、林道を通っての通り抜けを防いだりもしていた。枚田邦宏・竹内典之（1996）によると、芦生演習林の一般利用者の数は一九八五年から一九九五年の間に二倍以上に増加しており、一九八五年には一四〇〇人強であったのが一九九五年には三七〇〇人弱となっている（データは年度）。一九九〇年前後からは、利用者の増加にともない大学内で適正利用について論議されており、一九九一年から一般市民を対象とした京都大学芦生演習林公開講座が始まっている。

一九九〇年代半ばには芦生への一般利用客がますます増え、自然文化村をはじめとするハイキングツアーがビジネスとして成り立つほど盛んになっていく。この状況を受け、京都大学は一般利用の増加に歯止めをかける意味も含めて、一九九六年にガイド講習を実施した。ただし、京都大学が実施したガイド講習は現時点でこの一回のみである。継続して実施されなかった理由として、予算不足および講師をそろえるのが困難だった点があげられている（地元ガイドGGのインタビューより）。職員のFFによると、昨今は京都大学の独立法人化の影響があり、今後ガイド講習等をどうしていくかは「ペンディング」だということである。当面は公認ガイドが後継者を育ててくれればいいが、いずれ京都大学としての明確な意思表示が必要だと認識しているそうだ。さて、一九九六年に同大学が実施したガイド講習であるが、その際には地域振興への協力を明確にするため、最終的に芦生山の家もしくは美山町立自然文化村の地元公的二施設に登録している者一六名にかぎり公式ガイドとしての認定がなされた。

現在の京都大学の一般利用者に対する姿勢は、芦生研究林内でのハイキングに関してはツアー団体に事前申請をして許可を取ることを要求し、個人客には事務所あるいは入口付近に設置してあるノートに記入してから入林するよう求めている。団体への許可はあくまで申請団体もしくは主催者とし、ガイド個人にガイドをしてよいという許可を出すことはないそうである。利用のルールが守れる人には開放する姿勢をとっており、公開講座などで入林・利用のルールを遵守するように呼びかけている。ルールを守らない者に対しては林長が利用許可の取り消し、あるいは利用を中止させることができる決まりである。

なお、入林許可の例外として、芦生山の家および美山町立自然文化村の公的二施設に対しては年間を通じて利用できる許可証（人数制限はあるが）を発行し、その許可証によって特別に芦生研究林内の林道に車で入ることを認め、地元の公的施設を優遇する姿勢を示している。この特別配慮の背景には、芦生研究林に対してダム建設に代わる地域振興への貢献を求める地域の声を尊重したことがある。この措置のため、現在、年間を通じて正式に（すなわち無許可ではなく）芦生研究林でハイキングツアーを実施しているのは、前述した芦生山の家と美山町立自然文化村の二つである。上述のとおり、町外の旅行業者は美山町立自然文化村と提携して芦生ハイキングツアーを実施していることが多い。

他方、芦生研究林では、無許可のツアーが複数実施されている現状がある。無許可のツアー団体は、かつて木地師が越境して入林していた滋賀県側からのルートを使用して、意図的に許可をとらずに入林することが多く、その数が増えているのが京都大学や地元では問題になっている。無許可ツアーを実施する団体やガイドは、公認ガイドが見かけて咎めても「個人的に歩いている」「道案内しているだけでガイドではない」といった言い訳をしてその場を逃れるそうで、京都大学の職員も「どうにかしたいが、技官の数が少なく無許可団体の取締りまで手がまわらない」とコメントしている。また、芦生研究林は尾根筋で滋賀県と接しているが、研究林の敷地が京都府側（美山町内）のみに設定されていて尾根を越えた滋賀県側の権利を有していないことも取り締まりが消極的になる理由だという。美山町側から滋賀県側へ「無許可団体をどうにかするためにガイドの協議等を行いたい」旨の提案をしたこともあったそうだが、滋賀県側は消極的な返事をしただけでなんら進展しないまま、現在に至っている。

以上、芦生集落および芦生研究林の概要、変遷とハイキングツアー立ち上げまでと各関係主体の意識について述べた。以下では、実際にハイキングツアーのなかでどのような説明がなされ、ガイドの立場によってどのような差異があるのかを検討してみたい。

Ⅷ　ハイキングガイドの内容

以下では、芦生山の家のガイドをしているEE、美山町立自然文化村でガイドをしている移住者のJJ、KK、町外在住のLLのガイド内容を比較しその相違を検討してみたい。この調査研究では、二〇〇四年十二月の雪深い時期に責任者であり中心的なガイドでもあるEEへの聞き取り調査、ならびに芦生研究林内のガイドをしてもらって芦生山の家に対する参与観察を実施した。また、自然文化村に対しては、ガイドの研修として二〇〇三年時に十数回ツアーに同行して参与観察を実施し、中心的に活動していた三名のガイドの情報を収集した。ツアー運営に関して、芦生山の家ではガイドのＥＥがその場でルートを決めて説明してくれたが、自然文化村のハイキングは三つの決められたコースが設定してあって、いずれかを歩くようになっていた。これら三つのコースの内容は、集落より林道を車で六五〇メートル程上がった場所（長治谷作業所）から由良川源頭部まで川をさかのぼる上谷コース、同じ地点から川を下りトチの巨木などを観察して最後に峠まで上る下谷コース、演習林事務所のある地域から材を運び出すために使っていたトロッコの軌道を歩いて戻るトロッコ軌道コースである。以下では、まず芦生山の家のガイドの内容を検討し、その後自然文化村のガイドについて記す。

1 芦生山の家のガイド[3]

まず、ＥＥのガイド内容であるが、十二月末の積雪のなか、ＥＥは芦生山の家に年間を通じて発行されている許可証を用い、集落のあるところから林道を六〇〇メートルほどの高さまで車であがり、その後、車を降りて徒歩で谷を越えて山を登り、さらに反対側の谷へ下りるルートを選んだ。ＥＥの説明には特徴がいくつかあったが、まず、歩くルートはもちろん、実際に案内する場所の周辺地理情報を丁寧に聞き手に伝えていることがあった。たとえば、山を登って反対側の谷へと向かう際、山の頂を境に、歩いてきたほうが民有であり、峠から先が京都大学の管轄だと説明したり、降りきった谷が櫃倉《ヒックラ》谷で川の流れを遡っていくと合流があり、上へいけば杉尾峠、反対がナカノツボ谷だと紹介したりした。さらに、ナカノツボ谷は滝がいくつも重なっている、夏はナカノツボ谷の一つ目の滝でロッククライミングをして二つめの滝つぼでつかって遊ぶ、滝つぼは深かったが今は上に林道ができたため、土砂が流れてきて浅くなっている、といった説明も加えていく。

もう一つの特徴としては、芦生の森を説明するとき、人がどう利用してきたか、人との関わりはどうだったか

［3］二〇〇四年十二月二十九日、調査者に対しての個人ガイドをもとに記述した。

という視点から説明していることがあげられる。たとえばミズメを紹介する際、梓ともいう、においもすることから厄除けのために弓をつくったりする、武器としてならスギなどの方がよい、と紹介していた。また、ある場所では「ここはシイタケを栽培していた場所」と紹介し、実際に支えにつかっていた木を見つけて「支えにつかう木はクリを使うので朽ちにくい」と説明し、その周辺の植生について「この辺は伐採していたので、今生えているのは細く若い」と付け加えた。なお、植物の名前をどの程度紹介しているかとの問いかけには、「[名前は]あんまわからん。でも聞いてくるやつも教えたって山おりたら忘れてる。そやし、写真にとって帰ってから調べてくださいっていう」と答えていた。動物に関しては、たとえば芦生に生息しているツキノワグマについて、「ツキノワグマの被害が一〇〇件あったとしても、人が死ぬのは一人くらい」といい、その比較として北海道開拓民がヒグマに襲われてひどい目にあったことを紹介してから、「そりゃいちばんええもん食っとんのやしうまいやろ。男と女やったら女が先に襲われるんやで」と続けた。このように、ＥＥの話を聞きながら芦生の森を歩くことで、実際に芦生という山深い地域に人が住み、生活していることを感じることができる。

その他の特徴としては、ガイドで必要不可欠な参加者の安全確保、指示といった点について、口頭で説明するよりも行動で示していた点があげられる。たとえば、上記で述べたクマとの接触をさけるため、ＥＥは雪のなかにタバコを立てて煙で人の存在を知らせていたり、散策した櫃倉谷・ナカノツボ谷付近はクマがよくでるので「谷を歩いても元の林道に出られるけど」と前置きしてから「クマ危険のため回避」して山を越えて帰るルートをとったりした。また、車で林道を移動する際、ＥＥはすでに雪深い時期であるので自分たちが入って踏み固めない限り車での進入が難しくなると説明し、「カメになったらどうしようもないしな」と季節や時期によっては雪で車体が浮いてタイヤが地面から離れる危険があることを紹介した。

以上のように、芦生出身のガイドＥＥの説明では、芦生の森のなかの丁寧な地理情報が提供され、人びとの生活と芦生の森がどのように関わってきたのか、また実際に森のなかで安全を確保するために地元の人間が何をしているのかが実地で紹介される。

2 自然文化村のガイド

次に、自然文化村のガイドの説明内容について検討したい。まず、移住者によるガイドから紹介していく。

①移住者ガイド[4]

一人目に取り上げるのはガイドのＪＪで、ＪＪは関西圏の大学を卒業し、卒業論文で美山町をとりあげた人物である。国内外で環境関連の教育を受けた夫とともに一〇年ほど前から夫婦で美山に移り住み、二〇〇三年時のツアーではガイドを最も多く担当する一人であった。ちなみに、夫は元自然文化村の職員で、現在は自身で主催する田舎体験プログラム等を自然文化村等と提携しながら運営している。さて、ＪＪのガイド内容を検討してみると、主に、①参加者の安全を確保するための基本情報や心得、②動植物ガイド、③人による自然の活用、④ガイド自身が創作した解説、の四項目で成り立っていることがわかる。

まず、①の参加者心得について、芦生山の家ガイドは説明よりも実行が先であったが、ＪＪの場合、トイレと用具の確認をしたり、入林書類とルートを説明したり、「トチの実が落ちてくると危ない」「橋の端はすべりますので気をつけて」と注意を喚起したり、「横木のあるところを踏んで渡ってください」「帰りの方が断然事故が多いので気をつけてください」と歩き方を指示したり、前もって注意を促して安全を確保することを心がけていた。これはＪＪだけでなく、自然文化村のガイドに共通することである。

［4］二〇〇三年に不定期で参与観察を実施した。ガイドのＪＪに対して五回、ＫＫに対して二回、調査したデータをもとに記述した。

次に、②の動植物ガイドであるが、たとえば秋の下谷ハイキングでは、ドイツトウヒ、ノリウツギ、タニウツギ、ウツギ、トチ、といったように歩く先々で見られる動植物の名前を紹介し、表面に粘り気のあるトチの冬芽をさして「冬芽はネチネチしています。春になると真っ赤に芽吹きます」と特徴のあるものについては説明を加えていた。ＪＪのガイドではこの動植物ガイドがいちばん多く、春の下谷ハイキングでも、ヤマエンゴサクは触った感じがアジアンタムみたい、バイケイソウは毒草、シダ、トチノキ、ツルアジサイ、トチノキは手のような形で葉一枚、ツルアジサイは成長ゆっくりで寄り木と共生する、二〇〇年弱のブナの木、といった細かな説明が続いており、この説明にあわせて写真を撮影していくと、植物の写真がずらずらと並んでいくことになる。

③の人による自然の活用に関して、ＪＪは上記の動植物ガイドに加えて、紹介した植物が人びとに活用されてきたものの場合、どのように人びとに活用されてきたかを説明していた。たとえばオオイタドリの説明では「美山では油で炒めたりして食べます。春のお弁当には入ってますね」と、地元での利用方法について紹介している一方、「ブナの実は信州では人が食べる、動物も食べる、灯火の油にもなる」「アカハライモリをニューヨーカーはペットとして飼ってる」というように、一般的な利用方法について説明している場合もあった。ナナカマドを紹介した際には、ナナカマドは備長炭の良材、七日かまどに入れたことが名前の由来、備長炭の材はカシなどが多い、といったことを述べるなど幅広い。

④のガイド自身が創作した解説について、ＪＪのガイド内容のうち一割程度は彼女自身の言葉による森のガイドになっていた。たとえば、研究林の入り口にあるコナラの木を紹介した際には、「挨拶していきましょう」といったり、キノコを紹介する際には「森のそうじやさん」と説明したり、木の根が曲がっているのを指して「曲がってますよね。雪と毎年毎年戦って、だから曲がってるんですね。この森の木はどれも雪と戦って生きてきてるんです」と擬人化していた。このようなガイドの語りがあることによって、参加者は森の雰囲気を感じとることができ、知識としてではなく感情で森を体験できるだろう。

次に、同じく美山町へ移住してきたＫＫのガイド内容についてみていきたい。ＫＫは首都圏の大学を卒業したのち、関西圏の大学院へ進学、生物学の博士号を取得している男性である。かつて専門学校の講師をしていたことがあるそうだが、一五年程前から美山町に移り住み、ＪＪと同じく二〇〇三年のツアーを数多く担当しているガイドの一人であった。ＫＫはこの他にも自然文化村のりんご園で働いたり、自身の子どもが通う地元の小学校のＰＴＡ役員をしていたり、積極的に町内で行動している人物である。

さて、ＫＫのガイド内容を観察してみると、参加者心得や注意、動植物ガイド、人による森の活用等の説明はＪＪと同じように実施しており、自然文化村のガイドの質がある程度保証されていることを物語っていた。しかし、ＪＪに比べて彼自身の言葉による森の解説が多数みられ、多いときには半数程度は彼自身の語りによるガイドになっていた。たとえば、「木のねじれているところはリスの台所、家、貯蔵庫」「蛇も冬眠後すぐは『ゴキゴキ』で動かない」「芦生は帽子のような森」といったもので、その他「きれいでしょう」「見ていたら楽しくなります」「不思議ですね」といった彼自身の感想をよく述べていた。

②町外在住者ガイド[5]

最後に、自然文化村でガイドをしている町外在住者ＬＬの説明内容を分析したい。ＬＬは二〇〇三年時のハイキング責任者ＨＨと古くからの知り合いで、自然文化村のハイキングを立ち上げたのはＨＨやＬＬ自身であると明言していた。関西圏の芸術系の大学を卒業し、卒業後は芸術家として活動しながら、自身の住む別の地域ならびに自然文化村のハイキングガイドとして活躍し、日本エコツーリズム協会の会報でも紹介されたガイドである。彼のガイド内容を分析すると、まず動植物に関するガイドが内容の多くを占めており、かつ生物学的もしくは生

［5］二〇〇三年に不定期で参与観察を実施した。ガイドのＬＬに対して六回、調査したデータをもとに記述した。

態学的知識が提供されていることがわかる。たとえば、バイケイソウはユリ科の植物で毒があり七月後半から八月にかけて白い花をつける、キンポウゲ科は毒のある種だが春だけに見られる二輪草には唯一毒がない、ミズメはカバノキ科でサロンパスの匂いがし、桜のような幹をしていて十月末から十一月初旬に紅葉する、といった具合である。こういった詳細な生物学的／生態学的ガイドがＬＬの説明の三分の二を占めている。

また、彼も移住者であるＪＪやＫＫと同じく、人びとによる森の活用について説明していたが、全体量としてはＪＪやＫＫ、さらには芦生山の家のＥＥに比べると少なく、かつ美山との関連がほとんどなかった。たとえば、エンレイソウは根が漢方に使われる、実も食べられる、花びらがなくガクが色をつけたものでお茶花によく利用される、という説明や、アカハライモリのイモリは井守、井戸を守る、大名は井戸に飼っている、というものや、縄文人の主食はドングリであった、といったことである。植生の変化についても、ある斜面は落葉広葉樹を間引いて天然林を優先した山、違う斜面はスギを建材として間伐した山、また異なる斜面は皆伐した山、といったように客観的事実として説明し、かつての人びとの生業が想像できるようなものではなかった。

以上、三名の自然文化村ハイキングガイドの内容をみてきた。まとめると、美山町へ移住して一〇年ほどのＪＪは動植物の名前、特徴、そして地域住民も含めた人間による動植物の利用方法について語り、ガイド内容の一割程度は自分の言葉で森を解説していた。それに比べて移住して一五年経つＫＫはさらに自分の思い入れを強く語る傾向があった。反対に、町外在住者であるＬＬのガイドは生物学的・生態学的知識がふんだんに盛り込まれていたが、人と森との関係を説明する際に地元住民による具体的な森の活用や地域住民と森の共生についてはほとんど触れていなかった。二〇〇三年当時自然文化村のハイキング担当だったＨＨによると、芦生ハイキング参加者のほとんどがガイドの違いに関係なく満足して帰るそうだが、ＬＬは上述のとおり日本エコツーリズム協会の会報にとりあげられたほど外部からは評価されており、反対にＫＫについては彼を強く希望するリピーターがいる一方、感想のような説明が多いと不満を耳にすることが若干あるそうだ。

最後に芦生山の家のガイドと自然文化村のガイドの内容を比較検討してみると、芦生山の家では実際にガイドが生活の活動範囲としている芦生の詳細な地理情報、芦生の森での生業に関する説明、そして実際に森で行動する際の安全確保の実践等を中心に説明しており、案内してもらうことによって森を含む芦生という場所で人びとがどう生きているのかを感じることができる。他方、自然文化村の方は動植物ガイドがあって、その上で地域住民のかかわりも含めた人間による森の利用の仕方が説明されていたが、町外在住者がガイドをした場合は、地元と森のかかわりではなく一般的な森の利用についてが多かった。また、移住者の説明には彼ら独自の言葉による森の語りが含まれ、それが多くなると不満をもつハイキング参加者が出る可能性があった。なお、町外在住者ガイドは地元と森の共生に関する情報を提供してはいなかったが、生物学的・生態学的知識を存分に盛り込んでおり、彼が日本エコツーリズム協会に評価されていることから、地域住民、特に芦生集落の人びとの「芦生を守り生かす」という意識の下でのガイドと、ハイキングツアー参加者の評価は必ずしも一致しないことが暗示されている。

3 二施設の違いと両者の交流

二施設のガイド内容の比較をおこなったが、同じ美山町内の知井地区にありながら、両施設のガイド同士は交流がほとんどなかった、というのが大方の見方である。上記でも触れたが、芦生研究林のある芦生側が自然文化村にダム問題の啓蒙や芦生なめこ生産組合の売店に寄ってほしい等の要望をあげても、芦生の住民が満足するほどの協力を得られなかったのが現実である。

京都大学の職員FFは、今後は両施設のガイドの協力が不可欠になるだろうと述べる一方、隔たりの原因は単にガイドやツアーの運営状況ではなく、地元出身ではない者のなかには地域に不可欠な共同作業を「興味がないから」と参加しなかったりする者がいて、そういう意識の違いがこの二施設の疎遠にも反映しているのではないかと指摘していた。自然文化村のハイキングの立役者であるHHについて、FFは「結局のところ『地域』という考えがあまりなく、芦生の森を生かしたい、というだけだったのでは」と述べていた。しかしながら、二〇〇四年半ば頃から自然文化村と芦生山の家の交流は徐々に進んでおり、たとえば芦生山の家のガイドが足りないときはGGやJJが代わりにガイドを担当している。

なお、町外出身者のガイドLLは、二〇〇四年半ばから自然文化村のガイドを事実上退いているが、その後、「京都大学公認ガイド」の肩書きを用いてインターネットで集客し、滋賀県側からのルートを利用して独自に芦生ハイキングツアーを実施した。これについては芦生側から京都大学に対して、町外の人間が公認ガイドの肩書で芦生に入って独自にツアーを実施するとは何ごとだ、と叱責調の抗議があり、京都大学もこの行動に対しては認められないと明確な姿勢を示した。この問題について、京都大学では地元・美山町への貢献という意味でも公認ガイドはあくまで公的二施設所属者にかぎる、と再確認している。しかし、背景には、LL個人のトラブルというだけでなく、公認ガイドの認定が継続しておこなわれていないこと、認定時は公的施設にかぎったが認定後のガイドの身上にあわせた更新・解任等の制度がないこと等、今後改善しなければいけない問題があるといえる。

Ⅸ ツアー参加者にとっての芦生ハイキング

最後に、ハイキングツアーに参加した来訪者らの様子を紹介したい。ツアー参加者については、自然文化村主催のハイキングを中心にツアー中の参与観察を十数回実施し、参加者の言動について情報を収集した。また、自然文化村の協力の下、ハイキングツアー参加者へアンケート調査を実施した。なお、ここでの分析対象となるアンケート回答者数は二八九名であった。

まず、参加動機について自由記入方式で回答してもらった内容を分析したところ、芦生の森を原生林、保護林、手つかずの森として考え、そのような芦生に惹かれてハイキングに参加したと回答した者が七〇名、「自然に触れたい」等、芦生の自然に魅かれて参加したと回答した者が六九名いた。なお、これらの回答に次いで多かったのが、友人・知人に誘われたというものであり（四九名）、さらに、以前から興味があったという回答が続く（三六名）。これらのことから、半数以上の回答者が芦生の自然に魅かれて参加していることがわかり、かつ、観光客にとっての芦生は「原生の自然」という認識が浸透していることがうかがえる。加えて、芦生をメディアや口コミで知り、それがハイキング参加につながったと回答した者が約三割いた。

次に、美山のイメージについて「美山町の景観の特徴は何だと思われますか」と自由記入方式で問うたところ、「自然」や「自然が残っている」等、自然というキーワードを答えた回答者が一三六名いた。次いで多かったのは、「かやぶき」「かやぶき民家」「かやぶきの集落」といった、茅葺きというキーワードを含んだ答えであり、回答者は約一〇〇名いた。これらに次いで、「山」に関する回答、「川」に関する回答が続く。なお、かやぶきと自然のどちらも回答した者が三〇名程いた。このことから、芦生ハイキングツアー参加者が有する美山のイメージは、自然であり茅葺きでもあることがわかる。

なお、「環境問題に関心がありますか」という設問に対して、ほとんどの参加者が「ある（五六％）」「どちらかといえばある（四〇％）」と答えている。そこで、さらに、「美山町への旅行と環境保護・保全は結びつくと思われますか」と問うと、一八一名（六二％）の回答者が「思う」「やや思う」と回答した。結びつくと考えた理由については、大きく二つのパターンがあった。まず、「美山町の自然を活用していることになり、保全の為の活動にいくらかは、プラスになると思う」というような、美山の自然を活用することで集客効果や経済効果があり、結果として環境保護・保全に結びつくと考えている場合があった。他方、「自然にふれることで環境を汚さない気をやしなえる」「自然に対しての（人間もその中に守られて存在している）啓発につながる」といった回答のように、芦生の自然に触れることで環境を保護しなければという意識が芽ばえる・高まると考えている場合があった。

これらのことから、ハイキング参加者の多くは、芦生の森を貴重な自然だと捉えてハイキングに参加しており、参加者の環境保護意識は高く、過半数の参加者がハイキングツアーは環境保護につながると考えていたことがみてとれる。一方、美山のイメージについては、芦生ハイキングツアーへの参加動機とはやや異なり、原生的な自然だけではなく、茅葺き家屋や集落といった、二次的自然あるいは二次的自然を含む地域、場としての印象をもっている場合が少なくなく、実際に体験する芦生の自然と茅葺きをはじめとする文化的な要素を、参加者の頭のなかで融合していることが示唆された。

ここで、ハイキング参加者のツアー中の言動をみてみたい。参与観察の結果、いくつかの特徴が浮かび上がった。まず、ハイキングの最中に、参加者同士で他のツアーならびに他地域の良さや感想、比較について語り合うことが多い。たとえば、ハイキングの途中で小川に架かった小橋を渡った際、「前に吊り橋んとこ行ったなあ」「あれはどこやっけ」「かつら橋?」「そうや、あれもH社〔のツアー〕やったな」「これはS社やで」といった具合である。ホウの葉を紹介された時には、「ほう葉や。飛騨高山で見た」「どこにでもあるなあ」と会話したり、ブナの木を見ながら、「どこかで見られました?」「葛城山」「信州」と別の場所で見たという情報を交換したり、休憩の際に、「前は伊吹山行ったんや。雨がひどくてなあ」「私んときは霧やった」「私の時は夜歩いてん」と以前に行った場所の様子を話し合ったりしていた。さらに、ガイドについて歩きながら、「〔九州の〕九重山にいきました」「私も」「あの時はガイドさんがAさんで」「え? Aさんは添乗員じゃなかった?」「ほんと? Aさんガイドでしょ」「私が××に行った時は○○に泊まって△△食べましたよ」「えー、私らは車中泊でした」「今度は○×にZ社のでいくんです」「え? いつのですか?」といった話をしていた。

これらの様子から、参加者は芦生の森を散策しながら、その場に居合わせた他の参加者とこれまでに参加したツアー内容について会話しつつ、各自の旅行体験の再確認をおこなっているということがわかる。参加者はこのようなコミュニケーションをとることで、自分が豊かな自然の残る場所をいくつも散策した経験を有すること、そして、芦生ハイキングがその経験の蓄積に加わることを確認している。見方を変えれば、ハイキングというツアー商品を消費することで、貴重な自然環境に触れる体験を重ねた自分を獲得することにつながっているのではないだろうか。

別の特徴として、参加者は貴重な自然を有する芦生を訪れると考えている一方、ハイキングのなかでは、自然を擬人化したり、人間に寄せてコメントする場面が多く見られた。たとえば、トチの実の見本を紹介された時は、「〔実を〕採ったときはもっとピチピチ？」「じゃ、私らみたいなもんか」と話し合ったり、若いブナなら幹のなかを流れる水の音が聞こえるという説明を受けた際に、「スピーカーつけて聞かせてくれへんやろか」とコメントしたりするようなことである。アシウスギの伏条更新という、雪による重みで枝が地面に着いた際に発根して増える性質について説明を受けた際には、「頭いいなあ」「あそこにも子どもがいるわ！」とコメントしたり、マムシグサが性転換するときいて、「自由自在！」「人間にも似たようなもんおるけど」と話したりしていた。また、サルナシが他の木に巻きついて、元の木を絞め殺して大きくなるという話をきいた際には、「うわー」「ひどい」「イテテテテ」と、自分達が絞殺されたところを想像して声を発した。

その他、植物が食用かどうかに関する言動が多く見られている。たとえば、マムシグサが煮たら食べられると聞いて、「食べるものがなくなったら、ここまで取りに来ましょう」と話しあったり、トチの実を見ながら、「これトチの実の皮よ。このままじゃ食べられないでしょ」「うん、何か皮剥いだり、蒸したりするのよ」「栃餅」「柏餅」「ほう葉餅」と、関連する食べ物を連呼しながら歩いたりしていた。また、ある時はある参加者がオカワサビを見つけて、「これ、オカワサビちゃうん？　俺、こないだ家で植えたで。葉っぱが食べられるって園芸店で売ってて。清流域でしか育たんって言ってたけど」とコメントしていた。

以上のように、ハイキング参加者の言動には、自身のハイキング参加体験を語る、自然に対して擬人化、あるいは人間社会に引き寄せて話す、植物の食用についてコメントする、という特徴があった。

これらの特徴を考えると、ツアー参加者にとって芦生の森のハイキングは、一方でハイキングという商品を購入することで自然体験の蓄積を増加させ、自身が貴重な自然に多く触れた人間であると確認する機会を提供している。他方で、観光対象となる自然に対し、擬人化したり食用について語ることで、自然を文化的な資源として置き換え、参加者達の生活や社会のなかでどのような位置をとることができるか、検討していることが示唆された。

X　まとめ

以上、美山町芦生における歴史的変遷とハイキングツアー実施への流れ、さらにはハイキングガイドの特徴、ツアー参加者の様子について述べてきた。芦生の森は、古くから薪炭や建材を得る共有林として、交易ルートとして、また生活の場として活用されてきた森である。二十世紀前半からは地元住民による活用に加えて、京都大学の演習林／研究林として経済的、学術的に利用されてきた。この芦生の森でのハイキングは、長い歴史のなかで森とともに暮らしてきた地域住民が、ダム建設計画という目の前に突きつけられた問題に対して、自分たちの森を守り生かすために森林散策をはじめたのが事の起こりである。

この芦生の森が明確に観光資源として活用されだしたのは、ダム問題が沈静化して間もない時期で、その主体は芦生の住民だけでなく、観光によるまちおこしを模索していた美山町の行政担当者や観光複合施設でもあった。町の観光複合施設では、施設で職を得たアウトドア活動者と行政担当者が協力して、森を守るための散策を観光振興向けのハイキングツアーへと発展させてきた。ハイキングツアーが発展するにともなって、芦生の森は京都大学の研究林としての貴重な森、人と共生してきた価値ある自然、というように複数の意味が付与されていく。

芦生の住民らは、町の観光複合施設による芦生の観光活用では、森を含む地域としての芦生を守り生かしていくという、ハイキングの発端となった理念について満足のいく理解を得られていないと批判している。一方、同施設と提携する旅行業者は、芦生の森を京都大学の研究林になるほど保護された生態系を有する価値ある自然だと認識している。そして、芦生の住民が観光客に示す冷ややかな態度に否定的で、芦生側が実施するハイキングは環境への配慮を欠いていると誤解している場合すらあった。

これらの散策やハイキングに対して、森林の利用権利者である京都大学は、地元優遇の姿勢を明確にしながら、大学が直面している研究林の運営難を打開すべく、芦生の優れた生態的価値を強調して、観光を間接的に推進していく立場をとっている。その一方で、さまざまな人が入り込める場としての性格をもつ芦生には美山町外からもアクセス・利用可能であるため、美山町側のルールとまったく別の形で森を利用する部外者が無視できないほど存在しているのも事実である。

他方、観光客にとって、芦生は「守られてきた貴重な自然」であったが、芦生を含む美山町全体のイメージは自然だけでなく、茅葺き家屋や茅葺き集落でもあった。このことは、観光客が目の前の観光対象と自身のなかの観光地イメージを融合させ、その上で観光実践していることを示唆している。

以上のような芦生のハイキングの事例から、何が見いだせるのか。芦生の森が観光資源化された背景には、ダム建設反対運動やそれにともなう森林保護の動きがあった他、美山町行政による積極的な観光振興、京都大学内における芦生演習林の経済林から研究林への位置づけの変化があった。さらには、全国的な傾向として二次的自然が観光資源化されていくなかで、芦生の森のような「奥山」が農村や里山の一部として評価、称賛されるようになったことがある。いうなれば、二次的自然が観光資源化される過程において、「農村」や「里山」の指し示す内容が「奥山」にまで広がり、かつ、芦生では「研究林」といった独自の新たな価値が加えられていったのである。

このように、さまざまな価値を付与されて観光資源化された芦生の森であるが、そこに関わる主体の動きをみてみると、立場によって芦生の森を「ともに長い時代を生き抜いてきた森」と捉えるか、「生態学的に貴重な自然」と捉えるか、明らかに異なっていることがわかる。芦生集落の住民にとって、芦生の森はこれまでもこれからも共に時代を乗り越えていく自然であり、守り生かすことが重要であるが、自然文化村のハイキングを立ち上げたガイドや旅行業者にとっては、大学が研究林にするほどの「貴重な自然」である。そして、異なる主体が異なる見方で芦生の森に価値を付与してハイキングを実施しているがゆえに、お互いに「芦生の森を守るのに役立っていない」と批判的になるのである。

芦生ハイキングの事例から、地元住民が生活のために利用してきた森は、観光資源化されることによって多様な意味や価値を付与され、関係主体がそれぞれの思惑で各々が考える意味や価値にもとづいて活用していくことがわかる。つまり、観光実践における芦生の森は、森そのものが薪炭や建材、生活の場といった何かを提供する存在ではない。森という存在に投影される「守り生かす自然」「貴重な生態系」「共生してきた自然」といったイメージが強調され、活用され、再生産されていくのである。言いかえれば、観光における資源としての自然は、関係主体によって象徴的に創造される事象なのである。

第5章　かやぶきの里・北集落
――茅葺き家屋の観光資源化とその活用

第5章では、二次的自然を取り巻く包括的空間である山村集落を対象とする美山町の観光実践について紹介する。本章で取り上げる美山町北集落は、美山町で最も人気のある観光スポットであり、海抜が低いところから高いところへ向かって、河川、田畑、茅葺き家屋群、山林が連なっており、典型的な農村風景がみられる集落である。北集落に群集する茅葺き家屋は、現代では貴重なものとして周辺の環境と合わせて国指定重要伝統的建造物群保存地区に指定されている。この北集落は、第3章で論じた、農村、里山景観、ヘリテージ・文化財のいずれにも該当する。

北集落は、もともと農地面積が狭く、旧来経済的基盤の弱い集落であった。茅葺き家屋が比較的良い状態で残存した一因には、茅葺き家屋の保存に必要な住民同士の互助が保たれ、現在の観光資源となる環境を守るために住民同士が連綿と協力してきたことがある。住民が保存しつづけてきた山村集落景観に対して、文化財との関連で議論され始めたのは一九七〇年代からであったが、当時は集落や周辺環境を保全するという考えそのものが未熟であり、美山町内で文化財に関する本格的な調査が実施されたのは一九八〇年代末である。この調査では茅葺き家屋が良好な状態で残る三集落が対象となったが、実際に文化財として指定されると家屋の改築や近代化が制限されるため、積極的に指定を受けようと動いたのは北集落のみであった。北集落では、行政による調査と前後して、一九八〇年代から茅葺き保存の仕組みづくりや住民同士の勉強会・視察会を重ね、重要伝統的建造物群保存地区（以下、重伝建地区）に指定されることを目指して活動し、一九九三年にその成果が実った。

文化財指定後は北集落の認知度が急激に増して観光客が押し寄せたが、住民らは観光客にむやみに媚びるのではなく自分たちの集落を守りつつ観光客にもよい体験を提供しようと試み続けた。また、北集落ではより良い観光交流を目指して、修学旅行の受け入れや茅葺き体験の取り組みが実施されている。行政・旅行業者・住民が協力して実現させた修学旅行の受け入れでは、住民らが来訪者と直接交流して北集落ならびに美山の良さを紹介できると評価するのに対し、町行政関係者はできるだけ行政支援を減らして旅行業者が独自にツアー運営するべきだとコメントしており、旅行業者は採算を考えると将来的には運営方法を変更しなければならないと判断していた。茅葺き体験では、北集落の現状ならびに互助による茅葺き家屋保存を理解してほしいと考える地元住民に対し、茅葺きという建築物にしか興味がない体験コーディネーターならびに参加者の意識の乖離がみられた。これらのことから、山村集落を資源として観光実践する場合、各主体によって北集落の見方が違うこと、観光実践の目的が違うこと等、複数の主体による資源の活用に複雑な構図があることが明確になる。

Ⅰ　北集落の概要

美山町北集落[1]は、知井地区では由良川下流部に位置し、川の北側に広がる〇・二平方キロメートルほどの扇状地に約四〇戸が点在している集落である。集落の景観としては、最も低いところを流れる由良川から田畑、家屋、山林、の順に高くなっており、観光客がいうところの「日本昔話にでてくるような」農村風景が広がっている。

北集落の特徴として、近世から農業的基盤が弱く、集落の住民は炭焼き等の「山稼ぎ」を中心に半農半林によって生活していた。江戸中期には開田が進んで畑作から水稲への移行が進んだが、明治初期の水害によって由良川の流路が北側に移り、耕地の一部が河川敷と化して耕作状況は悪化した。戦後、一九六〇年時の集落全体の耕地面積は一六ヘクタール、一戸当りでは〇・三ヘクタールと低い水準であった（美山町 1990, 保存地区一〇周年記念行事実行委員会 2003）。一九六〇年代以降は林業の衰退で集落の生活が苦しい状況に陥り、高度成長期の影響による過疎化が進んで、ついに北集落は「赤子の泣かない村」、すなわち育児に関わる若い世代がすべて離村してしまう状況に直面した。

重伝建地区選定への動きはまさにこのような状況のなか、何とか北集落を復興させようという住民の熱意によって進められたものである。以下では重伝建地区選定への動きを詳しく紹介したい。

Ⅱ　家屋の保全

北集落の再生において大きな資源となっているのは茅葺き家屋である。そこでまず、北集落における重伝建地区選定以前の家屋の維持について紹介したい。美山町の民家は京都府下、滋賀県、福井県等の周辺地域と同じく北山型に分類されており、土間がわずかしかない、土壁を用いない、等の特徴がある。民家の詳細については美

［1］美山町内では「北村」と呼ばれることの方が多く、保存会等の名称には北村が使われているが、本書では混乱を避けるため固有名詞を除いて北集落で統一して記述する。

山町（1990）などに譲るとして、ここでは北集落の活性化を牽引してきたMM[2]からの情報を紹介する。MMによると、屋根を茅で葺いたのは五〇〇－六〇〇年前からであったが、家屋が現在の形になったのは二〇〇年ほど前からである。かつて、茅はもちろん家を建設する材料は、二〇－三〇年かけて農閑期に各家の家長や子息が山で収集して加工し、揃えておくのが普通であった。比較的裕福な山持ちは自前の山から材料を取得していたが、山をあまり持っていない人びとは集落共有の山から得ていた。共有の山林から材料を収集するには集落の構成員の許可が必要で、最終的に集落の代表が認可する形がとられていた。また、家を建て替える際には集落内でほんとうに建て替えが必要かどうか議論され、建て替えが認められると集落の住民みんなで応援するしきたりとなっていた。

建て替えにおける集落の住民による支援はさまざまである。山林や農地を多く有している家はお祝いとして柱や板などを贈与し、隣家は屋根を葺く茅の置き場所を提供したり、茅そのものを贈与したりした。茅は親戚筋からも提供されることが多く、通常は茅の半分は自前、残りは親戚や隣家からのもので賄われた。その他、金銭が贈与されることも少なくなく、また、外から流入してきた者が建て替えを手伝うことで村人として認められていくこともあった。なお、屋根を葺く材としては茅がほとんどだったが、納屋やトイレは木の皮で葺いた[3]。屋根の葺き替えについては、職人が難しいところのみを担当し、残りはほとんど村人たちで葺き替えた。

MMは、「昔の村人は技術をもってないと生きていけない」といい、技術の例として石垣積み、土つくり、川をせき止める、屋根葺き替え、といった住や生活に関するものの他、麻や綿から布を織る、綿から油をとる、縄から草履をつくる、味噌・醤油・納豆をつくる、といった衣食に関するものがあげられた。さらに、「家族だけでは手が足らないので助け合って子どもの面倒や介護」をしたと付け加えた。そしてMMは、「右も左も材料をゆきわたるようにしていた。かしこい、高望みしない、助け合う。支えあっていたからこそ、茅葺きの村は成り立っていた。それがいちばん大事」と強調した。

しかし、戦後、高度成長期を迎えると、大きな変化の波が美山町に押し寄せてくる。都会に出れば稼ぎのいい仕事に就ける時代がやってきて、若者が村を出、ついで家族全員で離村する人びとが増えていった。より多くの収入を得るためであったが、便利な生活にあこがれたり、子どもの教育を考えたりしての離村でもあった。加えて、不便だからという理由で茅葺きの家への嫁ぎ手が減り、茅葺き職人も稼ぎのよい仕事に転職したため減少した。その上、燃料が木炭から石油・電気に替わったので木を切ったり製材したりする必要がなくなり、屋根を葺く材料の収集は休日にしかできなくなっていった。このような時代の流れのなか、一九六〇年代頃から日本全国で茅葺き屋根に安い鉄板をかぶせ、葺き替えをしなくてもすむようにした家が急増した。

北集落では、若い世代は急減したが、すべてを捨てて一家離村する世帯はあまり出ず、そのためか茅葺き家屋が比較的多く残った。[4] MMは「偶然残った」と言っている。北集落の茅葺き家屋と集落風景について、一九八〇年代以降、村外の人びとから「農村の風景を残せないか」という声があがり、村内からも「珍しい風景を村の仕事作り、つまり観光産業につなげられないか」という考えがでてくるようになった。以下では、重伝建地区選定への動きを詳しく見ていこう。

Ⅲ　重要伝統的建造物群保存地区へ

将来的な集落景観保全を目的として、美山町の複数の集落に最初の調査が入ったのは一九七三年、文化財保護

［2］MMは美山町（1990）の保存対策調査協議会の委員も務めている。

［3］家屋以外では、社寺の本殿も木の皮で屋根を葺いたそうである。

［4］美山町知井地区の複数の住人から、高度成長期で離村が進んでいる時でも長男は村に残るのが当然だったとの意見を得ている。

法の改正を受けてであった。しかし、調査は途中で打ち切りになっている。当時はまだ集落やその環境を保全するという発想が時期尚早だったためだろう。一九八〇年代後半、改めて集落および周辺環境の保存の重要性が認識され、美山町では文化庁や京都府の補助を得て一九八九年に北集落を含む三集落（北・南・下平屋）を対象に「伝統的建造物群保存対策調査」を実施した。同調査では建造物はもちろん、集落の歴史的・文化的特徴についても調べられた。その結果、住民の意識調査の部分で、他の二集落と比べて北集落の住民が群を抜いて茅葺き屋根や集落景観の保全に意欲的であることが明らかとなり、北集落のみが保存地区選定へと動いていく。

北集落の住民の意識が高かった理由には、他の二集落よりも就労状況や耕作条件が厳しく地域の活性化が必要だという危機感が強く、ゆえに地域が集落保存に向けて結束していたことがある。実際、北集落内では、町行政が推進した農地整備が終了する一九八四年頃から、茅葺き屋根民家の保存について話し合いが始まっていた。話し合いを経て、北集落は一九八八年（町による調査の前年）にかやぶき屋根保存組合を結成し、屋根の葺き替え応援や材料である茅の貸し借りを可能にする協力体制を確立した。また、一九八九年に調査が実施されると、七月以降に隔月で四回学習会を開き、集落住民一体となって保存地区の概要や農山村の景観保全について理解を深めた。ちなみに、調査対象となった他の集落での学習会は一～二回のみの実施であった。一九九〇年に上記調査の報告書が刊行されると、北集落内では報告会を実施し、その後保存対策について何度も町と協議を続けた。さらに、他の地域から学べることも多いと、岐阜県白川村をはじめ一〇ヵ所以上の場所で見学や研修会を実施し、また、茅葺き屋根に欠かせない茅を確保するために住民が方々へ茅刈りに出向くようになった。

このような北集落住民の積極的な動きを受けて、美山町は府に「かやぶき山村歴史の里整備事業」を企画提案し、京都府は一九九一年に北集落を「市町村シンボルづくり事業」の対象に指定している。そして、府と町は共同で補助金を出し、北集落のための茅収納庫や民俗資料館、観光客受け入れのためのセンター設立に着手した。同時に、北集落は町と協議しながら重伝建地区選定への準備を進め、一九九三年、全国で三六番目、山村集落としては三番目の重伝建地区選定を受けることになった。選定に対して、北集落住民の合意は一〇〇％であり、北集落住民の結束の高さが表われている。また、2章で紹介したように伝建地区では建造物を文化財、地域は保存地区とみなして選定されるが、地区内の建造物全体に対する選定率は五二％で、これはたとえば岐阜県白川村荻町の二七％に比べると、高い比率になっている。

選定を受けると同時に、北集落の住民は「北村かやぶきの里保存会」を結成し、以降はこの保存会が中心となって集落の保全や振興に取り組んでいる。また、選定後には集落内での屋根の葺き替えや補修を中心とした保存修景事業や茅の確保、文化庁による火災時の類焼防止のための放水銃設置（完成は二〇〇二年）が順次進められた。しかし、最も大きな懸案となったのは選定後一〇倍以上に膨れ上がった来訪者への対応であった。選定前は年間三〇〇〇―四〇〇〇人程度だった来訪者は、一九九三年に五万人を超え、一九九九年に一〇万人を突破、二〇〇三年には二三万五〇〇〇人と急増している。

観光客の受け入れ施設として、一九九四年にかやぶき集落保存センター「お食事処きたむら」が完成し、休憩・食事場所が提供できるようになった。また、一九九五年に都市農村交流事業によって「体験民宿またべ」が開設され、宿泊客の受け入れが可能になった。保存会ではこれらの施設をどのように運営していくか議論を重ね、保存会管轄の事業として集落内から各施設運営に対する出資者を募り、うち数名（保存会役員）が無限責任を負って独立採算で経営していくことにした。従業員や管理者は公募である。他方、住民個人での商店や宿泊施設の営業はしない取り決めにし、「迷惑も、利益も、社会的貢献もみんなで」という方針をとった。この取り決めには、見学・研修で訪れた他地域の状況を参考にして、北集落を典型的な観光地にしてはならない、という住民の強い思いが反映されている。

両施設の経営が軌道に乗りだすと、従業員の福利厚生や来訪者に対応する常駐スタッフの配置、さらには保存会の管轄となっていた食品加工所「北村きび工房」の位置づけなどが課題にあげられるようになった。美山町行政からは、保存会が管轄する事業を一つにまとめることを条件に、事務所や物品販売所、食品加工所を一つの施設として新設する案が提示された。そこで保存会では、事業部門を財団法人あるいは非営利団体（NPO）等、どのような形で運営していくのか議論し、最終的に有限会社の形をとることにした。そして二〇〇〇年、集落内の各家から一口、二口の出資を集めてつくった「有限会社かやぶきの里」が発足し、事務所や物品販売所、食品加工所を有する施設「かやの里」が竣工された。

二〇〇五年のデータでは、有限会社かやぶきの里の従業員数は専従社員五名を含めて三八名（うち北集落外一二名）となっている。かつて、赤子の泣かない村と言われるほど過疎化・高齢化が進んでいた北集落であったが、重伝建地区選定への動きに合わせて都会へ進学した若者が卒業後「お食事処きたむら」の社員として戻ってきたり、父母の代に離村した若者が家族を伴って集落へ戻って町の観光課に就職したり、音楽活動をしていた若者が修業を積んで茅葺き職人になったり、田舎暮らしにあこがれた都会の若夫婦が移住してきたりと、若い世代が増えつつある。経済効果に関しては、有限会社かやぶきの里の売上高が年間六三〇〇万円ほどを計上していることを考えると、けっして小さくはない。

以上が重伝建地区選定への動きと選定後の整備のあらましである。これらの動きについて、MMは二〇〇四年に実施されたかやぶき保存会一〇周年イベントで、「馬車馬のようにがんばった一〇年だった」「『北は補助金と観光収入が得やすくてよい』と言われているが、けっして乗っかって優雅にしているわけではない」「いろんな人に『これからの一〇年は正念場になる』と言われている」と述べている。そして、集落の高齢化や今後の後継者問題、上述の観光施設が借地の上に建てられていることへの懸念、有限会社かやぶきの里の販売商品のうち七六％が北集落以外の産品であること等、課題が複数あることを指摘した。

では、村の住民は北集落の活性化をどのように捉えているのか。二〇〇三年に北集落が集落内の各世帯に実施したアンケートによれば、重伝建地区に選定されてからは「仕事や収入が増えた（八二％）」、「若者の働く場ができた（七九％）」、「地域や美山町の発展に役立っていると思えるようになった（八一％）」、「村や地区の将来に希望がもてるようになった（七〇％）」と、重伝建地区になったことを肯定的に評価する声が多い。その一方、観光客に対しては、来訪者は増えない方がよいという回答が七五％を占め、来訪者の雰囲気は以前に比べて悪くなった（三七％）という回答が良くなった（七％）を上回った[5]（保存地区一〇周年記念行事実行委員会 2003）。

上記のような流れを踏まえたうえで、以下では観光の形態について述べてみたい。

Ⅳ 北集落と観光

北集落への観光は日帰りが圧倒的に多く、主要な観光形態の一つに大手旅行業者の日帰りバスツアーがある。大手旅行業者は北集落が重伝建地区に選定されて知名度が高くなったのに合わせて、京都府下や日本海を周回するコースの一部に「美山町北」を組み入れるようになった。ツアーに使用される大型バスは定員五〇人程度であるが、大型バス入込み数は二〇〇一年に四七二台、二〇〇二年に七六一台、二〇〇三年に一七一八台、二〇〇四年に一八一四台と年々増加している（美山町誌編さん委員会 2005: 622）。各バスツアーの滞在時間は四五分ほどである。その他、自家用車での来訪も多く、上記で触れたとおり年間二〇万人以上の観光客が北集落を訪れている。なお、美山町や北集落における来訪者の人数制限はない。

1 観光客にとっての北集落

筆者が調査期間中におこなった北集落での六九名に対するヒアリング[6]によると、観光客の来訪目的は、テレビ

［5］残りは、「変わらない」が四四％、「その他」が一二％である。

や雑誌などで見てとりあえずどんなところか見に来た、という声が二〇名と最も多かった。ついで、茅葺き家屋を見に来た、かやぶきの里・北集落を見に来たという意見が続く（一六名）。これらの次に多いのが風景や景観を見に来たという声であり、七名が「美しい自然」「きれいな川」といった自然環境を見るのが目的だといい、三名が農村景観に興味があって来訪したと答えている。また、特に目的もなく「偶然」「なんとなく」来たという人が七名おり、ツアーに含まれている等、すでに決まっていたから、という回答者も四名いた。なお、六割の回答者にかつて農村に住んでいた、故郷が農村である等、農村での生活体験があり、昔懐かしい、もう住めないが見るのはいい、といった声があがっていた。これらのことから、観光客が北集落に来る動機に大きな影響を与えているのがテレビや雑誌での宣伝、つまりメディアであることがわかる。また、茅葺き家屋とともに自然や農村風景が観光目的になっており、過半数が農村に住んだ経験を有していることから、来訪者自身が知る特定の農村を美山に類比していることが示唆される。

次に、前章で紹介した芦生ハイキングの参加者と同様に美山のイメージについて尋ねてみると、複数のキーワードを述べる回答者が多く、最も多くあがったのは、山、森林、川、緑、自然、といった、自然環境に関するものであった（のべ四二名）。次いで、茅葺き屋根、茅葺き家屋、といった、北集落の特徴である「茅葺き」という回答が多い（のべ三〇名）。その他、田舎、山村、美山の風、といった少数意見があった。北集落でのインタビューにもかかわらず、来訪者が美山に対して抱くイメージは山や川といった自然であり、このことは来訪目的に茅葺きが多かったことを照らし合わせてみても興味深い。観光客は、メディアでみた茅葺きを求めて美山町北集落に訪れるが、彼らにとっての茅葺きを含めた美山は「自然」を連想させるものだといえるだろう。

北集落に来た観光客の環境保護意識について確認してみると、約九割の回答者が環境保護に関心がある、ややある、と回答している。そこで、さらに美山町への旅行と環境保護・保全が結びつくか質問したところ、回答者の八割強が結びつくと「思う」「やや思う」と回答する。これらの回答者に結びつくと考えた理由を確認したところ、北集落に来ることで住民が「自然とともに生活しているのがわかるので」結びつくと思ったと答えた者や、北集落に来る途中でゴミが落ちていたけれど「ここは捨てるのに気がひける。みんなが気を使っているのがわかる」とコメントした者、「このような自然の状態を維持したいという思いが生まれたから」と述べた者等がいた。これらの回答内容を総合すると、北集落の存在そのものが多くの来訪者が考える環境保護・保全のイメージを具現化しており、そのような保全された集落に訪れることが、環境保護意識を高めることにつながると考えているのではないかと示唆される。

さらに、北集落に来た観光客に、北集落や美山町を守りたいと思うかと尋ねてみた。すると、九割近くの人（六九名中六一名）が守りたいと回答する。そこで、「では自分自身では何ができると思いますか」と質問を重ねると、何もできない、わからない、特にない、という消極的な回答が四割を占めた。なかには、「特にない。環境〔保護〕は人に頼るものではなく自助努力でするもの。国の援助などはあって然るべきだけれど、環境というのはそれぞれの町や村で守っていくものであって、初めから人に頼るものではないと思う」という回答があった。ついで多かったのが寄付（一六％）で、寄付と答えた回答者のなかには実際に北集落に設置してある募金箱にお金を入れてきたという人もいた。寄付に続く回答がゴミに気をつける（一二％）というもので、ゴミはゴミ箱に入れる、ゴミを出さないようにする、ゴミを持ち帰るという回答があげられた。

このように、観光客は茅葺きや美しい自然に惹かれて美山町や北集落を来訪しており、美山に抱くイメージは、目の前に広がる茅葺きの集落だけではなく「自然」でもある。そして、観光客が称賛する茅葺きや自然は、地域住民が守ってくれているものであり、彼らができると考えていたことは、募金箱にいくばくかの寄付をする、あ

〔6〕本書に関連して実施した観光客対象の調査のうち、ここでは北集落で筆者が直接ヒアリングした六九名の意見を紹介する。

図5−1 かやぶきの里　北集落　（著者撮影）

るいはゴミを出さないようにする、という手軽にできることだった。これを踏まえたうえで、以下では北集落の住民がどのように観光について考えているのかをみてみたい。

2 北集落住民にとっての観光

北集落住民の観光に対する考えについて、北村かやぶきの里保存会が実施したある座談会からの情報を紹介しよう。まず、急増する団体客について、「体験民宿またべ」の運営者によると、同施設は何年か前までは一泊二食で泊まりに来る客が中心で、夜は客とゆっくりコミュニケーションをとっていた。しかし、ここ数年、宿泊だけでなく、旅行業者と提携して昼食のみといった時間単位の予約も受けるようになり、昼食のみで四〇人が訪れたりするようになった。そのため、今では夜は次の日の昼食の段取りで頭がいっぱいになり、宿泊客との話もままならないという。一方、昼食のみの客の会話は「ここは観光地？」「観光地ちゃうやん」といったたわいもないものでしかないため、「くたびれもうけ」ではないかと懸念している。同保存会では「期待して訪れる来訪者にどう応えていくのか。何を土産に持ち帰ってもらうのか、品物だけではないものをどうつえし、仕事たいへんでも、後のビールうまかったらええし」とコメントしている。

地元住民が食しているメニューを取り入れていきたいと述べ、「ポリシーもったもん〔食事〕出していったらえの運営者も、団体客に追われることがあるが客を選ぶことはできないとこぼしていた。しかし、この運営者は、くり出すのか」に砕心しており、昼食のみの客との温度差を感じているということだろう。「お食事処きたむら」

次に、観光客と地元住民の視点との差異について、ボランティアガイドをしている住民は、「生活を見て楽しんでもらう、というのは住んでいる人の意見。観光客はまたちょっと違う見方」をしていると感想を述べる。別の住民は、「外から来た人は古いことがなつかしいと思う。でも、コンバイン〔農機具〕は人の能力を助ける。観光客のためだけに古いこととする必要なんかない。生き方がそこに表われるのであって、人が生き生きしていれば、また人が来る。ここでいかに地をつけて生活していくか、が大切。来る人のための人生じゃない」とコメントする。二〇数年前に移住してきたある住民は、北集落は「映画村ではないんだから」と前置きした上で、「自然の驚異、ほんとうに怖いと美山に来て思った。コンクリが人を助ける、ということもある」と、護岸工事などで村を現代的に整備することも状況に応じて必要だと話した。一方、年配の住民で、「昔の農水路には、北にはナマズなどがいた、宮島〔地区〕にはシジミやタニシがいた。今、見た目にはきれいやけど、実は自分らがつぶしていってる」と長年の変化を語る人がいた。

北集落のあり方について、保存会の重鎮は、「『観光地にしたらあかん』とずっと北は言い続けてきた」といい、「とりあえず、今儲けよう、というのはやめなあかん、ってことでしょう。あんまり変化をもとめることはちょっと具合悪いかな」とコメントする。お食事処きたむらの運営者は、「〔来訪者数や売り上げが〕落ち込むこともあるやろけど、それはそれで考えていったらええ。会社だけの村ではないし、住んでる人みんなのきたむらやし」という。一方、数年前に移住してきた若い住民は、まだ北集落の住民になりきれていないことを認めた上で、「白川郷みたいにはしたくない。でも、トイレも無い、食べるところもない、それで受け入れしていいのかな」

「他の伝建地区はどうしてるのかな、というのはすごく気になる」と意見を述べていた。

このように、北集落の住民らは、観光のあり方について定期的に座談会を開き、有識者の意見を聞いたり、今後の北集落のあり方について話し合ったりしている。そこで強調されるのは、観光客に媚びずに自分たちの生活を守り続けていくということであり、典型的な観光地ではない新たな運営をしようということである。以下では、このような北集落の観光の取り組みのなかで、修学旅行受け入れにおける民家宿泊の実施について述べたい。

V 北集落での修学旅行受け入れ

美山町では、観光協会と大手旅行業者K社が提携して、二〇〇一年から修学旅行の誘致活動をはじめ、二〇〇三年に初めて東京都の中学校二校の修学旅行を受け入れた。その後、二〇〇四年にも二校を受け入れ、二〇〇五年には五校が実施を計画し、それ以降も希望する学校が微増するなか、町側の受け入れ限度である年五—六校が毎年実施していく見通しである。美山町では、修学旅行の受け入れを新たな来訪者層を掘り起こすための、都市と農村の交流施策の一つとして位置づけている(たとえば美山町 2003)。他方、K社は、ツアー商品を扱う営業部署ではなく京都府下への顧客誘致活動等をおこなっている仕入れセンターという部署が、誘致活動の一つとして美山町の修学旅行に取り組んでいる。美山町とK社の役割分担は、簡潔にいえば町内の交渉・調整は美山町、学校側の対応はK社である。

美山町での民家宿泊に関して、当初の誘致活動では美山町・K社ともに民家宿泊は難しいという判断をしていた。そのため、K社は学校側に町内での農村体験と民宿や旅館、公共宿泊施設での宿泊を組み合わせてプログラムとして案内していた。しかし、学校側からは単に旅館に泊まって農村体験をするのではなく、人と人との触れあいを重視して、民家宿泊、特にかやぶきの家に泊まらせたい、という希望が根強かった。H校の修学旅行の手配において、K社と学校側でなんらかの誤解があったのか、学校側は美山町で民家宿泊ができるという前提で話を進めていたことが途中で判明した。そこでK社は、具体的に学校側から民家宿泊の希望があがってしまった旨を美山町に知らせ、無理を承知で実現できないかどうか動いてほしいと依頼した。たまたま最初に対応したのが町役場・商工観光係の職員で、北集落在住のNNだったことから、北集落での民家宿泊が実現に向かって急速に動いていくことになる。

当時の状況についてNNは、「あれは自分でなければ北村の民泊〔民家宿泊〕は実現せんかったと自分でも思います。そりゃ、あれがいちばんきつい仕事やった。はなからあかんというより、受け入れしたこともないから不安に思わはって、一軒一軒あいさつにまわったんですよ。みんな仕事があって夜しかいはらへんから、自分の仕事が終わったあと毎日一軒ずつ二―三時間話しに行ってね」と回顧する。そして、「NN君頼むわ、言われたら自分でなんとかするしかないんやろな、って思って。文字通り『泣き落とし』で、最後はみんな『しゃあない。やったろう』って言うてくれはってね」と述べた。この言葉通りNNは直接各家庭を説得してまわり、最終的には北集落で二〇軒弱の家庭が受け入れを了承した。[7]

K社の担当者は、民家宿泊は旅館や民宿の営業圧迫になりかねないため、行政は消極的な場合が多いが、美山町の場合は町長が容認して後押ししてくれたので説得活動がやりやすかったのではないかとコメントしている。また、一九八八年の京都国体で競技誘致した際に関係者を泊めた家庭があったことが、よい方向に影響したのではないかと述べた。ただ、やはり各家庭に了解を得るのは骨がおれることであり、町の関係者は「民泊〔民家宿泊〕はいちいち聞いてまわるからたいへんなのよね」「町内みんなに民泊〔民家宿泊〕受け入れてもらえませんか、

---

〔7〕その他、ホームステイ・プログラムを検討していた宮島地区の家庭でも民家宿泊を受け入れ、町内全体で三九軒が協力した。

ってきくと、どこも手をあげてくれないのよね。でも、一軒一軒お願いします、って頼みにいくと、『ああ、いいよー』って受け入れてくれるの」と振り返った。

さて、実際に民家宿泊が決定すると、美山町およびK社は宿泊や体験受け入れの具体的な準備に入った。受け入れに際して、結果として宿泊する家庭で学生に農村体験も提供するケースが多かったため、安全対策がいちばんの懸念となった。具体的には、各家庭での食事で万が一食中毒がでたらどうするのか、体験の際に事故が起きたらどうするのか、補償はどうなるのか、各家庭との緊急連絡方法はいかにすべきか、といった点が課題としてあげられた。食中毒に関しては、どの家庭にも同じ内容の食事を提供してもらい、食材は町が一括購入して配給する手段がとられた。事故や補償、連絡方法については、K社が蓄積している修学旅行運営のノウハウのほか、民家宿泊を先行して実施していた長野県飯田市などから情報をもらい、対策が立てられた。ちなみに、関西圏で民家宿泊による修学旅行受け入れを実施したのは美山町が初めてである。

その他、受け入れ家庭から懸念されたのが費用負担についてである。実際、K社が受け入れ家庭を対象におこなった事前説明会では、住民側から「これいくら儲かるんですかね」「なんでおまえんとこの金儲けのためにこんなことをやらなきゃいけないんだ」という意見がでていた。初めての受け入れの場合、食器や寝具等、各家庭で購入・準備しなければいけないものが出てくるので、K社はそれらに対する費用を賄うことが必要だった。K社にとって、美山町での修学旅行は完全な赤字であったが、K社内では利潤ではなくノウハウの構築を優先し、受け入れ家庭に対しては今後も民家宿泊を継続してもらえるよう十分な支払いをするべく学校側に請求したという。K社の担当者は、「おそらく今回、〔中略〕お金に関してはたぶん文句がでないだけのものはお支払いしてると思います」と明言していた。

体験に関しては、受け入れ家庭を中心に、畑仕事、茶・いちご・山椒などの収穫、薪割りの他、餅つきやほう葉飯などの郷土食の料理体験などが実施された（美山町 2003）。実際には、修学旅行生が充実した農村体験をできるように田植えなどの農作業を遅らせて残しておいたところや、収穫するものをあらかじめ用意しておいたところがあった。たとえば、キノコ狩りを担当したある住民はあらかじめ下見にいき、あまり見当たらなかったと行政担当者に報告した。そして、パンフレットにあった「○○山のまつたけ、しめじ、なめこなどキノコを採って鍋をする」という文言をさして、「そんなもん、あるかいな!」とこぼしながら、役場の職員に「買うといてえや」と依頼した。このように受け入れ家庭側では試行錯誤をしながら、学生が満足できるように対応した。

上記のような流れで実施された民家宿泊による修学旅行受け入れは、関係者それぞれが評価するものとなった。まず、K社は、修学旅行の評価は再度実施を希望する学校がでるかどうかが判断基準となると前置きした上で、民家宿泊を実施した学校からまた希望があがっているので気に入ってもらえたのではないかという。他方、美山町側では、宿泊を受け入れた北集落の家庭からはまた受け入れたい、という声があがり、若い世代からは「自分らも美山の昔のことを勉強するいい機会でした」という感想が聞こえ、修学旅行生が大人になったら美山に戻ってきて欲しい、という家庭もあった。反対に課題として、初年度だということで仕事を休んで民家宿泊を受け入れた家庭が多かったため、今後も受け入れを継続していくには仕事を休まずに済むような体制づくりが必要であること、また、一般的な農村体験ではなく美山町でしかできない農村体験を打ち出していかなければならないこと等が指摘された。

さらに、今後の修学旅行受け入れのあり方として、北集落での民家宿泊に尽力したNNは、いずれは京都市内一泊、美山町内の民家での体験民家宿泊一泊という形態の修学旅行を定着させたいという。一方、町全体の観光を担当する職員からは、実施導入時の数年は町行政が支援するべきだがいずれは旅行業者がすべてやるべきではないか、という意見が出ていた。旅行業者側は、美山は茅葺きのイメージが強いため、美山にいくなら茅葺きに泊まりたい、という要望が顧客から出るが、修学旅行で民家宿泊受け入れができる軒数は限られるので、「民家宿泊の美山」という宣伝はできないと断言する。そして、企業である以上、将来的には修学旅行によって儲かる仕組みをつくることが必要なため、将来的には民家宿泊ではなく他の宿泊形態と農村体験の組合せについて模索していくことになるという。

以上、当事者の誤解という半ば偶然から実現した北集落での修学旅行民家宿泊受け入れであったが、結果として学校側、住民側からの評価はおおむねよく、今後の都市農村交流に役立つことは疑いない。また、今後の集落のあり方と新しい形の観光運営を模索する北集落にとって、この民家宿泊受け入れは今後の集落運営にさまざまなヒントを与えたはずである。ただ、体験民家宿泊を充実させていきたい北集落側の意向に対し、必ずしも町行政関係者や旅行業者の思惑が一致していない点は、今後の懸案となるだろう。

さて、以下では、これまで紹介してきた北集落の取り組みに欠かせない茅葺きを保全する茅葺き職人について紹介し、若手職人による茅葺き体験プログラムについて検討したい。

Ⅵ　茅葺き職人と茅葺き保全

先に述べたとおり、茅葺き屋根の葺き替えはかつて職人の力を借りながら村人が協力しておこなったものであった。時代の変遷とともに茅葺き家屋の維持が難しくなると、職人はさらに無くてはならない存在となってくる。従来、茅葺き職人という資格があったわけではなく、美山町で茅葺き職人として活躍している〇〇は「きっと判断できる人がいないから、これからも資格を整備ってのは無理だろう」と言う。ただ、住居の屋根葺きに関しては一〇年修業を積んだというのが建築関連の許可をもらう際の基準になっているそうだ。これは建設業法における建設工事二八業種のうち屋根工事業の許可のことだと思われる。

北集落が重伝建地区に選定される直前の一九九〇年頃、美山町には年配の職人が三人しかおらず、彼らが働けるのはあと一〇年ほどだと本人たちも語っていたことから、後継者を育てるのが早急の問題となっていた（美山町 1990)。茅葺き職人となるには、二人の親方のいずれかに弟子入りし、仕事を手伝いながら技術を習得していく必要がある。後継者確保が急がれていたため、美山町内では親方への弟子入りによる育成だけでなく、葺き替えを請け負うことのある建設業者が茅葺き職人希望者を町内外から募集し、新たな人材開拓をおこなった。建設業者の職人育成方法は、会社として請け負った建設事業の現場にいる親方に応募者を教育してもらうというものである。ゆえに、職人見習いは現場ごとに変わる複数の親方から指導を受け、雪のために美山町で作業できない冬場には町外の職人のところへ派遣されて新しい方法を学び、職人としての技術を習得していった。上記のような方法で、現在では数名の若手職人が育っている。

若手職人の一人であるOOは、北集落出身であるが、かつて地元を離れ都会でミュージシャンを目指していた。美山町に帰ってきたのも、美山なら大きな音で演奏できるというのが理由であり、ミュージシャンになるためだった。だが、「田舎で何もしない、というのは許されないので」と、地元の消防団や青年団の活動に半ば義務として加わり、そこで考えが変わったという。OOは、「ちょうど熱い人らがいる時で、いろいろ学べた」「ほんとうは美山をすごくバカにしてたけど、青年団や消防団の人たちからいろんなことを教わって、ミュージシャンになる、っていうのをやめて、北で三人いた親方の中でいちばん大きい仕事をしてはった親方に弟子入り」し、親方の元で修業して茅葺き職人になった。現在、OOは独立して屋根葺きの会社を設立し、町内外で葺き替えの事業を請け負っている。OOの会社には、建設業者の募集に応募して修業を積んだ町外出身の職人が身を寄せ、また、OOの会社が受けた仕事を別途独立した若手職人が手伝うことも多い。美山町出身であり若手職人のネットワークの中心にいるOOは、美山の茅葺きの将来を担う中心人物といえるであろう。

このOOは茅葺き保全について、現代社会では住民協同で家屋を保全するというのは難しいと承知しながら、目指しているのは昔のように皆で手伝って茅葺きを守っていたスタイルだという。協同で家屋を守る難しさは作業する側にもあるが、作業を受け入れる側にもあり、昔ながらの方法で家を普請する場合には複数の職人や作業者らが毎日出入りするため、人によっては不快感を抱きながら生活しなければならない。ＯＯは複数の職人に出入りされて「ノイローゼ」になりかけた人を知っていた。しかし、ＯＯはそれでも「昔はそうやって家するのが当たり前やったんやから、そういうのできるといいんやけど」と考えている。ＯＯは自身の考えを実現させるきっかけにする意味でも、弟弟子が始めた茅葺き体験プログラムの運営に協力し、自分の会社が請け負った葺き替え作業をプログラム参加者に手伝ってもらう試みを実施している。以下では、二〇〇五年三月に実施された葺き替え体験プログラムの参与観察から得られた情報を紹介する。

Ⅶ　葺き替え体験と職人

この葺き替え体験プログラムは実施二回目で、主催していたのは神戸出身で大学卒業後に美山町で茅葺き職人の修業をし、独立したＰＰであった。運営スタッフとしてはＰＰの他に、神戸市内で茅確保のボランティア活動等に関わってきたプランナーのＱＱらがいた。ＱＱは、神戸の芸術系大学在学時に神戸市内の茅葺き家屋の調査を体験した人物である。さらに、指導にあたる職人として、茅葺き体験をきっかけに職人を志願して美山へやって来たＲＲや、ＰＰの友人で町外の茅葺き職人二人が参加していた。体験参加者は筆者を入れて一五人で、ＱＱの後輩にあたる学生らに加え、メーリングリスト等で情報を得た建築関係者等が五人ほどいた。

体験プログラムを主催したＰＰが茅葺き職人を目指したきっかけは、大学在学時にエコロジーや持続可能な発展について学んだ際、「茅葺きはすたれるだけ。それを新たな視点でアレンジすれば一攫千金なのでは」と考えたからである。「屋根も葺ける建築家」を目指して職人の修業を始めたが、茅葺き職人として抜けられなくなり現在に至っていると語る。ＰＰの夢は「今の日本の社会にフィットする茅葺きの実現」であり、一緒にプログラムを運営しているＱＱも、「次の茅葺き、新しい茅葺きを考えたい」「〔神戸の〕ニュータウンの中にモダンな茅葺きを建てたい」と参加者に向かって夢を語っていた。

茅葺きへの熱意とは裏腹に、PPは美山町在住一一年目でありながら「美山町に四〇日ほどしかいなかった年もある」ためか、美山についての知識が乏しく、参加者に対して誤解を生む発言を繰り返していた。たとえば、北集落は「税金で補助しているので国のものでもある」といったり、町や林業従事者が林業不振を打開するために間伐材を活用してつくった新しい形の町営住宅を指して「町営住宅なんて、すでに余ってるのにまたつくって無駄」と説明したりしていた。さらに、「美山にはゴキブリいない」「〔北集落の手前の〕カーブはいつも凍っている。夏でも年中凍っている」等と事実と異なる説明を参加者に対しておこなっていた。

PPの傾向は他の職人にも言えることで、弟子入りを志願して美山へ移り住んだRRも美山に関しては知識がまったくないといえる状態だった。RRは北集落の隣の中集落に間借りしていたが、住民ならだれでも知っている同集落内の施設ですら認知していなかった。また、町外から指導に来ていた別の茅葺き職人は、体験参加者や関係者らによる懇親会のあと、自分は「裸族」だと公言し、全裸になって徘徊し、北集落の住民に「田舎は奥ゆかしいからそんな人前で脱いだりしない。南国じゃないんだから」と叱られていた。このように、町外から修業にやってきて技術を習得し、北集落の地域活性化に不可欠な茅葺きを保全する職人であっても、必ずしも美山町や北集落についての理解が深いわけでもなければ、地域に配慮しているわけでもない。そのためか、OOは美山町出身の年配の職人から、「茅葺きかて、一生懸命やってるけど、外のもんに教えたかていんだら〔いなくなったら〕しまいや」と言われており、OOは、「外のもん入れんことによって村が守られたってこともあるやろけど、おれらが新しいもん入れようういうたって、なかなか〔わかってもらわれへんの〕やな」と、こぼしていた。

さて、体験プログラムそのものは二泊三日でおこなわれ、初日は美山町への移動と茅葺き家屋の見学、作業の説明であった。二日目終日と三日目午前中が茅葺き体験となり、三日目の昼で体験終了である。体験現場となったのは二〇〇四年度に葺き替えの補助金を取得し、OOの会社が実作業を請け負った家屋であった。家主は京都

図5-2　茅葺き体験の様子　（著者撮影）

市内に住んでおり、借りて住んでいる住民も美山町から転出することが決まっていたため、○○は「今回は補助金で持ち主タダでできるけど、葺きなおしたらまた三〇年後には葺きなおしせなあかん。そん時どうなんのかすごく不安。あとがない」とこぼしていた。なお、○○は、重伝建地区選定についても、「よかったのは集落が一つにまとまれた、団結できたこと。悪かったのは補助金がでるから、『もらえるもんはもうとけ』ってなること。いらんお金もきっとあると思うけど、やっぱりもらえるもんはもうとけってなる」とコメントしている。

さて、体験プログラムは、まず、葺き替える前に屋根を覆っていた茅のなかから再度使えそうなものを選別するところから始まる。リサイクルできる茅を選別したら、適当な量の茅を紐でくくって束をつくる。この作業は体験参加者一五人が手伝っても午前中だけでは終わらず、午後の前半部分も継続しておこなわれた。午後の後半、束をつくるのが一段落したら、屋根の軒先部分から茅の下にひくヨシやワラを張るのを手伝っていく。全員で職人を手伝いながら、少しずつ少しずつ屋根を材で覆っていく作業をして、体験プログラム二日目は終了となる。最終日も基本的には前日の最後の作業を継続して、午前中までで体験は終了した。ＯＯは、今回の葺き替えは補助金の関係で原則的には当該年度内（体験プログラムから約一ヵ月以内）に終了しなければいけないが、天候や家屋の規模を考えると無理だという。今回の家屋は屋根の六分の一のみの葺き替えだということだったが、上記のとおり体験参加者一五人を加えても屋根を葺く茅の準備に半日以上かかっており、茅葺きを保全するたいへんさが垣間見られる。

さて、この体験プログラムに参加したのは芸術系の学生や建築関係者が中心だったが、彼らの参加理由を紹介しておきたい。参加理由は、建築としての古民家や茅葺き屋根に興味があったから、というものがほとんどだった。たとえば、古民家や自然素材の建物造りを体験したくて参加したという者や、伝統建築と教育に興味があり、さらには職人が好きだという者、茅葺きはすばらしいと思っていろいろな場所へ見学にいっているという者、ヨーロッパでエコツーリズムとアグリツーリズムを体験して日本の田舎暮らしを見に来た者、茅葺きは日本の伝統なので絶対に見ておくべきだと思って参加した者、等である。上記で紹介した、「新しい茅葺き」を目指すＰＰやＱＱの考えに惹かれて参加している者もいた。その他、友人に誘われたから、暇だったからという回答もあったが、参加理由に北集落あるいは美山町内の地名は一切出てこなかった。この点は北集落への観光客と大きく異なっている。

以上、茅葺き職人と茅葺き体験プログラムについてみてきた。体験プログラムは北集落の存続に不可欠な茅葺き職人によるものであったが、主催している町外出身の職人は茅を葺くという技術、建物としての茅葺き家屋に対しては思い入れが強くても、美山町や北集落に対してはあまり理解が深くなかった。また、体験する側は茅葺きという伝統的な建築技術に興味があって参加している者が多く、そういう参加者にとっては北集落や美山町は体験現場でしかないだろう。しかし、体験現場を提供したＯＯは、地元出身で北集落や地域の将来を考えつつ茅葺き職人として仕事をしており、ＯＯの考えこそが北集落を守っていくために茅葺きを活用している地元の人びとの思いである。屋根の茅葺きは北集落の村おこしに欠かせない要素であり、その保全を体験するプログラムであったが、実際の体験現場で参与観察をおこなってみると、地域住民と町外出身の職人の意識のずれ、さらには体験プログラム参加者が建物のみに注目して参加していたことが判明した。

Ⅷ　まとめ

以上、北集落の取り組みを見てきた。北集落はもともと美山町のなかでは経済基盤が強い方ではなく、過疎化が進むなかで残存しつづけた茅葺き家屋を活用して地域活性化にとりくんできた。この地域活性化の鍵となったのは文化庁による重伝建地区の選定であり、選定後は観光客が押し寄せてくるようになった。しかし、北集落では来訪者が急増しても個々人が目先の利益を追い求めないように取り決めをし、利害すべてを集落全体で受け止めながら地域活性化を実施してきた。そのため、今後について話し合う場が度々もたれており、そこでは集落全体で自分たちの生活を最優先しながらうまく観光客を受け入れていく方策が議論されている。

このような北集落において、今後の観光運営に大きな影響を与えると思われるのが、二〇〇三年に初めて実施された修学旅行生の民家宿泊受け入れである。この取り組みでは、多くの民家に修学旅行生を泊めて、農村体験を提供する試みがなされた。このような修学旅行の受け入れは関西圏では美山町が初めてであり、全国でも実施しているところは数少ない。初回は住民が仕事を休んでまで受け入れ体制を整えたこともあって成功し、住民側からは良い評価が得られた。しかし、今後について運営に携わった関係者の意見を聞くと、さらに発展させていきたい北集落側の担当者と、業者にまかせてしまいたい行政関係者、利益を出すために他の宿泊形態を模索している旅行業者、と各主体によって思惑が異なっている。複数の主体が異なる将来展望を有しているが、今後集落の中で生き続けていくのは住民であり、民家宿泊が彼らにとってよい形で継続できる方策を見出すことが重要である。

なお、上記のさまざまな取り組みの土台となっているのは茅葺き家屋であり、その保全には茅葺き職人が不可欠である。後継者育成が早急の課題であることから、北集落内でも美山町内でも町内外から希望者を募って若手育成に励んでいる。現在、その取り組みによって育った職人が数人いるが、町外出身者の職人には地域に目を向けず、建築物としての茅葺きとその技術にのみ関心をもつ者がいるのが現実である。そして、このような町外出身の職人こそが自身の思い入れをもとに茅葺き体験プログラムを開始し、そのプログラムに建築物としての茅葺きに興味のある外部者はもちろん、地域の保全を考える北集落出身の職人もまきこまれている。このニューカマーの意識のずれの背景には、茅葺き家屋を単なる建築物とみているのか、あるいは住民の生活の場であり地域を構成する一つの要素とみているのか、という茅葺き家屋の捉え方の差異があり、建築物としての茅葺き家屋が称賛される際の形容は、「環境にやさしい」「持続可能だ」からである。他方、茅葺き家屋の捉え方如何に関わらず、表面的には茅葺きの保全という共通の目的を有し、茅葺き体験による啓蒙という同じ活動を実施していける事実がある。

地域住民は開発から遅れた自分たちの茅葺き家屋を逆手に取り、それを強調して集落の過疎化・高齢化に歯止めをかけようと観光に取り組んでいる。その際、茅葺き家屋はもちろん、家屋を取り巻く山や川といったさまざまな要素を包括した集落全体が、文化財としての価値を得て、重要な観光資源になっている。さらに、重伝建地区という価値を得て観光資源化された北集落で観光実践していくにあたり、北集落の住民たちは、既存のコミュニティの運営方法ではない、新たな運営方法を編み出す必要性に直面し、試行錯誤を続けながら観光客の受け入れをおこなっている。

他方、北集落の観光にとって欠かせない茅葺き家屋の保全に関して、保全に直接関わる職人には、地域や生活を考えて職人という道を選んだ地元出身の若者がいる一方、都会で「環境保護」について学び、環境にやさしいという切り口で茅葺き職人になり、北集落という地域ではなくモノとしての家屋にのみに目を向ける町外出身の職人がいる。これらの町外出身の職人にとって重要なのは茅葺き家屋であり、北集落ではない。そして、北集落の茅葺き保全の事例からは、集落や地域と茅葺きを切り離し、茅葺きのみの価値を強調するのに「環境にやさしい」建築、自然素材の建物というように環境保護（意識）に関連する表現が使用されている。観光を提供する地域においては、「環境にやさしい」という言葉は、自分たちが共存していこうとする集落環境の付加価値であるが、茅葺き家屋を称賛する外部者にとっては、この「環境にやさしい」が茅葺きに魅力を感じて地域に入り込むきっかけであり、かつ彼らが興味のある建築物だけを地域から切り離すキーワードになるため、茅葺き集落において最も重要な地域という主体を消去してしまう危険性をはらんでいる。

第6章　美山町住民による観光の取り組み

本章では、美山町の観光振興の主役ともいえる、観光関連施設における人びとの活動についてみていきたい。観光施設は観光実践の中心的な場であり、かつ資源を活用する中心的な主体の一つでもある。具体的には、美山町全体が観光振興に取り組む前から集落存続のためにスキーによる観光振興に取り組んできた佐々里集落の民宿、美山町で最も古い料理旅館・沈川楼、そして美山町の観光振興の中心的役割を果たしてきた美山町立自然文化村[1]の事例を詳しくみていく。

［1］第3章で触れたとおり、現在は広域合併によって美山町が南丹市に統合されたことを受け、財団法人化されており、名称も美山町自然文化村河鹿荘と変わっている。本研究は広域合併前に調査を実施したことから、必要がない限り美山町立自然文化村として扱っていく。また、美山町内では正式名称「美山町立自然文化村河鹿荘」に合わせて「河鹿」「河鹿荘」と呼ばれることが多いが、自然文化村で統一する。

まず、美山町行政による観光振興以前にスキー場ならびに民宿運営を試みた佐々里集落の事例を検討する。佐々里集落では、林業で潤った時に各家の子どもを都会へ出したため、林業が低迷してからは経済的な問題だけでなく過疎化・高齢化に直面した。集落の人びとは、生活を守るために簡易スキー場を開設し、スキー客を民家宿泊に近い形で受け入れて冬季の収入確保を試みた。しかし、行政から本格的な宿泊施設運営にかかる諸整備を求められると、多くの住民は民宿から手を引き、さらにスキー場関連施設が火事で焼失するとスキー場も廃業した。この一連の行動から、佐々里集落の住民にとっての観光実践の試行は、集落で生活を続けるための打開策であったが、それ以上でもそれ以下でもなかったと察せられる。中長期的な投資や火事による損失補てんが必要になると、観光そのものから手を引いたことから明らかである。

第二の事例として、美山町最古の料理旅館である美山町中集落の沈川楼について検討する。沈川楼がある中集落は、美山町知井地区のなかでは交通の要所に位置し、商業の拠点となっていた。そのため、かつての沈川楼の主な利用客は中集落を訪れる人びとや地元の宴会参加者等であった。美山町が観光で有名になると来訪者の受け入れが多くなり、客層は地元中心から観光客中心へとシフトした。しかし、現在の沈川楼の経営において最も重要視されているのは美山町という地域であり、繁忙期には美山町立自然文化村等の同業他社との協力を惜しまない。たとえば、同旅館が満室の際は来訪者が町内いずれかの施設に宿泊できるよう斡旋したり、自然文化村のスタッフから調理方法等を教えてほしいと依頼されれば快く受け入れたりしていた。沈川楼の経営者は、観光客や利用者は適正な数でとどまるのが理想的だといい、この旅館は地元とともに継続・発展してこそ意味があると考えていた。

第三の事例は、美山町が観光振興を推進するための拠点として一九八九年に設立した観光複合施設・美山町立自然文化村の観光実践である。美山町立自然文化村はレストラン部門や宿泊部門を中心に運営を続けており、従業者の過半数は地域住民の雇用である。言い換えれば、自然文化村は美山町内の若者ならびに婚姻による移住者らに職を提供することに成功している。しかし、実際の勤務状況をみてみると、複数の都市生活経験者を中心に自然文化村の仕事を賃金労働だと捉えて給与にみあう仕事をこなす従業者がいる一方で、真面目に働くより職場を共有する同僚との人間関係を構築し円満に継続することを優先する従業員が複数いる。また、正職員への登用を進められても非正規雇用を選択する若者が複数いた。観光施設の自然文化村において働くことは、一般的な企業で働くこととは別の意味があるのだ。

この章で紹介するいずれの事例でも、美山町で観光にかかわる人びとには、非経済的な目的や思惑があることがわかる。以下では、これらの観光施設でどのようなことが起きているのか、記していく。

I　集落の生き残りとスキー場での民宿……佐々里集落

冬になると美山町では多くの積雪がみられる。知井地区を奥にいけばいくほど雪深くなり、芦生や佐々里の辺りでは毎年一メートル以上の積雪が観測されている。そのため、日本にスキーが紹介されてから間もない一九一〇年代頃から、町内では小学校教育の冬場の運動として学校の裏山などを活用したスキーが推奨された。一九三〇年代前半には、京都市内のスキー愛好者の援助もあって鶴ヶ岡地区に休憩小屋を有する滑走場所がつくられ、周辺地域も巻き込んだスキー大会などが実施された。戦後になると、地域振興を目的として一九六四年に知井地区知見に八ヶ峰スキー場が整備され、一九七六年には同地区佐々里に佐々里スキー場が建設されている。これらのスキー場は、滑走場所や休憩所を整備した程度の簡素なスキー場としてオープンした。以下ではこれらのうち、佐々里集落のスキー場と住民の動きについて紹介したい。

佐々里集落でスキー場を開設する前、佐々里の住民は主に林業によって生計を立てていた。林業不況が深刻になるまでは生活も安定していたようで、以下で紹介する民宿ハリマ家を経営するSSによると、林業好況期には

「〔山を〕売ったら、あくる日金になった。話したらすぐ金になる。二割手付け〔が入る〕。一〇〇〇万の山なら二〇〇万。財布に金入ってるのと一緒」という状況だった。林業によって潤沢な収入がある時期、集落内では子どもに教育を受けさせることが重視されており、「昔は集落で山売っては、金分けて子どもを教育してた」「街に出して、教育、就職させて楽に暮らしたらええわい、と思って出した」とSSが述懐するとおり、一九四〇年代から一九五〇年代生まれの子どもはこぞって町外へ送られている。この、集落を離れた子どもたちは、そのまま町外の都市部に居を構えてしまい、「跡取り帰って来い言うてもあかん」「年いってから、子どもは帰ってこん、街では一緒に住めん、って弱ったことになってる」のが現状である。その後、一九六〇年代生まれの世代で集落に残った若干名[2]が結婚・出産するまで、集落では一八年間新生児が誕生しない状況が続いた。

上記のような佐々里集落内で、佐々里スキー場がオープンしたのは一九七六年二月である。町内の広報誌では「佐々里地区に残った若者の力が、区民あげてのスキー場建設に結びついた。施設はまだまだ充分とはいえないが、区民の連帯性が自分達の区は自らの手で栄えさせるという意気込みが、立派なスキー場につくりかえていくだろう」と紹介されている（美山町誌編さん委員会 2005: 398）。開設当時、佐々里スキー場にはゲレンデと休憩場所程度しかなかったが、開設後、休憩場所に食堂が併設され、滑走場所にリフトが建設されて、スキー場として整備されていった。スキー場の運営は、開設から三年間は佐々里集落によって直接おこなわれていたが、その後、佐々里住民を職員とする法人が立ち上げられて法人運営に変わっている。なお、このスキー場は一九九一年に火災によって運営資材をすべて焼失してしまい、一九九三年に閉業した。

ハリマ家経営者・SSによると、スキー場開設時、佐々里集落の住民はなんとか山仕事で生計を立てていたのだが、スキー場が開設されるとスキー客向けの宿泊施設が必要だと考え、SSを含めて一二世帯が冬季のみの民宿を始めた。この一二の民宿は個人宅に来訪者を泊めるという民家宿泊に近い形であり、住民の意思は「スキーに来る人、好意で泊めたろって気持でやってる」というものだった。冬季に民宿ができるようになると、佐々里では夏は山、冬は民宿、というふうに、林業と宿泊業の掛け持ちでなんとか「食べられるようになった」。だが、民宿の運営形態に対し、スキー場開設三年後に保健所から民宿を経営するのなら宿泊施設としてきちんと整備するようにと指導が入った。佐々里集落では設備投資をして施設を整えてまで民宿を経営する意思のある住民はほとんどなく、残ったのはハリマ家ともう一軒のみだった。その一軒も閉業してしまい、現在残っているのはハリマ家のみである。ちなみに、ハリマ家は民宿としてきちんと許可をとり、通年で営業している。なお、民宿を辞めた住民のほとんどは、なんとか山仕事で食いつなぎ、高齢になるとともに引退した人がほとんどである。

さて、ハリマ家の宿泊客数について、突出して多かったバブル期を除けば、スキー場の閉業と関係なく増えもせず減りもせずという状況が続いている。ハリマ家を気に入って毎年訪ねてくる常連客もおり、また、かつてよく利用していた客の子どもが常連となりつつある例もある。SSは、「民宿止めん程度で続いている」といい、ハリマ家の隣で「スペースウッド」という喫茶・手作り洋菓子販売店を経営している息子夫婦に後を継ぐ意志があるようなので続けているが、継がないのならやめようと考えていた。宿泊客の来訪目的は、山歩き、釣り、採集、静かな雰囲気を求めて、と多様であり、ハリマ家に泊まって渓流釣りをしたり、日の出前から写真撮影に出かけていったり、周辺を散策したりと、個人個人で楽しんでいる。なお、山歩きに関して、ハリマ家の宿泊客がハイキングツアーを希望した場合、SSが希望によっては佐々里集落周辺の山を案内するが、入林許可が必要な芦生研究林の散策希望があった場合や参加者が数名以上だった場合は芦生集落の芦生山の家へツアー運営を委託している。

以上、ハリマ家を中心に佐々里集落のスキーによる観光振興をみてきた。林業不況が厳しくなるなかで、佐々里では特に冬季の生活を支えるための事業としてスキーに目をつけ、民家宿泊という形で客を受け入れて、集落

［2］佐々里集落に残った若い世代には、SSの息子も含まれている。

の住民が生活していけるだけの収入を得られるようになった。しかし、保健所から「宿泊施設として認められない」と通達があるとほどんどの住民が民家宿泊を断念し、その後、火災という事故によってスキー場の閉鎖に至った。佐々里集落の住民がスキー関連の取り組みをしてきた目的は、自然のなかで楽しむスキーを都市生活者に提供することでも本格的に観光事業をおこなうことでもなく、僻地といえる美山町のなかでもさらに周辺部に位置する集落で、自分たちの生活をなんとか立ちゆかせるため、ただそれだけだったのではないだろうか。そこには、美山町には典型的な里山があるとか、里山が環境にやさしいとか、環境にやさしい観光が観光客に社会的な付加価値を与えるとかいった、抽象的でイデオロギー的な理念や目的は何もない。あるのは、目の前にある生活であり、やはり目の前にある山とそれをとりまく集落、いうなれば観光資源である。

では、美山町で観光事業に長年取り組んできた住民の場合はどうだったのだろうか。以下では美山町最古の料理旅館の事例を検討したい。

Ⅱ　美山町初の宿泊施設……沈川楼

美山町中集落にある沈川楼は町内で最初の宿泊施設であり、創業は一九〇三（明治三六）年、現在は料理旅館として創業者の孫にあたる三代目のＴＴが妻である女将、娘である若女将とともに運営している。沈川楼のある中集落は由良川の支流が本流に合流する地点に位置し、道路整備が進むまでは水路を利用した交通・物流の要所となっていた。支流から流れてくる積荷は中集落で一旦集荷されてから本流由良川へと流されていたため、中集落は昔から知井地区の商業地点となっていた。沈川楼の創業者は農業に従事する傍ら、仕事で中集落へやってくる人びとに好意でお茶等をふるまっていたが、「これは商売になる」と考えて飲み屋を始めたのが沈川楼の始まりである。

宿泊業を始めたのは創業者の息子である二代目の時からである。この二代目は後を継ぐまで地元で教職についており、教員を辞して後を継いだあとは町会議員として活躍したため、実質は創業者の妻、すなわち二代目の母が昼はタバコ屋、夜は宿として切り盛りした。創業者の妻が死去した後は二代目の後妻がなんとか守りぬいて、創業者の孫である三代目に引き継いだ。現在は、三代目が調理場を、関西圏から嫁いできた彼の妻が女将として接客を、それぞれ仕切っている。なお、三代目夫婦には三人子どもがいるが、長女が京都府下の老舗旅館で女将修業を終え、後を継ぐべく若女将として沈川楼で働いている。

沈川楼の経営は、美山町への観光客が急増するまで、地元客相手を中心におこなわれていた。仕事で宿泊する人の他、町内での土木事業の入札などをはじめとして、学校、役場、農協等でおこなわれた行事・祭事の後には、関係者が沈川楼で一席を設けるのが慣例となっていた。そのため、かつては地元住民が利用客の過半数を占めていたが、役場等で交際費の使用が厳しくなり、飲酒運転の取締りが強化されると、沈川楼での宴会は徐々に減少していった。その一方で、一九六〇年代後半頃から釣りを目的とした宿泊客が増え始め、町が観光振興を促進した一九八九年以降は急速に観光客の利用が増加し、現在では地元住民の利用は全体の一割程度となっている。[3]

町の観光振興施策は、第3章で記したとおり、一九八九年沈川楼と同じ中集落に観光拠点となる複合施設・美山町立自然文化村を設立するところから始まっている。この施設は、由良川を挟んで沈川楼のまさに対岸に設立されることとなった。町内で旅館等を営む同業者は「商売敵や」と、こぞって反対姿勢を示したため、町行政は反対する旅館業者らに何とか了解をもらおうと会合を設定した。その際、沈川楼三代目のTTは、「河鹿（自然文化村）ができて人が来るようになったら、自分たちにもいいのでは」と考え、一人だけ「やむをえん」「建て

［3］その他の変化として、町内で観光が促進されるまでは男性客が中心だったのが、観光客増加とともに女性客が増え、現在ではほぼ同数になったこともあげられる。

てもえ」と承諾の意を示した。「みんなからは大反発」を受けたとTTは当時を回顧するが、自身の旅館の目と鼻の先に設立される町の観光複合施設の建設をTTが認めたことは、自然文化村設立実現に大きく寄与することとなった。沈川楼の女将は、「〔当時の担当者は〕今でもそのことを〔いい意味で〕いわはる」と、当時の行政担当者がことある毎に沈川楼へ感謝の意を表わすと語っていた。

自然文化村設立後も沈川楼と同施設の関係は良好で、TTは「軋轢あまりない」という。それどころか、自然文化村が開村した当時は、まだ手馴れない厨房スタッフが鮎の塩焼きや炊飯の方法を沈川楼に聞きにきたりし、TTも好意で調理法を教示した。また、自然文化村の経営が軌道に乗り出してからは、自然文化村の予約がいっぱいになると同施設で断った客に沈川楼を紹介したり、反対に沈川楼がいっぱいの場合は自然文化村を紹介したりと、持ちつ持たれつの関係が続いている。従業員側には、母は沈川楼、娘は自然文化村でパートとして働いているケースがあった。ちなみに、沈川楼の方が料理の素材や部屋のしつらえ等を厳選しており、自然文化村より格も料金も高いので、自然文化村から紹介を受けた宿泊客については料理の質を下げて宿泊料金を抑え、客が予算内で宿泊できるよう配慮がなされている。[4]

なお、沈川楼の経営方針について、TTは、「沈川は地元の素材を食べていただくのがメイン。鮎や松茸や。地元の食材を質よく提供」するのが基本だという。そのため、鮎料理を出す時期（夏）は、当日の料理用と保管用として二つの生簀を用意し、必ず生きたまま捌くようにしている。そのため、TTは一切休みを取らず、厳選した鮎の仕入れと管理をおこなっている。また、松茸料理を出す時期（秋）は、周辺集落の個人保有の山と契約し、最も質のよい松茸を仕入れて提供するようにしている。その他、美山町を堪能してもらうため、ホタルが見られる時期は宿泊客を町内のホタル観賞スポットへ車で案内したり、有料で京都市内まで送迎した場合は、客の希望にあわせて道中にある観光スポットを案内したりしている。

その他、一九九八年には、郵便局の移転で空いた土地を購入し、バス・トイレ付きの部屋や大風呂・露天風呂、空調設備等を完備した新館を増築した。この新館増築は以前から計画されていたものではなかったが、結果として八〇人の団体を集客できるようになり、経営は上向きになった。また、集落内で温泉掘削を試みている住民に「出たらもらえないか」と打診し、温泉の提供を計画したが、この住民の掘り当てた温泉は湯量が少なく旅館運営には活用できないことがわかったため、TTと女将は温泉に代わる湯質を試行錯誤して探し、竹酢液を入れて香りと美容に効果のある湯を提供していた。

このように、沈川楼では旅館を経営しつづけていくためにさまざまな努力がなされている。これは町内の同業者にもいえることであろう。旅館業者らが属している町内の料飲組合[5]では、町内でイベント等を受け入れるときは組合員である各旅館に宿泊客を振り分けたり、仕出しの依頼があった場合は各組合員に振り分けて提供したり、組合内で協力している。ただ、町外から美山町に移住し、観光客相手に商店や民宿などを経営している人たちには、組合への参加を打診しても断る人が複数いて、考えはさまざまである。移住者には趣味でやっているような人もいるため、TTは、冬場はどこも集客が少なく頭を抱えているが、「うちみたいに儲け考えんとやっててうらやましい」とこぼしている。

TTは地元で続いてきた料理旅館の三代目として「商売してる以上、お客さん途切れんと、観光地として続いてくれればいい。沈川だけ繁盛、ではなく、知井として美山として発展した上で、自分のところにも客が来るとよい」と考えている。そして、「人がもっともっと、となるとまだ美山町は対応できないと思うし、印象悪くなっても。難しい。今ぐらいの人数であったら経営上はいい」という判断をしている。ただ、観光発展によって客

[4] 調査当時のデータとして、自然文化村では一泊二食付七〇〇〇円からで、寝具等はセルフサービスで準備するようになっていたが、沈川楼は基本的に一泊二食付一万三〇〇〇円で、鮎や松茸といった特別料理の場合は一万五〇〇〇円、旧館利用の場合は二〇〇〇円引きとなっていた。

[5] 美山町では、美山町商工会の下部組織として料飲組合があり、宿泊施設はこの料飲組合に任意で入ることになっていた。

層が変わってきており、現在は旅行業者からの団体客やホームページ等で申し込んでくる個人客が増えている。そのため、長年沈川楼を使い続けている客層に旬の食材の仕入れ状況等をハガキなどで案内する場合、その時点ですでに週末は団体客の予約が入っていることが多く、「リピーター断らなあかんって、それもどうなんかな……」と難しい状況である。

以上、沈川楼の事例をみてきた。元来、沈川楼は美山町の商業の要所であった中集落において、商売でやってくる人を対象に開業した料理旅館であり、美山町への観光客が急増するまでは、地域住民の宴会や宿泊利用が主だった。だが、自然文化村が同集落内に設立されて美山町への観光客が増えると、沈川楼も観光旅館としての特徴を色濃くしていく。三代目の経営者は、今後ますます利用客が増加して欲しいとも、沈川楼のみが発展したいとも考えておらず、地域全体が観光によって潤い、そのなかで沈川楼も生き延びていければと願っている。また、利用客・観光客は美山町にとって適正な数であるべきだと考えており、地域にとって最適な観光利用が大切だと認識している。沈川楼は地域とともに百年ほど続いてきた老舗料理旅館であり、客層の中心は地元住民から外部者へと移っているが、経営方針は今なお地域中心であり、経営者は地元とともに継続・発展してこそ意味がある、と考えているのである。

では、美山町の観光振興拠点として設立された自然文化村の運営理念や実情はどのようなものであろうか。

Ⅲ　美山町立自然文化村

1　設立までの概要

美山町立自然文化村河鹿荘は、一九八九年に都市農村交流の拠点として、美山町が「ふるさと創生事業」の交付金を活用して美山町知井地区中集落に設立・開村した。この施設のある知井地区は、かつては林業によって裕福だった地区であり、地区内の結束が固く、まちおこしにおいてはさまざまな案を立ち上げて町役場に積極的に働きかけている地区である。中集落は、先にも触れたとおり、本流となる由良川に河内谷川・知見谷川という二つの支流が合流するかつての交通の要所で、料理旅館や民宿、郵便局、小学校、駐在所等の諸施設が集まる知井地区の商業地であり中心地である。自然文化村はこの集落の中心地から由良川を隔てた対岸に位置し、開村前から設立されていたりんご園をはじめ、中核を担う飲食・宿泊施設、体験館、野外施設、キャンプ場、バラ園等を併設する観光複合施設となっている。

町行政によって自然文化村の設立が進められると、町民、特に町内で料理旅館等の宿泊業を営む住民からは猛反対の声があがった。宿泊施設を営む町民らは美山町商工会の下部組織である料飲組合に属しており、商工会のUUは、当時、「料飲店の意見を商工会が仲介して町にぶつけ」たと回顧する。料飲組合の反対理由は、自然文化村ができれば商売敵となり、かつ税金で補助金を受けて運営し、赤字でも税金で設備投資や増築・改築可能となるのが明白だから、というものだった。町職員として自然文化村設立を推進していた同施設初代館長のAA[6]は、なんとか料飲組合の了承をとりつけようと組合員との会合をもちたいと申し出た。会合では反対意見が相次いで出たが、上述したとおり、沈川楼の経営者が「仕方がない」と了承したこともあって、設立が進められることになった。

自然文化村を設立するために提供された土地はもともと農林地で、由良川から山に向かって田と竹林が広がっていた場所であった。これらの土地を所有していたのは中集落に多数在住しているN姓の同族集団、N株[7]である。中集落の住民で自然文化村のパート職員であるVVは、「この辺の土地はN株のもんやって、河鹿（＝自然文化

[6] フィールド調査当時は町助役であった。
[7] 第三章でも記したが、美山町では同族集団を示すのに、～株ということが多い。たとえば、堂下株といった形である。

図6－1　美山町立自然文化村河鹿荘（宿泊棟周辺）　（著者撮影）

村〕にすんのに買い取ってん。それまではほんま何もなかった。儲けはったんはWWのとこ。その他にもN姓の人がいろいろ〔土地を〕もってはった。XXのとことか、いうたら地主やな」とコメントしている。ちなみに、中集落では商業を営んでいる世帯が少なくないが、土地を提供したこともあって、XXの家族が自然文化村に商品を卸したり、WWが自然文化村でパートの職を得たりしている。なお、自然文化村が設立された後は、農林地へと続く林道を自然文化村への車道として整備したり、中集落の主要道路を自然文化村により近い由良川沿いへと変更したり、中集落の有様も変化している。

2　自然文化村の運営

自然文化村設立当初、上述のAAを館長として、当時の役場職員であり現館長のYY、知井地区内の集落の五〇代前後の女性ら計九人で運営が始められた。現館長のYYによると、当初は顧客対応の方法すらよくわかっておらず試行錯誤が続いた。たとえば、まったく知らない利用客に「ここ狭いし椅子動かして」と地元の知り合いに頼むように話しかけたりしたという。このような応対を改善するため、自然文化村では運営の指導者として外部の人間に「支配人」の肩書きで入ってもらい、地元出身の「館長」と町外出身の「支配人」という異なる二人の統率者を中心に運営していくことにした。開業から一年二年と経過し、三〇代前後の地元の女性等をはじめとして人材が補充されていくと、地元の職員が少しずつ協力して自分たちだけで「支配人」の仕事、つまり運営指導やスタッフ教育ができるようになっていく。そうすると、「館長」と「支配人」を置く体制の必要性も薄れていき、二〇〇四年に支配人であったＨＨが退職した後、支配人の役職は廃止された。現館長のＹＹは、外部の専門家を招聘して支配人を置くという体制について「乗り越えなあかん壁やったしな」とコメントしている。

近年の自然文化村の経営状況について、二〇〇三年度に実施された「京都グリーン・ツーリズム大学」での自然文化村館長の発表によると、開村された一九八九年の利用客は約二万八〇〇〇人、売上高は六二〇〇万円強であった。それが翌年には利用客・売上高とも倍近くに増加し、利用客約五万人、売上高一億一〇〇〇万円前後となり、その後順調に伸びを見せ、二〇〇二年には年間利用客約一二万人、売上高二億七八〇〇万円となった。なお、二〇〇二年のデータによると、利用客のうち宿泊客は約九〇〇〇人、同売上高は三三〇〇万円強であり、宿泊をともなう利用は一割前後であることが判明している。施設ごとではレストラン部門の売上高が一億一七〇〇円前後と最も多かった。

経営に関して、経費の多くを占めているのは人件費であり、二〇〇三年時点で自然文化村に勤務する従業員数は職員約一〇人、パート約四〇人であった。これら約五〇人のスタッフによって、自然文化村全体を統括するフロント部門、事業の中核を担うレストラン部門、その他リネン等を含めた施設管理や各種体験、バラ園やりんご園の運営等がおこなわれていた。正職員が多いのはフロント部門とレストランの厨房で、残りはパート、アルバイトが主である。雇用者は美山町出身者が過半数を占め、婚姻や「Ｉターン」によって移り住んだ者を含めば九〇％が地域住民で占められていた。年齢層をみてみると、職員・パートともに二〇代から四〇代が多く、高校生のバイトを含めると約七〇％が一〇代から四〇代までとなる。また、これらの従業員以外にも自然文化村が実施している芦生ハイキングのガイドやマイクロバス運転手等がいる。

以下では自然文化村の運営状況について、事業の中核を担うレストラン部門での参与観察を中心に検討していきたい。

3 自然文化村の実際

レストラン部門では、宿泊客への朝食・夕食を提供する他、一般客への昼食・喫茶・夕食および各種宴会での飲食を賄っている。主なメニューは地元の鶏肉や卵を利用した丼などの一品料理、鹿肉の刺し身等の地元素材を生かした定食、地元の食材と日本海からの新鮮な魚を利用した懐石コース等であった。料金は、調査時データで、宿泊の場合は一泊二食付七〇〇〇円（夕食は懐石コース、洋食コース、とりすきから選択）、一般向けメニューは一品料理一〇〇〇円程度、定食一五〇〇円前後、懐石コース三五〇〇円からとなっていた。

レストランが稼働しているのは朝食の始まる七時から夕食・宴会の終わる二十二時までであるが、夜の業務は地元客の宴会等が二十二時で終わらないため、深夜近くまで続くことが少なくない。また、業務の一部には仕込みや後片付けがあるため、繁忙期にレストランが完全に業務を停止しているのは、夜中の数時間のみとなる。従業員はシフト制で勤務しているが、稼働時間の長さを反映してか、美山町内では自然文化村で働くのは過酷だといわれている。

レストラン部門を担うスタッフについて、調査当時は料理長をふくむ四人の正社員厨房スタッフと若干名の調理補助パート・アルバイトスタッフが調理を担当し、給仕等の接客サービスを一人の正社員と一〇人強のパート・アルバイトがシフト制で担当していた。正社員の厨房スタッフは全員男性で半数が町外からの単身赴任であり、接客サービススタッフはほとんどが女性で、三分の一ほどが町内出身者、残りは主に婚姻による移住者であった。

料理を担当するのは和食の料理人として修業を積んだ板前であった。専門の職人を雇用している理由は、地元の手料理は見た目があまり良くないこと、旬の素材は採れる季節が限られてしまうこと、利用客が料理で悪印象をもっと再来訪する可能性がきわめて低くなること等を考慮したためである。ちなみに、京都府下の他の観光複合施設でも専門の料理人を雇用しており、その理由の一つは衛生管理を確実にすることである（京都グリーン・ツーリズム大学での観光実務者同士の意見交換より）。ただし、自然文化村の館長ＹＹの話では、利用客から地元住民の手作り料理を食べたいという要望も出ており、それぞれの客の好みを充足させるのは難しいとのことであった。

専門の料理人を配置したことに関連して、設立当初はサービススタッフをはじめ地元の人間には料理に関する専門的な知識があまりなかったため、料理人との相互理解が難しく、運営はなかなかスムーズにはいかなかった。実際、開設から料理長が数人替わっている。歴代の料理長のなかには、自身の求める基準を満たすように、地元のスタッフの業務改善を試みた料理長もいたそうだが、サービススタッフとして勤務する地元職員らは、ついていけなかった、とコメントしている。

４　料理人からの視点

調査時に飲食部門を取り仕切っていたのは、神戸の一流ホテルや滋賀のリゾートホテルの料理長を歴任したＺＺ料理長であった。ＺＺは長崎生まれで中学卒業と同時に中華の料理人の修行を始め、その後早い段階で和食の方からの誘いがあって和食へ転向し、和の料理人となった。ＺＺが修行を始めたころは朝五時から夜十二時まで働くという厳しさで、同時期に修行を始めた多数の見習いのうち一年後に残っていたのはわずか三人だった。ＺＺ自身も修行の厳しさから身体を壊したことがあったが、着実に腕を磨き、二八歳で初めて料理長を任されると、その後は順調に出世して上記のとおり料理長を歴任した。料理長になると収入は一〇〇〇万円を軽く越えるだけでなく、各種待遇もよく、たとえば滋賀のリゾートホテルでは料理長用の宿泊部屋としてジェットバス付きの部屋が用意された。

ZZが美山へ来るきっかけとなったのは、適任者がいないため半年だけ料理長をお願いしたい、と人をとおして頼まれたからである。収入も下がり待遇も悪くなるのは必至だったが、「あんまりそういうのは気にしないから」とそれらを承知の上で半年の約束で料理長を引き受けた。ZZは、そもそも料理人としての仕事すべてが好きで、自身が料理長になってからは「献立を考えて、あとちょちょって仕事するだけでよかった」「お客さんが来るから背広着て、〔その上に〕割烹着〔を〕着てたこともあった」ため、すべての業務をしなければいけないという自然文化村の職に、逆に魅力を感じたという。

しかし、実際に自然文化村がZZに提示したのは、前職の半額程度の給料であり、宿泊場所は同施設内の狭いスタッフルームであった。しかも、ZZの赴任後、他のスタッフの居住場所がなくなったため、ZZはこの狭いスタッフルームを明け渡し、中集落の集会所で寝泊りしたり、かつて学校の寮であった施設で暮らしたりしていた。ZZは、「弟子がみたら『こんなとこに住んでたんですか』って驚くよ」とコメントしつつも、我慢できない人もいるだろうが「いろんなところにいたから大丈夫」だと語っている。それどころか、横浜市内の有名ホテルから料理長としての打診を受けたにもかかわらず、自然文化村からの継続依頼を受けて契約更新し、その後も自然文化村の料理長として活躍した。ZZは美山町立自然文化村での仕事について、「田舎で仕事するのは初めてだったから、いい経験になったと思う」と答え、「他からの引き抜きもあるんだけど、三年やってきてね、形になってきたな、って思うからね」と、満足していた。そして、料理長の職は自然文化村で最後にし、老後は自分の店を開いて料理を提供しつづけていきたい、と語っていた[8]。

だが、一方で、美山町のスタッフとともに懐石料理を提供していくのにはさまざまな困難があった。以下では、ZZの弟子として、二〇〇三年から自然文化村に赴任してきたABの話を紹介したい。ABは高校卒業後、料理人を目指してZZを含めた複数の料理長の下で和の料理人として修行をしてきた人物である。阪神大震災によって失業を余儀なくされた時期があったというが、ZZに誘われて二〇〇三年から自然文化村で厨房スタッフとして働き始めた。

レストラン経営という視点で自然文化村を見たとき、民間経営の方法とまず異なるのが、町の第一セクターとしての採算を重視しない運営の実態だった。この点について、ABは、「ここは誰も儲けようって考えてへんやろ。館長かて考えてへんし、おやっさん〔＝ZZのこと〕かて考えてへん」とコメントしている。それが如実に表われていたのが仕入れ方法であり、たとえば夏場の鮎の仕入れでは、予約客数がさほど多くない時でも水槽いっぱいの鮎を仕入れていた。供給過多になると、仕入れた鮎をすべて捌きれずに結局死なせてしまうことがあり、無駄になっていると指摘した。

民間経営の店舗と異なる点は、地元出身の厨房スタッフの仕事に対する姿勢にも見られた。ABによると、彼が知る通常の料理人の修行では、五年程度は主要な業務は何もさせてもらうことができず、味付けを任されるまでに一〇年かかる。さらに、ABが修行した当時は手取り足取り教えてもらえるわけではないため、見て盗むことが常に要求されていた。そのため、見習いは皆、自分のノートを持っており、学んだことを記入して料理を習得する。だが、自然文化村の厨房スタッフは、みずから盗み見て学ぼうとしたり、ノートをつけたり、他の店の味を見に行ったりしようとしない。ABは、「今は時代も変わって教えてあげようと思うし、みんなも教えてくれるようになった。でも、〔自然文化村のスタッフは〕学ぼうとしない」「普通は料亭では序列がはっきりしていて、下のものは最後まで残るもんだけど、〔自然文化村では〕先に帰ったりする」とコメントしている。このことについては料理長のZZも、「〔地元出身の厨房スタッフは〕田舎でずっとやってきたから、時間が決まってたらその時間にしか来ないの。昼の〔予約の〕数見て、夜の〔予約の〕数みて、早くいかなきゃ、とかないの。僕は早く行ったりするけどね。僕はおやじ〔＝料理長〕だから、普通はみんなが先に来てて、僕が最後なんだけどね。

---

［8］二〇〇七年時の情報では、自然文化村に招聘した弟子に料理長を譲っている。

料理でも自分の〔担当が〕早く終わったら僕の横来ていろいろと盗めるのにね、しない」と語っている。

このように、専門の職人であるABやZZから見ると、自然文化村の厨房の在り方は、都市部の飲食施設や宿泊施設の飲食部門とは異なっている。その差異を受け入れてカバーしつつ、彼ら自身、本来ならばホテル等の和懐石の料理人として活躍できる技能をもちながら、過疎地での交流施設という新たな形態において、彼ら自身が納得する飲食部門を確立し料理を提供するという、大きな挑戦をしている。

彼らが美山町でともに働く地元出身の厨房スタッフは、彼らの目からみると「プロフェッショナル」ではない。この事実について、ただ単に、専門の料理人として都市部で修業した経験がないから、あるいは都会のように競争にさらされていないから、と片づけるわけにはいかない。では、都会の料理人が半ば常識とするような、シフトを越えた勤務態度や修行の姿勢をとらず、効率の良い仕入れや在庫管理をおこなわない地元出身の料理人や自然文化村という組織は、何に重きを置いているのだろうか。

この点に注意しつつ、次にレストラン部門を支える接客スタッフについて、勤務の現場の様子を見ていきたい。

5 接客スタッフ

調査当時、接客スタッフを取り仕切っていたのは接客スタッフで唯一正職員であった地元出身のCDである。CDは京都大学芦生研究林内にある灰野の生まれで、灰野が廃村になると家族とともに芦生集落に移り住んだ。その後、中学は中集落にあった寮で生活しながら通い、高校も寮生活をしながら隣町にある高校へ通った。成人して中集落に隣接する河内谷集落の猟師に嫁入りしたが、接客サービスでパート勤務しているVVは、「それでもCDにしたら、えらい〔都会に〕できた感じちゃうか」とコメントしている。CDは、家計を助けるために自然文化村ができるまでは中集落にある製毛工場に勤務し、自然文化村開設二年目から自然文化村で勤務している。

サービススタッフのなかで唯一正社員であるＣＤの勤務時間は長く、たとえば繁忙期には休憩時間も入れると十二時間以上自然文化村にいることが少なくなかった。たとえば、紅葉を目当てにした客の多い十一月のある日、ＣＤは朝七時から夜八時半まで自然文化村で働いていた。なお、この日、ＣＤは夜八時半過ぎに他のスタッフに挨拶した際、次の日が休みだったことを忘れており、他のスタッフから指摘されて「あ、そうや、私が明日休みや」と思い出していた。そして、「昨日は三時間くらいしか寝とらん」「〔夜中の〕一時に寝て三時に起きた。目え覚めてな、掃除や洗濯とかして」から朝の七時に勤務についたと話していた。ＣＤの勤務態度についての評価は、黙々と良く働く、というのがほぼ一致したところで、知井地区の住民の間ですら、「よう働かはるやろ」と評判である。しかし、他のパート・アルバイトスタッフの勤務態度が悪い場合、唯一の正社員として注意して正すのではなく、仕事をさぼっているパートのスタッフの代わりにその分まで人一倍黙々と働いていた。このようなＣＤの資質に対して、料理長のＺＺは、人にあれこれ指示できる性格ではないだろうとコメントしている。

このＣＤの下で接客サービスを支えるのはパート・アルバイトである。パート・アルバイトスタッフは町外から美山町に嫁いできた女性もしくは町内出身の独身の若者であった。自然文化村レストラン部門の営業時間のうち、朝九時頃から夕方五時過ぎまでは既婚女性のパートスタッフが中心に業務を担い、夕方から夜にかけて独身の若者へとシフトしていた。スタッフによっては時間帯を問わず働いていた者もおり、また、繁忙期で人手が足りない時期は、地元の高齢者の女性で自然文化村の他事業にかかわっている者が洗い場等のサポートに入っていた。

さて、接客サービスを担う既婚女性は大阪、京都、関東等から美山町出身の夫に嫁いできた者がほとんどで、たとえばＥＦは大阪出身で美山に嫁ぐ前は大阪の企業に勤めていた。ＥＦは家計を支えるため自然文化村で勤務しており、既婚女性のなかではあまり時間を限定せずに勤務していた。繁忙期である秋季の給与明細を手にして、「金額見てびっくりしたもん。『わー、こんな働いてたんか！』って。ぎょうさんもらえるってことはようさん働いたってことやしね。一〇時間くらいはしょっちゅういるしね」と語っていた。長時間勤務が辛くないかと尋ねたところ、大阪で働いていた当時は責任ある仕事を任され、過労から身体を壊したことがあり、「昔と比べると言われたことしてたらええし、楽やね」との返事が返ってきた。

ただ、既婚女性同士の人間関係は傍目から見る以上に複雑なようである。たとえば、たわいのない噂話などに参加せず、仕事を優先していると人間関係がギクシャクしてしまうそうである。筆者が参与観察していた際には、真面目に仕事をするスタッフから「仕事のできる人がそうやって居づらくなってしまうのは残念」だという声が聞かれた。実際、ある既婚女性が夜まで残って複数のスタッフと勤務していた際、何人かは忙しそうに立ち回っていたが、この既婚女性は自然文化村内をあちこち移動してはいろいろなスタッフとおしゃべりをし、また、厨房をうろうろしてはつまみ食いをしていた。そして、おしゃべりとつまみ食いの合間に少しだけ業務をこなしていた。そのため、全体の業務に支障がでていたが、厨房スタッフが調理の合間に接客サービスの仕事も手伝って、何とかその日のレストラン業務を終えていた。

なお、自然文化村では、この既婚女性のように真面目に勤務しない者に対して非常に寛大で、フロント部門のある正職員も、レストラン部門のスタッフが休みなく仕事している横で、彼らがなぜ真剣に働いているのかわからない、といった趣旨の発言をしていた。この背景には、パート・アルバイトも含めて自然文化村で勤務できるのは縁故を通じて口利きのあった非常にかぎられた者だけであることや、町の直接経営であるため、現場の判断では独断で解雇できないことがある。

さて、レストラン部門の夜の業務を支えるのは、地元出身の若者たちである。具体的には、昼間は両親とともに家業を営んでいるＶＶをはじめ、高校卒業後ずっとパートで勤務しているＧＨや京都市の専門学校を出て美山町へ戻ってきたＩＪ、昼間は専門学校に通い、夜や長期休暇中にアルバイトで来ているＫＬなどである。このうち、ＩＪはレストラン部門でのパートを半年ほど経験した後、フロント部門の正職員として採用され、自然文化村の若手職員として業務をこなすようになった。自然文化村はGHにも同じように正職員への異動を望み、京都市内のホテルへ研修にいかせたり、京都府が企画した府下の観光関係者を対象とした研修会へ参加させたりしていたが、GHは責任を負わされてこれ以上業務がきつくなるのが嫌だと躊躇していた。この他にも、陶芸体験スタッフと厨房補助スタッフを兼ねてアルバイトをしていたMNにも、自然文化村から正職員の打診がなされていたが、MNも打診を受けるべきか迷っていた。このように、自然文化村では、地元出身の若者を積極的に正職員として雇用しようという姿勢が明確にみられた。

上記のように、接客スタッフの状況を見てみると、いくつかの特徴が浮かんでくる。まず、多くの接客スタッフは既婚者であり、美山町に嫁いできた女性が多い。第3章でふれたとおり、美山町の過半数の世帯では小規模の農地・林地を所有するほか労賃の収入があり、各世帯の女性がパートとして自然文化村に職を得ていることも、家計の現金収入源の一つとなっていると推測できる。加えて、繁忙期には勤務時間が長時間に及ぶことから、季節的な変動はあっても給与は少額ではないだろう。他方、美山町に残っている若者に自然文化村は正規雇用の機会を与えており、希望すれば正職員になれるように研修の斡旋があったり、個々人に随時意思確認をおこなったり、積極的な働き掛けがおこなわれている。つまり、自然文化村は地域の女性や地元に残りたい若者にとって、貴重な就業機会を提供する役割を果たしている。

しかしながら、職を得た既婚者、あるいは若者の仕事に対する姿勢をみてみると、都会での就業経験が豊富な人間が効率よく仕事をこなそうとしているのに対して、複数の地域住民は勤務態度がけっしてよいとはいえず、若者も正規に雇用されることを必ずしも望んではいない。この理由は何だろうか。もちろんどのような職場でも勤務態度に難がある従業員はいるだろうが、自然文化村の状況から推測できることとして、既婚者が寡黙に働くことよりも勤務時間のなかで他のスタッフとの、しばしば仕事内容と直接関係しないコミュニケーションを重視するのは、地域住民にとってその場を共有する人と会話を交わし、情報を共有することの方が、仕事の効率をあげる、給与に見合った仕事をこなすといったことよりも、重要なのだろう。つまり、地域住民にとって、自然文化村のスタッフで「いること」は、雇用の確保であり、現金収入の獲得ではあるが、「勤務すること」は、賃金の対価として奉仕する労働ではなく、スタッフ同士の良好な人間関係を構築する機会なのではないだろうか。

こう考えると、若者が正規雇用を必ずしも望まない要因が少しみえてくる。地域出身の若者にとって、スタッフとして収入を得、勤務を通じて他の年齢層の違うスタッフと人間関係を構築することができている限り、正社員でなくても地域住民が望む職場環境は得られているのだろう。

しかし、残念ながら、上記のような地域住民に都合のよい状態は、長く続くものではない。以下で、二〇〇〇年代後半の、大きな変化を説明する。

6 広域合併と変化

さて、上記のように町営であるがゆえに利潤追求を第一とする必要がなく、比較的仕事をしない者にも寛大で、若手アルバイトには積極的に正職員の道を開いてきた自然文化村だったが、国の政策として全国の市町村で広域合併が推進されていくと、経営方針を見直さなくてはならなくなった。美山町では、広域合併について賛否両論にわかれて議論が白熱していたが、周辺市町村との合併がなされると美山町営の自然文化村の運営は大きな転換を余儀なくされる。町内で自然文化村の処遇について噂されていたのは、第三セクターに転換される、完全に民営化される、関西圏の企業に居抜きで売り飛ばされる、といったことであった。実際には、美山町が周辺三町との合併を決定したことを受けて、財団法人化され、経営が続いている。

町の直接経営から財団法人化されるまでの間に、自然文化村では複数の変化が見られた。まず、厨房における仕入れ方法が見直された。町による直接経営の下では、採算よりも地域還元を優先して町内の商店と取引をし、季節商品等は需給を反映しない仕入れをしていたが、町営でなくなることを見越して利潤追求を第一に考えるようになった。具体的には、財団法人化一年ほど前から館長や料理長が週一で京都中央卸売市場へ仕入れに出かけるようになった。ある日の仕入れでは野菜を中心に市場で購入したが、同じ量の商品がそれまで美山町内の取引先から仕入れていた価格より明らかに安く仕入れることができた。料理長のZZはこの変更について、「美山はよそと町自体が違う。たとえば、××〔町内の取引先〕かて、『商品もう取らへんで』って言うたら、『ああそうですか』やん。街やったら、『じゃあどうやったら取ってもらえますか』とか、『値段はこんだけ下げますから、どうですか』って言うもん。何もない時でもな、『何かありませんか』って訊きに来るんやで。美山は取らへん言うたら『ああそうですか』って。市内とかと全然違うわ。もう考え方とかそういうのから違う」とコメントしていた。

さらに、雇用や給与についても見直しがなされている。館長のYYによると、財団法人化の二年前からパート・アルバイトも含めて全員に失業保険をかけ、時給も引き上げ、休憩時間分を給与から差し引くのをやめた。だが、YYは、その分「ちゃんと働く人とそうでない人はきちっとせな、と思って」と、勤務態度や仕事内容を給与に反映する方針をとると語っていた。実際、二〇〇四年四月から、支配人の業務として接客サービスの管理を強化し、パート・アルバイトのシフト管理等をおこなうようになった。ただ、この支配人が数ヵ月で退職し支配人を廃止したため、料理長ZZが変わって人事管理をするようになった。

また、財団法人化する前に二ヵ月間を費やして施設の改修を実施している。両親が町職員をしているアルバイトのKLは、合併前に美山町として捻出できる費用を活用して、できるだけ将来の経営に有利なように改築しておくのだと語っていた。なお、この二ヵ月間は改装のため休業とし、町内を中心に宴会の予約のみ受けて数人が勤務する体制をとった。その際、正職員の給与は休業中も全額支払われたが、パート・アルバイトスタッフへの保障はなかった。そのため、家計を支えるために自然文化村で働いていたEFや、正職員への切り替えを躊躇していたアルバイトのGHは転職を余儀なくされた。GHは、「河鹿の二ヵ月間の改装休業で、その間バイト代〇円だと生活できないので、〔京都〕市内のホテルへ」転職すると語っていた。館長のＹＹは、「今、河鹿やったら、〔バイトで〕一五―一六万もろとるけど、市内やったら一〇万もいかへんみたいやぞ」と話していた。このような状況について、家業の合間をぬって夜だけアルバイトに来ていたＶＶは、改装二ヵ月前に「ここのところ人の入れ替わりが激しい」といい、実際、財団法人化されてからは数人の正職員が、前に増して拘束時間が長くなり仕事もきつくなった、と転職している。そのなかには、ＧＨと同じく町外への転出を伴う転職をしたものもいた。

7 自然文化村のまとめ

以上、自然文化村の事例をみてきた。美山町の観光拠点として設立された自然文化村は、レストラン部門を中心に地元の雇用を創出し、これまで観光事業に従事したことのなかった地元出身者が中心となり、町外からの料理人や嫁いできた女性と力を合わせて運営している。現場で実際に従業者らを参与観察してみると、地元住民を中心に、勤務意欲にかけていたり、不必要な従業者同士のコミュニケーションを最優先するべきだと考えていたり、一般的に評価される勤務態度からはほど遠い。その背景には、縁故での雇用や現場責任者に解雇を決定する権利がないことがある。だが、それ以上に地域住民にとって、職場で真剣に労働して少しでも多くの賃金を稼ぐことより、同じ場を共有する人間とコミュニケーションをとり、自然文化村の従業員という同じ立場の人間と良好な関係を持ち続けることが重要だということがある。その一方で、町外での就職を経験した者や専門の料理人は業務を二の次にしては事業が立ち行かないことを理解しており、彼らが多くを負担することで自然文化村は成り立っていた。そして、それを大枠で支えていたのが町の直接経営であり、町営だったからこそ従業者の芳しくない労働態度をも受け入れる形で利潤追求より地域貢献を優先できたのである。

しかし、国の施策として広域合併の話が現実味を帯び、町の直接経営が継続できないことが明確になると、自然文化村は利潤追求を第一とした、通常の観光関連施設の運営方針を採らざるを得ず、そのために地域からの仕入れを断念し、若者を含む地元従業員の数人は転職せざるをえなくなった。地域のなかで脆い枠組みによって成り立っていた、雇用の場、現金収入の場としての自然文化村という外郭と、仕事よりも人間関係の構築を優先し、非経済的な原理を中心に動いていた内側のバランスが、国策という地域外のインパクトによって、大きく崩れ始めたのである。今後、自然文化村がどの方向に向かって進んでいくのか、それは同時に美山町の観光振興の方向を示すことにもなるだろう。

Ⅳ　まとめ

本章では、美山町の住民による観光取り組みについて、スキー場と民宿経営を試みた佐々里集落、美山町最古の料理旅館・沈川楼、美山町の観光振興拠点である美山町立自然文化村の事例についてみてきた。佐々里集落や沈川楼では、集落での生活や地域との共生が事業の取り組みにおける優先課題であった。美山町立自然文化村は、地元の若者を含む雇用促進に貢献するなど地域振興に役立っていたが、地元の従業員には同施設で担当する勤務よりも美山町内の狭い人間関係の中でどのように立ち回っていくのかを最優先する傾向があった。これは、おそらく美山町という僻地で生きていくために、狭くて閉ざされた人間関係の中で自分がどのような位置を取るかが非常に重要だということの表れであろう。自然文化村で運営を支えていたのは、町外からの料理人や都市での就労経験がある移住者であった。

なお、国の市町村合併という施策の流れを受けて、美山町立自然文化村は経営改善を余儀なくされている。今後、同施設では、おそらく都会の宿泊・飲食施設と同様に、労働は賃金の対価となり、施設に職を得たものは勤勉に働くことで賃金を得、施設も他の企業と同様に利潤追求を第一として運営されていくだろう。

上記三事例からわかるのは、美山町の観光関連施設の運営において、重要なのはビジネスとしての観光でも、利潤追求でもないということである。ゆえに、美山町では、行政指導が入るとすぐに事業をやめてしまったり、競合する可能性のある公的施設の設立を了承したり、真面目に業務をこなさなくても容認されたりする。では、運営目的は何かというと、集落で生き延びていくことであり、適当な宿泊客数を確保しながら地域と共存していくことである。自然文化村は美山町の観光振興拠点となることを目的としているが、従業員の思惑は多様である。

美山町の地域住民にとって観光に従事することは何か、と考えると、美山町の住民が彼らの集合体である集落や美山という地域とともに、少しでも長く存続しつづけるための一手段でしかないだろう。ゆえに、時代の流れとともにスキー場がだめになれば閉鎖し、広域合併で経営方針の変更を余儀なくされれば転職者が出るのである。だが、その一方で、おそらく住民は各々自分が美山町とともに共生していくための手段を考え、その時点その時点でよいと思う考えを実行しているに違いない。

ここで、美山町の行政による観光振興について振り返ってみると、美山町行政は、美山町が価値ある農村であり、里山であると強調して観光を推進していた。しかし、美山町の住民が関わる観光施設運営の現場では、美山町がどのような価値を有しているのか、あるいは観光地としてどのように認識されているのか、という点についてはほとんど話していない。おそらく、観光施設運営の現場にいる地域住民は、自分たちが生活していくため、美山での生活を守るために観光資源としての美山を活用できるのであれば活用し、そうでなければ自分たちが地域のなかで生き延びていく手段を考え出すだけである。さらに、地域のなかで生き延びていけなければ、町外へ転出するという選択をとる場合もある。美山町の住民による観光実践からは、観光資源化される山深い町・美山に住み続ける人びとのシビアな生活環境と、そこで生き延びる方法としての観光という位置づけが明確になるのである。

第7章　美山町に引き寄せられる新住民たち

第4・5・6章では、美山町における観光実践について、森林、山村集落と茅葺き家屋、宿泊関連施設を切口として検証してきた。本章では、観光資源の生成と活用についてより深い分析をおこなうために、美山町に引き寄せられる移住者らについてみていきたい。

観光と移住の関係について、E・コーエン（Cohen 1979）は、人びとが観光経験を繰り返していくことによる変化について五段階で説明している。まず、観光経験の浅い第一段階（コーエンはRecreationalと称している）において、観光は娯楽の一つであり、人びとは観光をつうじて心身ともにリフレッシュし、自分のいるべき居住地・生活の場へと戻っていく。さらに観光経験を重ねていく第二段階（Diversionary）においては、観光は平凡な日常から逃げ出すことのできる手段となり、自分の居住地がほんとうに自分にとって「いるべき場所」であるのか疑問を持つようになる。

さらに観光経験を積んだ第三段階（Experiential）になると、観光する主体は、自分と違う社会や文化に価値を探求し、新たな居場所を模索するようになる。第四段階（Experimental）は、新たな居場所を見つけるための試行錯誤が続くが、まだ見つけられない状態であると説明される。そして、第五段階（Existential）に到達することによって、新たな居場所に落ち着き、仕事や家族を持って新しい生活を始めることになる。このように、コーエンの論理では、観光経験を積み重ねることが、人びとの帰属意識を居住地から別の場所へとシフトさせ、結果として観光から移住を生み出す。

このような論理を経験的に、あるいは希望観測的に認識してか、昨今、観光による地域活性化を推進している地域や自治体の多くは、移住促進をキーワードの一つに掲げている。地域を活性化するには過疎化・高齢化に歯止めをかけることが不可欠であり、観光をきっかけに若い世代の移住者が獲得できると地域活性化が大きく進展するからである。

上記を踏まえ、本章では美山町における移住の変遷を紹介し、美山町という二次的自然を豊富に有する地域での移住をとりまく事象を検討することにした。具体的には、戦後の美山町における移住の変遷、移住受け入れに積極的な集落の動き、町行政の移住斡旋事業、将来の移住につながる山村留学の事例についてみていく。まず、美山町の移住の変遷について、かつての美山町への移住者は後ろめたい理由で越してくることが多かったためか、蔑視されがちであった。それが、一九八〇年代頃から純粋に農村での暮らしにあこがれる人びとの移住がみられるようになり、観光振興で知名度があがるとさらに移住者が増えて「新住民」という名称が生まれるほどになった。

美山町内で集落として移住受け入れに成功したのが田歌集落で、町による移住促進施策よりいち早く、地権の集落一括管理を実施して利益を移住者も含めて集落の人びとで共有する仕組みをつくったり、伝統祭礼に積極的に移住者を巻き込んで地元出身者と新住民との関係を構築する仕掛けを工夫したりした。一方、町行政による移住促進は一九九〇年代から実施されており、目的の一つは観光振興で知名度が上がった美山町をターゲットとした乱開発を防ぐためであった。町の第三セクターが移住促進のための不動産売買・賃貸の仲介を実施し、一般的な不動産取引をおこなうだけでなく、買主・借主である移住希望者と不動産保有者ならびに集落住民とをつなぐ架け橋の役割を担っている。移住する側の理由はさまざまであるが、この仕組みによってこれまでに二五〇人以上が都市部から美山町へ移住しており、町の活性化に大きく貢献している。

都市農村交流の事例である山村留学では、美山町という豊かな自然のなかで少人数制の教育を提供するという理念が広くアピールされる一方で、関係者の本音は山村留学生確保による複式学級回避と将来の移住者確保であり、そのギャップを埋めるのに尽力しているのが現場を任された少人数のスタッフである。山村留学生たちは親元を離れて共同生活を送っているため、けっして平穏ではない日々を過ごしている。加えて、山村留学を終えた子どもたちが美山町と関係を持ち続けるための仕掛けが現在のところないため、彼らが将来的に移住者になれるかどうかは、里親等とのプライベートなネットワークを個人的に継続できるかどうかにかかっている。

以下では、これらの移住にかかる事例を詳しくみていこう。

Ⅰ　美山町におけるかつての移住

田舎の良さ等、都会にないものを求めて美山町へ移り住む人が増加し始めたのは一九八〇年ごろからである。それまでの美山町への移住者は主に炭焼きや土木作業等の労働者であり、四国や九州をはじめとする他府県からの出稼ぎと労働力として動員された朝鮮人であった。たとえば、昭和二七年の報告書には知井村二二〇三人のうち三二世帯一一一人が美山町外からの出稼ぎであり、その他に朝鮮人労働者が一一六人いたと記録が残っている（美山町誌編さん委員会 2005 より参照）。『美山町誌』ではこの出稼ぎ・外国人労働者を「居留者」と称しているが、知井地区のある住民は、「昔は外からの人を『きりゅうしゃ』ってゆうててな。でも『きりゅうしゃ』は差別用語っちゅうことで『しんとう』にかわってん」と述べている。この、外から居を構えた人を「きりゅうしゃ」と呼ぶ風習は、美山町知井地区と山を隔てた滋賀県側でもみられ、滋賀県比良の環境保護運動関係者によれば、山林という入会地的な財産の権利を明確にするため、移住者は「寄留者」として地元住民と差別され様々な権利を認められなかった。

かつての美山では、移り住む人に対していろいろと掟があり、鶴ヶ岡地区神谷集落出身のＮＰによると、三〇―四〇年程前までは、同集落内に移り住みたい場合、集落に対してそれなりの金額を支払わなければならなかったそうである。この背景には、かつて美山町に移り住む人は「わけ有り」だったことが多く、金銭によって移り住んだ事情を不問にするということがあった。また、集落には入会地等の共有資源があるため、「集落に入る人にも〔共有の〕財産を分けるってことやから」と共有資源利用の代償を請求するということがあった。だが、共有資源については、水利権を得るのがさほど難しくなかったのに対し、耕作地の権利を得るのは相当難しかった。また、当時移り住んだ人たちは、金銭を支払ってもなお集落内で蔑まれ差別を受けたが、子どもの将来のためにと耐え忍んで暮らしていた。

まだ美山町に移住者が少なかった一九八〇年頃に、都会から農村へという時代の流れに先駆けて移り住んだ人びとの話には、移住が難しかった頃の片鱗がみられる。知井地区北集落へ移住したＯＰによると、ＯＰ一家は夫の仕事が自宅でも可能で場所を問わなかったため、「都会でやりたいことは何でもしてしまったし、このまま都会にい続けてもお金使うだけだし、と思って移り住もうと思った」そうである。しかし、ＯＰ一家が北集落に土地を購入して移住しようとした際、北集落ではＯＰ一家の移住を認めるかどうかの会合がもたれ、集落住民で話し合った末にやっと移住が認められた。ＯＰ一家に少し遅れて美山に移住したＱＲ一家も同様の話をする。ＱＲは芸術活動ができる住居を近畿周辺で探していたところ、ＯＰとの縁故もあって鶴ヶ岡地区盛郷への移住を検討したのだが、その際にも集落側では「山の共有権をどうするか」という相談の場がもたれた。ちなみに、QR夫婦らは初めから共有権を認めてもらおうなどとは考えていなかったそうである。なお、共有権に関係なく、QR夫妻の移住の際には集落の長（区長）に酒を一升瓶で二本贈呈して「集落に入れてもらった」という形がとられており、QR夫妻の知る限りでは、移住者によっては「足元をみられて」一升瓶六本を請求された人もいた。

以上のように、かつて美山町への移住はけっして容易ではなく、集落に移り住む際には金銭や物品等の贈与が必要であり、金銭や物品を納めても差別がつきまとっていた。また、集落側が移住者を受け入れる際には、移住者の意思に関わらず共有権をどうするかということが大きな懸念となっている。

Ⅱ　移住者の増加と受け入れ

時代の流れもあり、一九八〇年頃から美山町への移住者は徐々に増えており、二〇〇二年に知井地区で実施された調査では町外から移住した住民が三分の一を超えていた。このうち半数は婚姻による移入であるが、それを差し引いても五分の一、すなわち二〇％程度が美山町知井地区の魅力に惹かれて移住してきた人びとである。かつて、外からの流入者は上記で記したとおり「きりゅうしゃ（寄留者もしくは居留者の訛った呼び方だと思われる）」と呼ばれて区別されていたが、移住者が増えるにともない「新住民」と呼ばれるようになり、地元出身者の間でも差別なく受け入れられるようになった。移住者の受け入れは集落によってまちまちであり、知井地区の中核的な位置にある中集落のように、ある一区画に町営住宅や単身者用教員住宅、移住者に斡旋する旧学生寮等が固まっていて、地元住民が住むエリアと区分けされているところもある。以下では、移住者が比較的多い田歌集落の事例を紹介したい。

1　田歌集落の移住者受け入れ

田歌集落は美山町知井地区にある町随一の観光スポット「かやぶきの里・北集落」と京都大学芦生研究林のちょうど中間に位置し、由良川の源頭からは芦生の手前、奥から二番目の集落である。美山町内の集落によっては株（同族）に合わせて社寺が複数あり、社寺関連の行事は集落の行事と別というところもあるが、田歌集落内の社寺は一つであり、集落の共同作業をはじめ、もろもろの行事・祭事が集落全体で実施されている。この田歌集落への移住者数は町内で比較的多く、現在では集落の真んなかを流れる由良川をはさんでわかれた南向き斜面と北向き斜面のうち、北向き斜面に居住する世帯の多くが移住者となっている。

田歌への移住者が多い大きな理由の一つは移住場所の特徴にある。上述したとおり田歌集落は真んなかに由良川が走っており、住居は由良川に沿った両斜面に並んでいる。うち、片方の斜面は北向きのため日当たりが悪く、そのため過疎が進んだ際には北向き斜面に居を構えていた世帯から離村していき、多くが空き家となっていた。その空き家に移住者が移住者を呼んで次々に移り住んでいったのである。その一つに移り住んだSTは、「日当たりがあんまり良くないからね、住むんならどうぞってことやろうね」と回顧している。また別の理由として、初期に移住した人物の評価が高かったことがある。最初に田歌へ移住したのはドイツ出身の尺八の大道芸人UVとその家族であるが、その次に続いたのが九州出身のWXであり、このWXが「ほんとうに田歌のためにいろいろしてくれて、だから外の人を受け入れるのに、田歌は寛容なのかもしれない」と田歌を良く知る移住者はコメントしている。その他、移住者自身からは、田歌のほとんどが共産党なので外部者に対して温かく対応してくれる、移住者が移住者を呼んで増えていった、等の理由が聞かれた。

しかし、田歌住民に聞き取りを実施すると、住民の側で移住者を積極的に集落の人間として受け入れようと試行錯誤していたことがわかる。試行錯誤の取り組みの一つに、田歌集落では早い時期から共有地に関する収益を権利者で分配せずに集落で一括管理する方針を採ったことがある。たとえば、田歌集落住民が有する京都大学芦生研究林の地権に関して、賃料として年間一〇〇万円程度の収入があり、かつては半額を集落共同、半額を戸数で分割して約五万円ずつ各戸に分配していた。しかし、時代とともに離村する世帯や離村したがまた戻ってくる世帯、さらに外から移り住む人が現われだすと、「一回出てって戻ってきた人には権利がある、ってなると、そりゃずるい、ってなるし、新住民には配られへん、ってなったから、ほなもう配んのやめよ」という意見がでるようになった。

そこで、一九八〇年代初めに、今では集落の役員となっているCCらが中心となって、集落センター造成費用捻出のためという名目で集落による全額一括管理を提案し、各家を説得してまわった。CCは、「五万配らんっちゅうのはやっぱりすごく反対された。『お前ら役場勤めのもんはええけど』って言われたし」「五万って、ずっと五万やから、二〇年も前やったら、それこそボーナスと同じくらいや。それまで正月前に配っとったんがいきなりなくなる、なったらそりゃ反対しはるわな。わしやらYZやら、今役員しとるもんは悪者やった」と回顧している。CCらは、一括管理する交換条件として、集落の自治会費を減らすこと、集落の忘年会は無料にすること等を挙げ、直談判してまわったという。最終的にCCらの説得が実って芦生研究林の賃料はすべて集落で一括管理となった。CCは「その金は俺のもんでもあるし、〔移住してきた〕ACのもんでもあるし、みんなのもんや」と述べていた。

田歌集落のもう一つの対応として、集落の祭礼への移住者受け入れがあげられる。田歌集落には府の登録文化財に指定されている「田歌の田楽」という、毎年七月十四日に八坂神社の祭礼としておこなわれる行事がある。美山町誌編さん委員会（2000: 454-455）によると、「天狗一、般若面の鬼二（子供）、鬘をつけ顔に隈どりをした奴三、ひょっとこ面でササラを持つひょっとこ一、女装で杓文字を手にするお多福面のお多福一、背に樽を負い頬かぶりをした髭面の樽負い爺一という構成で行われる太鼓打ちを主とする芸能」であり、「少年が務める鬼の他は成人男子が担当するのが習わし」である。地元では田歌の祇園さんとも呼ばれ、田歌集落の子どもは学校を

図７－１　「田歌の田楽」の様子　（筆者撮影）

休んで祭りに参加するのが常となっており、女性は神社で関係者にお神酒を配ったりして参加する。当日は一〇〇人近くの見物客が田歌集落内に集い、地元・知井小学校は学校行事として見学を組むことが多い。

天狗や鬼から笛方まで、誰が何をやるかは集落内で決められることだが、この祭礼には地元出身者・移住者に関わらず参加でき、参加する場合は事前に毎日おこなわれる稽古から加わることになる。ただ、天狗やひょっとことといった重要な役は田歌集落に長く根付いていなければ受け持つことができない。二〇〇三年に密かにひょっとこを希望していた移住者のBDは「田歌に入って浅いため」神輿の担ぎ手を割り当てられていたが、他方、一九九〇年代半ばから移り住んだACは二〇〇四年に天狗を任されていた。また、在住歴が浅くても、二〇〇三年に住み着いたCEのように、稽古だけならばすぐに参加するのは可能である。加えて、この祭礼の稽古の後には田歌集落について熱い意見交換がなされているようで、上述のCEは、「まだ田歌の人間ってきっちり認められてないと思う」とコメントしつつ、「稽古の後、田歌のおじいちゃんらから一〇年前、二〇年前のことを熱く語られると、これから外から来た自分らがその思いを受け止めて引き継いでいけるか、というと難しいなあ、重いなあ、と思う」と感想を述べている。そして、「地〔元出身〕のおじいちゃんらがいるから、今の田歌はまとまってるように思う」とコメントしている。

上記のように、田歌集落では経済的・文化的に移住者を隔てなく巻き込んで集落を運営していく取り組みがなされている。田歌集落を牽引してきたCCは、「祭りや畑仕事にも外の人をいれてあげないと自分が村の人にならた、という感覚が得られない」「年寄りと自分たちの世代と外から入ってくる人がいて、自分たちは間に入って年寄りを説得しないといけない」と話していた。

ただ、移住者側が積極的に集落に関わっているかというと、必ずしもそうではない。たとえば、田歌集落では毎夏白菜共同栽培が実施されていたが、移住者の参加は芳しくなかった。共同栽培に参加していた人びとによると、地元の住民は「みんな、腰の痛いもんも誰も、休みとおても休めへん。〔腰の痛みを柔らげるために〕伸ばしたりしたらええのに〔周りに気をつかって〕せえへんし。具合悪うても出んわけにいかんし」と参加が半ば義務となっている。しかし、「新住民はほとんど参加してへんのちゃうか。〔男は〕BDくんとDFさんくらいやで。女の人は全く〔無し〕や」という状況であった。この状況について移住者の女性EGにどう思っているのか尋ねると、「田歌は若い人らは外からの人ばっかしやし、地元の人らも『言うてもあかん』って割り切ったはる。『〔共同作業の〕草刈りせんけどしゃあないわ』って。町からの人に慣れてはるんやね」との答えが返ってきた。

このように、集落側が地元住民と同様の扱いで移住者を受け入れようとしているのに対し、移住者側は必ずしも集落の慣習に従おうと努力しているわけではない。田歌への居住歴が浅いCEは、「外から来たもんばっかりになったら、みんな美山に来た理由も違うし、美山や田歌への思いも違うから、かえってまとまらないんじゃないか、と思う。地元のおじいちゃんらが求心力になってるから今はいいけど」とコメントしている。

以上のように、田歌集落では移住者と地元出身者との間に集落への貢献という意味で温度差がありつつも、共有地の地権を集落で一括管理して賃料を住民へ平等に還元したり、出身地の是非を問わず伝統的な祭礼への参加を認めたりして、地元出身者と新住民の関係が構築できる仕組みが工夫されている。なお、美山町全体から見ると、この田歌集落は移住者受け入れに肯定的で、うまくいっている例である。町が移住斡旋に積極的に取り組むのは一九九〇年代からである。以下ではその詳細について記してみたい。

2 美山町の移住斡旋

美山町行政が移住を積極的に斡旋していくのは一九九二年からで、この年に美山町が五二%出資した美山ふるさと株式会社が設立され、移住斡旋事業が始まっている。同社設立の趣旨は、「無秩序な開発や土地の切り売りを避け、美山らしい景観の維持をはかりながら、田舎暮らしを希望する人たちに家と土地を提供する」ことである（美山町誌編さん委員会 2005: 624）。同社が設立されるまで、移住者に対する不動産取引は個々人の売買・賃貸契約によりおこなわれており、美山から都会へと移住した人が移住先の不動産業者に美山へ残してきた家屋の売却の仲介を依頼し、都会の業者が「売家」の看板を掲げに来たりした。一九九〇年初頭には美山の知名度が上がって都市部の不動産業者による地上げと乱開発が懸念され、それらを防ぐ目的もあって美山ふるさと株式会社は設立された。

会社設立から二〇〇四年までの間に同社が斡旋した物件は売買一三八件、賃貸三五件で、その他に同社が宅地造成・斡旋を実施している物件等をすべて合わせた定住関連事業取扱高は三二億円程と計上されている（美山町誌編さん委員会 2005: 625）[1]。住民にとっては町の第三セクターが移住者に仲介してくれるということで、保有物件を提供しやすくなっている。提供される家屋は同社社員の地元からより多く提供される傾向はあるものの、ある地区に大きく偏っていることはない。なお、物件の多くは町外者を魅了している茅葺き民家ではなく、トタン屋根や瓦屋根のものが多い。この理由について、美山ふるさと株式会社の社員FHは「現存している茅葺きは住民が守っていたので、〔提供物件として〕あまり出なかった」とコメントしている。

移住を希望する側の傾向は、一九九〇年代半ば頃までは両親が三〇代から四〇代の家庭や独身男性が中心で、サラリーマンではなく手に職のある人が多かったが、近年は定年後の夫婦が増えている。年代に関わらず主に京阪神からの移住であり、自然もしくは田舎を求めての移住が多い。他方、安い家と仕事を求めるケースも少なくはない。美山ふるさと株式会社では年収や家族構成は不問にしているが、斡旋希望が集中したときは「子どものいる若い家庭」を優先している。なお、美山町町営住宅を斡旋する場合は規定により独身者不可となっている。

斡旋方法は、基本的に不動産を斡旋するのと同じであるが、美山ふるさと株式会社では別荘としての売買・賃貸は地元と問題を起こしかねないため拒否している。また、物件の下見は平日とし、土日・祝日に観光を兼ねて見学に来る者には対応しない方針をとっている。斡旋の依頼があった場合、まず、希望者に場所や家屋の希望を確認し、希望に見合った物件を案内する。その際、同社社員が希望者とゆっくり話をして、どのように美山町で生活する見通しなのかを確認し、「ほんとうに美山の住人になってくれる人」かどうかを判断する。昨今ではマスコミで美山町のいい部分のみを取り上げられることが多いので、問い合わせのあった段階で冬は雪が多いといった気候の特徴や、公共交通機関は町営バスが一日に五本程度といった山間部の現状を説明している。FHによると、マスコミの情報に魅了されて興奮して連絡してくる若い夫婦に半日くらい説教して、住むのがたいへんだと理解させてから話を進めたケースもあったという。

物件の案内が終了すると、社員が受けた印象を売主・貸主や斡旋物件のある集落の長に伝える。この報告を受けた上で売主・貸主が移住希望者と商談を進める場合は、物件に見合った売買価格・賃貸価格および仲介手数料が決められ、商談がまとまれば取引成立である。美山町の畑付き家屋を購入し、きれいに手入れして住むには、概ね一五〇〇万円程度は必要である。取引に必要な日数は都会と比較すると非常に長く、担当者FHは「街なら三日でも美山なら二ヵ月」かかるという。実際、移住するために早々と仕事をやめたが、その後半年ほど借金をしながら待った人もいたそうである。

［1］同社が宅地造成した物件は、京都市により近い宮島地区二ヵ所、大野地区一ヵ所の計三ヵ所に三一棟建設されている。

さて、売買契約が成立すると、美山ふるさと株式会社は移住者に集落内の共同作業への参加など、移住先の集落のきまりを伝え、集落の長に紹介する。移住者は集落の長に紹介された後、ご近所周りをすることになる。かつては美山町に縁故がないと移住するのは難しかったが、同社が顔つなぎをすることで美山に縁のない人が入りやすくなっている。それでも移住斡旋を始めたころは、「入ってきはった」と集落の住民から色眼鏡で見られた。だが、初期の移住者がうまく集落の住民と付き合い、現在では町議会議員になったり、教育委員会や美山町立自然文化村などで職を得たりしているため、移住者への偏見は薄れつつある。同社にあがってくる移住者に対するクレームも、犬がうるさい、家をきれいに使ってくれない、といった、隣人や家主としての一般的なものがほとんどである。なお、一九九〇年代末頃までは年一回移住者同士の交流会が実施されていて、移住者同士のネットワーク形成に役立てられていた。現在ではこの交流会はなくなっているが、たとえば芸術家を中心とした飲み会が定期的に開催されていたり、ある宿泊施設で毎年移住者らが一緒に年越しをしたりと、移住者同士の結束は固い。

美山ふるさと株式会社を介して移住した人は、調査時の二〇〇四年で二五〇人を超えていた。これらの人びとの移住してきた理由としては、都市生活が合わなかったので越してきた、阪神大震災を契機に農村への移住を考えた、美山ふるさと株式会社で移住した友人・知人に影響を受けた等、さまざまである。たとえば、ACの場合、もともと仕事を通じて美山町役場の職員に知り合いがおり、阪神大震災をきっかけに農村移住を真剣に考え、美山ふるさと株式会社に斡旋を依頼して移住を実現した。また、GIの場合は、複数のペットを飼うのに十分な住居が都市部ではなかなか見つからず、大阪府下を中心に一〇回以上引っ越しを繰り返した後、最終的に美山ふるさと株式会社の斡旋を通じて美山移住を実現した。

その他、UUの場合、一〇年ほど前に大阪から家族とともに移住してきたが、直接的な理由は仕事が激務で心身ともに疲弊しきっていたためである。過労死から逃れるため、新たな仕事を得ることができ、生活環境がよく、関西圏に住む両親に何かあったときに駆けつけられる場所を移住先として探していたところ、美山町を知り、美山ふるさと株式会社に斡旋を依頼した。仕事に関しても、「工場で働きたい」と希望を伝えたらすぐに紹介してもらえたそうである。だが、工場での仕事が合わず身体を壊し、一年で転職を余儀なくされた。その際、美山町から出るわけにもいかなかったので、町内の求人を探して応募したそうである。現在は、美山町の地元高校の大学進学率が低いため、子どもの教育と将来が悩みの種だそうだ。なお、UUの知るなかには、移住した後にトラブルが起きた事例があり、移住後は人それぞれとのことである。

他にもさまざまな理由で美山町への移住を希望する人がおり、上記のような町による移住斡旋の効果もあって移住者が増え、過疎化に歯止めがかかっている。なお、ここ数十年で大きく様変わりした移住者の存在について、地元出身のHJは次のようにコメントしている。「やっぱり、移り住んでもろた方が今はいい。町も高齢化になってきてるしな。でも、仲間うちで言うてんのはな、昔は、村の人と深い縁があった人がぽつり、ぽつり、それこそ三―四人とか住むようにならはってな、『(目的がちゃんとある)着陸』って言うててんけど、そのうち『不時着』になってな、今は『墜落』や。目的地もなんもなく、あてもなく、とりあえず住みに来てみたって人ばっかりで。前は一応目的地のある『不時着』やったけど」。

HJが言わんとすることは、おそらく、かつて美山町への移住が容易ではなかった一九八〇年代頃までは、移り住む者には山村の一員になるという相応の覚悟が必要であり、移住者はその覚悟をもってして肉体的にも精神的にも美山町という場へ入り込んでいた。しかし、一九九〇年代以降、町の斡旋が盛んにおこなわれるようになってからは、とりあえず美山に住んでみる、という人びとが増えてきたということであろう。

以下では、将来的な移住を考える上でカギとなるであろう、山村留学の事例について紹介したい。

Ⅲ　山村留学

1　山村留学の概要

山村留学とは、ある一定期間、都会の子どもたちが親元を離れて農山漁村の学校へ転入し、その地域の学校に通うことである。山村留学は一九七六年に財団法人「育てる会」が長野県八坂村で始めたのが最初だといわれており、昨今では全国約一九〇の小中学校で実施されるまでになった。山村留学の受け入れや実施の方法はさまざまだが、大きくは寮などの施設で共同生活をおこないながら地元の小中学校に通うセンター方式と、地元の民家で住民と暮らしながら学校に通う里親方式に分けられる。以下で述べていく美山町知井地区の山村留学では、センター方式によって小学校高学年一〇人程度の生徒が寮で共同生活をおこないながら、地元の知井小学校に通っている。[2]なお、京都府で山村留学を実施しているのは美山町のみである。

美山町での山村留学は、美山町の都市農村交流事業として、また知井小学校改築の記念事業として始められている。具体的には、一九九六年四月に知井小学校山村留学検討委員会が発足して実施についての検討が始まり、同十一月に同委員会が知井自治会（現在の知井振興会）に導入についての答申をおこなって、一九九七年度に視察や検討会が実施された。山村留学の受け入れが始まったのは一九九八年度からで、美山町下集落にあった民家を借り受けてセンター方式での運営となった。初年度の留学生は六人であり、翌一九九九年度は五人が山村留学に参加している。一九九九年度には国の補助金を得て山村留学センターの建設に着手し、翌二〇〇〇年、美山町山村留学センター「四季の里」が新築された。二〇〇〇年度にはこの新築したセンターに八人の留学生を受け入れている。その後、現在に至るまで、毎年一〇人程度の受け入れを実施している。

美山町知井小学校山村留学の目的は、当初の検討委員会の答申によると以下の四点である。

①都市と農村の交流
わが美山町知井地区の豊かな大自然と茅葺集落に象徴される伝統的な文化を大切に育み、心豊かに生きる住民と共にする生活体験を都市部の子どもたちに与えたい
②活力を高める小学校教育
都市の児童と山村の児童たちが、理解と協力をし合い競い合い互いの友情を深めながら、たくましく大きく育ち合うことにより、青少年の健全な育成と、少人数化する知井小学校の教育の活性化をはかりたい
③新しい村づくりの視点
都市部の子どもを地域の子として受け入れることにより、住民自らがわが地域の価値を再認識し、いっそうの連帯の輪を広げるふる里づくりに影響することを期待すると共に、ＩターンＵターンに連動し地域の活性化に資することをめざしたい
④複式学級編成の回避
山村留学を導入することにより、結果的に知井小学校の児童数が増加し、複式学級を回避することになる

上記の目的を掲げた知井小学校山村留学検討委員会は、その後、美山町山村留学推進委員会、美山町山村留学運営委員会と名称を変更しつつ、自治組織である知井振興会の下で組織、運営されている。この委員会は、委員長や事務局長に加え、顧問として地元議員や学識経験者、副委員長として知井小学校校長と知井小学校ＰＴＡ会長、事務局や運営部署に知井小学校教員やＰＴＡのメンバーを配している。しかし、山村留学センターそのもの

［2］美山町知井小学校の山村留学の資料より。

の運営は、常勤で雇用されている指導員と寮母を中心に、若干名の補助員を加えた数人でおこなわれていた。

山村留学生の募集は年一回おこなわれており、募集要項によると、募集人員は一〇人程度、留学期間は原則として一年で、継続しての更新可となっている。留学生は上記でも触れたとおり、山村留学センターを生活の拠点として、美山町知井小学校に通学する。ただし、週一回は地元の家庭、すなわち里親宅に一泊二日のホームステイをする。学校の長期休み中は山村留学センターも休暇となり、山村留学生は自分の家へ帰る。募集の際に強調されているのは、「豊かな自然のなかで様々な体験ができる」「小規模校での就学を希望する小学校児童」、いうなれば子どもを「自然のなかで育てる」という点であるが、具体的な募集基準は「心身ともに健康で共同生活を営むことができる者」「保護者が山村留学の趣旨をよく理解し協力的である者」である。さらに、募集要項には明記されていないが、原則として四年生以上の高学年を対象としている。山村留学の費用は、センター入所金が入所時に二万円かかる他、毎月のセンター児童負担金として五万八〇〇〇円、給食費・学級費等の個人にかかる経費一万円の計六万八〇〇〇円が必要となる。

山村留学センターの年間行事には、入所式・退所式はもちろん、美山町第一の観光スポットとなっている北集落の散策の他、美山町田歌集落と福井県大飯郡おおい町（旧名田庄村）の境に位置する五波峠の散策や下集落の奥に位置する八ヶ峰の登山、芦生集落の京都大学芦生研究林でのハイキング等、知井地区の集落や自然を知るための活動が随時組まれている。また、陸上大会、スポーツ大会、スキー教室などの学校行事に加え、下集落の不動山へのお参り・お祭りや北集落のお祭り、知井文化祭といった地域行事への参加も盛り込まれており、山村留学生は美山の生活を満喫できるようになっている。その他、センターには畑があり、ナス、キュウリ、ジャガイモ等の野菜の栽培・収穫がおこなわれる他、夏には川遊び、冬には雪遊び、といった都会では経験できない体験が用意されている。なお、山村留学希望者の下見や体験活動もかねて、サマーキャンプや秋のキノコ狩りといった短期山村留学もおこなわれている。

以上が美山町知井小学校山村留学の概要である。以下では、この山村留学事業についておこなった参与観察をもとに、山村留学の現実を紹介したい。

2 山村留学のねらいと初期の状況

美山町知井小学校山村留学の目的を上記で紹介したが、小学校関係者ならびに山村留学関係者の多くが山村留学の目的はなにより「知井小学校の複式学級回避」だという。二〇〇三年度の知井小学校でのPTA総会では、年度初めの挨拶で「山村留学は複式化、学級の危機を防ぎ、地域を活性化させるために実施」していると紹介された。また、山村留学生とその保護者に対しては、「交流して美山との関係をつくってもらい、将来住みたいと思えるようにしたい」というメッセージが送られている。つまり、受け入れ側の山村留学の真の狙いは、複式学級の回避と将来の移住者の確保だといえる。複式学級の回避に関しては直接的な成果があり、たとえば二〇〇三年度の知井小学校の生徒数は山村留学生を受け入れたことによって六五人となり、町内の旧村ごとにある五つの小学校で生徒数が最多となった。

山村留学を始めたきっかけについて、運営委員長のＩＫによると、最初は北集落で里親として一年間子どもを預かった世帯があり、次の年も別の世帯が里親として町外の子どもを預かったことから、山村留学というアイデアを得て一年（一九九六年度）で案を練り、一年（一九九七年度）で決定したという。ちなみにこのＩＫは、美山町下集落の家に長男として生まれ、美山町知井地区で育ち、学業を終えると家の農地を家族とともに守りながらＪＡの職員として働き、美山町でＪＡの支店長を務めた人物である。ＩＫが若かった頃は、美山町では長男長女は地元に残るのが当たり前だったそうで、高度成長期に人口が流出し過疎化が進んだなか、家を守るために美山町に留まった。山村留学が始まる際には積極的に関与し、新しいセンターを竣工する際には自分の家の土地をセンターの敷地として提供し、山村留学生が農業体験をする農地も提供した。現在は、運営委員長として山村留学の運営を総合的に支える一方、旬の食材、たとえば冬場のカニやイノシシなどを山村留学生のために調達して、子どもたちの美山町での生活体験を充実させるために邁進している。

　ＩＫの尽力もあって開始した山村留学であるが、当初の現場の運営は、元小学校講師だった指導員ＪＬと、美山町内の老人ホームの主任から引き抜かれた寮母のＫＭ、その他、現在も山村留学運営委員会の中核を担う地元のＬＮらが補助員としておこなった。当初は試行錯誤が続いたそうで、ＩＫは、「最初はほんまに計画なくて、人来てもらわな採算とれへんし、誰でもええからって受け入れた」と回顧する。山村留学開始一年後に山村留学センターが新築されると、「一人でも帰したら失敗」「何としても帰したらあかん、センターできたばっかりで」と、ホームシックにかかって自宅へ帰りたいという子を引き止めておくため、毎晩鍵を閉めてセンターから出られないようにしたり、一学期中は家族と連絡を取らせないようにしたりしたという。だが、寮母のＫＭは、帰りたい子を親に会わせないというわけにはいかない、と最後はある子どもを親元へ帰す覚悟で、出張のために近くまで来ていた母親に会わせに行った。なお、現在でも山村留学生とその家族はゴールデンウィークや秋の親子行事を除けば、原則的に普段は面会できないきまりになっている。

　上記のように、山村留学の真の目的は複式学級回避であり、実質的には留学生の選別をしていなかったため、現場は運営側にとっても参加する子どもにとっても、豊かな自然のなかでの生活を満喫するという状況ではなかった。

3　山村留学の運営体制とスタッフ

　試行錯誤のなかで始まった知井小学校山村留学は、二〇〇一年度から指導員を替え、山村留学センターを拠点に新指導員ＩＩと寮母ＫＭを中心とした体制での運営を開始した。筆者が参与観察を実施した二〇〇三年度は、指導員ＩＩと寮母ＫＭの体制になった三年目で、寮母の補助員一人、指導員の補助員二人（うち一人は筆者）の計五人で日々の山村留学センターの業務がなされていた。主な仕事の分担は、指導員ＩＩが子どもの生活や美山町でのさまざまな体験・イベントを企画・運営し、二人の指導補助員がそれを補助していた。寮母ＫＭは指導員ＩＩを支えながら子どもの「おかあさん」として、生活全般の面倒をみており、寮母の補助員が週一回夜だけ代わりに勤務していた。

ここで、山村留学の現場スタッフについてすこし紹介しておきたい。山村留学立ち上げの時から現場の中心となって運営に携わってきた寮母のＫＭは、実のところ運営委員長ＩＫの妻である。美山町大野地区の出身で、修学後は京都市内で職を得て働いたが、地元の知人に縁談を頼んだところ、ＩＫを紹介された。当時の美山町住民には、林業が盛んだった知井地区がいちばん「格が高い」という認識があったそうで、縁談がまとまった際には「あんた出世したな」といわれたとＫＭは述べている。また、ＩＫの元へ嫁ぐことが決まった時は、草刈りの修行などをして準備したという。ＩＫの家へ嫁いだ後は、義理の両親の世話はもちろん、ＪＡに勤めるＩＫに代わり農業にも従事しながら子どもを育て上げ、勤めに出た老人ホームでは勤勉に働いて主任格にまでなっている。その後、寮母となってからも、引き続きＩＫの代わりに家の農業をこなしながら業務に携わっている。

現場で子どもの指導にあたる指導員として、二〇〇一年度に大学新卒で赴任したＩＩは、大学の時に一年間休学をして、国際協力機構（ＪＩＣＡ）の国内版といわれるＪＡＶＡを通じて国内で山村留学のボランティア活動を経験した人である。美山に赴任する前、ＩＩは自身のボランティア経験から、直接お金をもらって子どもの生活の面倒を見ると最終的に金銭に視野が向いてしまうと考え、町の職員といった形での雇用で子どもに関われる職を探していたところ、美山町の山村留学とめぐりあった。また、ＩＩは学生時代にワンダーフォーゲル部に所属しており、自然と子どもと「両方やりたいことがあって」期待を胸に美山へ赴任してきた。だが、赴任当初は前任の指導員から一切引き継ぎがなく、寮母のKMの協力の下、右も左もわからないところからすべての業務をこなしていったそうである。

なお、調査時、筆者以外に指導員を支えていた補助員ＭＯは、芸術系の大学院修士課程を終えたところで、以前から美山町に移住してペンションを営んでいた母親の元へ身を寄せてきた人だった。ＭＯは大学院終了後、自身の芸術活動をどう続けていくか模索しており、とりあえずは母親のもとで暮らすことにしたそうである。この話を聞いた山村留学の運営委員長ＩＫらが、ＭＯが美山町に移り住んだ際には補助員になってもらえないかと事前に打診し、ＭＯが快諾したので二〇〇三年度から補助員として運営に携わるようになった。なお、ＭＯは二〇〇五年度に指導員ＩＩが一身上の都合で一線から退くことを決心した際、ＩＩの後を引き継いで新たな指導員となっている。

以上の他に、山村留学を支える人びととして、寮母の補助員や週一泊子どもを引き受けてくれる里親、イベントなどを手伝ってくれる地元住民のボランティアらがいる。山村留学に協力的なのは、「美山の地の人より外から来た人」だとＩＫはコメントしている。実際、二〇〇三年度に里親を引き受けてくれたのは、ほとんどが美山町外から移り住んだ世帯だった。ＩＫは、「山留〔山村留学〕の活動の意義を地元ひとりひとりが理解して協力してくれるようにする術を知りたい」という。他方、山村留学希望者の下見を兼ねたサマーキャンプ等、外部に向けてのイベントにだけは、体験希望者が少ないときでも多くの地元住民が参加する。たとえば二〇〇二年度のサマーキャンプでは、体験希望の子どもの参加者が一九人に対して地元からは一〇〇人以上が参加したという。関係者は、「あほみたい」「議員が口出してどんどんふくらむ」「〔人数を〕削るとマイナスやし削らはらへん」と感想を述べている。山村留学の指導員ＩＩと寮母ＫＭはこのことについて、「山留〔山村留学〕は地域に支えられて運営されている」という建前の証しにするためにあえて多くの地域住民の参加を受け入れているのだといっていた。

以上のとおり、美山町の山村留学は地元の自治会の下部組織として運営委員会を設置し、地域をあげて都市農村交流を実現させ、自然のなかで子どもを育てるという目的が掲げられている。しかし、実際は知井小学校の複式学級回避がねらいであり、現場の運営は運営委員長のＩＫと寮母ＫＭの夫婦、美山町の外から移住してきた指導員ＩＩとやはり外から移り住んで来た補助員のＭＯ、調査で住み込みをしている筆者でおこなわれており、その他の協力者も移住者が中心となっていた。

4　山村留学生の活動と反応

以下では、山村留学での生活に焦点を当てる。調査を実施した二〇〇三年度の山村留学生は、六年生一人、五年生四人、四年生一人、三年生三人という九人で始まった。九人はすべて関西圏からの山村留学で、京都府から三人、大阪府から三人、滋賀県から二人、兵庫県から一人であった。また、二〇〇二年度から引き続いて山村留学に参加した二年目の子どもが二人おり、翌二〇〇四年度も続けて山村留学を決めた子は三人（うち一人は二〇〇二年度から三年目）となる。加えて、兄弟や姉妹が前後して美山町の山村留学に参加していた子どもが三人いた。

山村留学中の子どもたちの日常生活は、朝起床すると、朝食・歯磨き等を済ませ、集団で登校する。そして地元の小学校で授業を受け、地域の子どもたちと同じように小学校から山村留学センターへ下校してくる。下校してくると宿題をすませて掃除・夕食の準備の時間まで自由時間、夕食、入浴、そして二十一時の就寝まで再度自由時間となる。

例として、ある一日の子どもの様子を紹介したい。この日はまず、三年生が一人皆に先んじてセンターに到着し、その後、みんな次々と帰ってくる。一息ついて皆で宿題を始めるが、素直に宿題を進めるのは二—三人のみで、後は補助員に話しかけてきたり、子ども同士で話したり、なかなか進まない。上級生を中心に早めに宿題を終わらせた子は遊びにいくが、自由時間中ずっと宿題をしている子もいた。その後、ふざける子がいるなかで掃除・夕食の準備をして、夕食、交代で入浴をすませ、みんなでテレビを見る。すると、ある子どもが宿題をし終えていなかったことに気づいた。センターの決まりとして、全員が宿題や課題を終えてからでないとテレビを見てはいけないことになっていたため、テレビを消してその子に宿題をさせる。ここで、別の子がテレビを見られなくなったことに腹を立ててすねてしまった。しかし、決まりだからと放置しておいたら、「年が上なのに」「長男なのに」というプレッシャーがつらい、と日々の鬱憤を口にしながら泣き出してしまった。寮母のKMが「男の癖に」「甘やかすとつけあがる」とつきはなしてしまうと、その子は泣きながら就寝時間を迎えて自分の部屋へもどることになった。一方、宿題の終わっていなかった子は就寝時間を迎えても終わらず、結局二十二時過ぎまでかかってからベッドに入った。

上記はある一日のことであるが、親元から預けられた子ども九人が共同生活を送っているためか、小競り合いはしょっちゅうあり、雨の日で外に出られないときや学年別の行事などで限られた子どもの親だけが訪ねてきた後などは、自分を抑えきれなくなって暴れたり、泣いたり、部屋にこもったり、すねたり、いろいろな形で感情表現をする。ある雨の日、一人の子が「ぼくら、すごいストレス感じてんねん」とつぶやいていた。他方、時にはみんなでお化け屋敷をしようといって、就寝前の自由時間に子どもがそれぞれお化けになり、補助員を相手に皆で驚かせて遊んだりするなど、共同生活の良さを体験している日もあった。

なお、山村留学生は、小学校の諸行事や放課後に実施されている剣道のレッスンをはじめ、センター独自のさまざまな活動やイベントに参加している。たとえば、茶摘み、かやぶきの里・北集落の放水見学、かかし作り、センターの夏祭り、ジャガイモ収穫、川遊び、福井県小浜市の若狭博見学、キノコ鍋のイベント、京都府の福知山動物園見学、クリスマス会、雪祭り等々、挙げていけばキリがないほどである。

活動やイベントによって子どもの様子は異なるが、農山村の環境を生かした活動では、都会では経験できないことを堪能していた。たとえば、美山町の小学校はプールがなく山村留学では囲いも何もない本当の清流で泳ぐので、川遊びの活動日には指導員と補助員でおぼれないように監視する。子どもたちは川で泳いだり、魚を取ったり、川の流れに流されてみたりと、思う存分楽しむ。また、焼き芋の日には、みんなで山村留学センター周辺の山から落ち葉や落木を拾ってきて焚き火の準備をし、芋を焼いている最中は各自小枝に火をつけて遊んだり、干していない生の草を入れたりして、注意されながらも楽しそうに火遊びをし、芋が焼けたらみんなで食べる。流れる川で泳いだり落ち葉や落木のたき火で火遊びをしたり、都会ではおこられたり止められたりするであろう遊びを満喫できるのである。

他方、二ー三ヵ月に一回程度は小浜市や福知山市といった街への外出が企画された。街へ外出する際、行き帰りの車中ではセンターでの日常と同様に子ども同士の小競り合いが絶えなかったが、目的地についた後は心細いのか勝手にウロウロしたりせず、何かしたいときは必ず「〇〇していい?」と指導員や補助員に聞いていた。街へ出かけた時は指導員の方針でお小遣いを渡して一〇〇〇円ショップで好きなものを買えるようにしたり、ファミリーレストランやファーストフードで食事をするようにしたりと、都会の子どもが恋しくなりそうなものを取り入れる工夫がしてあった。これらは子どもたちに好評で、関西圏では非常にポピュラーな中華レストランで昼食をとった日は、五ー六年生がマーボー丼セットにチンジャオロースー、餃子、焼き豚、デザートを食べ、「久しぶりや!」「満足!」と口々に言い、山村留学センターに戻った後も、さらには次の週も、中華レストランで食べたメニューを復唱したり、いかにお腹が一杯になったかをうれしそうに話しあったりしていた。

子どもたちは、日々のケンカやストレスに耐えながら、美山町での一年を通じて農山村の良さと同じ年代の子どもとの共同生活を送るという貴重な経験を得ている。

5 山村留学の今後

この山村留学の将来の展望はどうだろうか。まず、山村留学を終えた子どもたちの受け入れ体制について、上記で紹介したとおり、地元が山村留学を実施する本音の一つに山村留学生が「Iターン」で将来美山町に戻ってきてほしいというのがあった。しかし、山村留学を終えた子どもたちが美山町に来た際、小中学生の彼らが山村留学していた時と同じ感覚で宿泊できるような施設はなく、現役の生徒との兼ね合いでセンターに泊まることもできない。地元行政にも山村留学経験者を受け入れる体制はない。そのため、山村留学経験者が美山町に来る際は、親の都合に合わせて日帰りなどで連れてきてもらうか、あるいは個別にお願いして里親でお世話になった地元の家庭に泊めてもらうか、どちらかだった。山村留学スタッフは、「美山の人たちは立ち上げで口を出したら後は何もしない」「卒業したら終わり」とコメントしていた。このことは、地域にとっての山村留学の真のねらいである「複式学級と将来の移住者確保」のうち、移住者確保にはさほど積極的ではないことを示唆する。山村留学の町外に向けての建前が自然の中での教育・生活であるなら、移住者確保は町内に向けての建前である可能性がある。

今後、山村留学事業を継続していくことに関して、常に影響が論じられていたのが小泉内閣の下で推進された市町村の広域合併である。広域合併が成立すると小学校の統合が起こるのは時間の問題であり、山村留学生の通学先である知井小学校が隣の小学校と合併されると、「複式学級回避」という山村留学の真の目的が別の形で達成されて存在意義がなくなる、というのが地元の共通の理解だった。しかし、当初から美山町教育委員会は「知井で始めたことやし、地域で続けて」といっており、二〇〇四年度の半ばには町行政の中心人物の一人が「京都府で他に山留〔山村留学〕やってるとこないしな、何か〔美山の〕宣伝になるものがいる」ため、山村留学センターは合併しても残す、と明言した。

また、経費に関しては、町内では山村留学は赤字経営だ、町の予算を使っている、といった批判が根強かったそうだが、上記のとおり山村留学生の家庭から入所費と毎月の経費を負担してもらっているので、経営は火の車ではなかった。運営委員長のＩＫや常勤スタッフのＩＩ、ＫＭの話では、山村留学に参加する場合は各児童の住民票を美山町に移してもらうため、一人当たりの地方交付税が町に振り込まれることになり、かつ入所費・経費を各家庭に負担してもらっているため、赤字になることはないという。IIは、「あの子ら住民票移すやろ。そしたら年に一人八〇万、地方交付税が入んねん。山留〔山村留学〕で一二〇〇万円持ち出しやって教育委員会は言ってるけど、八〇万かける八人で六四〇万やん。月六万〔各児童から〕もらってるけど、まあ、年間一人六〇万として六〇〇万くらいやん。そやしトントンやねん」という。さらに、IIは常勤スタッフ二人の年間の給料を六〇〇万円、毎月の山村留学センターの運営費が二〇万円としても、パソコン等の必要設備を整えることは十分可能だとコメントしている。

上記のとおり、美山町の山村留学センターは存在意義においても、経営的な面でも、将来的に継続していく上では問題がないようである。しかし、町内では、いずれは運営委員長IKと寮母KMが経営して子どもを預かる宿泊施設のようにするのでは、という声が聞かれた。山村留学センターや農業体験用の農地はIK・KMの家が所有していた土地であり、山村留学生が「よその子」という感覚があまりないのでは、というのである。ある人は「センター買い取って〔経営〕したら学校行ってる間は農業できるしな」と退職後に農業と両立して現金収入の道を確保できる、打算的な面からいっても実現性があることを示唆していた。

この、山村留学というものを本書のなかで捉えるなら、「緑豊かな」「美しい自然の」という形容詞で価値づけして資源化された美山町という場を活用して山村留学をおこなうことで、参加希望者に「自然の中での貴重な体験」ができるものだと明示して成立させているといえる。そして、この資源活用の枠組みを利用することで、地域側の教育現場の思惑や、都会の家庭のさまざまな問題解決を、それぞれの利己的な本音を表出することなく実現することができるのである。こう分析すると、美山町が「環境にやさしい」「貴重な環境」として観光資源化され、活用されているのと同じ方法で、山村留学も美山町を資源化し、各関係者の目的を実現するために活用されているといえる。

Ⅳ　まとめ

　以上、美山町と移住の観点から、田歌集落の事例、美山ふるさと株式会社の事業、知井小学校山村留学の運営をみてきた。高度成長期のあおりで過疎化が進むまで、美山町への移住はけっして歓迎されるものではなく、移住希望者は金銭や物品の授受によって移住の理由を不問にして受け入れるというのが慣例だった。ゆえに、移住者には偏見と差別が付きまとっていた。

　移住者受け入れに変化が現われ始めるのは一九八〇年代頃からで、この頃から都市生活者が田舎での生活や自然のなかでの芸術活動を希望して移住するようになった。しかし、受け入れ集落側はそれまでと同様に共有権の扱いをどうするか、移住を許可すべきか、ということを議論し、受け入れへの試行錯誤が続く。田歌集落では、いち早く集落側で共有権から発生する収入の一括管理や祭礼の共同運営を実行して、移住者を分け隔てなく「村人」として受け入れる方針をとっていく。だが、移住者の方は土地の権利や祭礼への参加権を享受する一方で住民としての義務をすべて果たすわけではない。

　町が移住斡旋に乗り出すのは一九九〇年代からで、その背景には移住によって過疎化・高齢化の歯止めとなる移住を促進することと、美山町の知名度が上がるなかで都会の不動産業者による地上げ・乱開発を防ぐ目的があった。加えて、美山町側は誰でもいいから移住者を増やしたいというわけではなく、美山町を理解し、これまで地元住民が継続してきた地域での共同作業を同じように担い、さらには美山町を形成してきた農林地を保全できる人間を望んでいた。ゆえに、同社の斡旋では、事前に美山町での生活について説明をする等、地域にとって好ましい人が入ってくるように工夫されていた。

　他方、美山への移住を希望する人にとっては、町が立ち上げた美山ふるさと株式会社によって、縁故がなくても美山町への移住が可能になり、現在では同社によって移住した人びとは二五〇人を超えている。また、同社あっせん以外のケースも含めると、たとえば知井地区の住民は三分の一が移住者となっている。移住してきた人びとの移住理由をみてみると、芸術活動をするため、適合しない都会の生活から脱却するため、ストレスの多かった生活をリセットするため、等々、さまざまであった。また、美山への想いは人それぞれであり、移住者らは、地元住民が中心になり集落を束ねている限りは移住者も含めてコミュニティとして成り立つが、地元住民が年を取り、移住者に集落運営のバトンが回ってきたときはどうなるかわからない、と感じていた。

さて、美山町知井地区ではさらに将来的な移住者を生み出すため、山村留学事業が実施されている。山村留学は、美しい山村のなかで子どもを育てるというのが建前となっているが、地元の思惑は複式学級回避と将来の移住者の確保である。しかし、実際の山村留学運営においては、町外に向けてのイベントだけ参加するが、普段の里親等には非協力的な住民が多く、また、山村留学後の子どもを継続して美山町に引き受けるための組織的な仕掛けはない。移住者確保も町内に向けての建前である可能性があり、山村留学生と美山町とのつながりは各生徒と里親等の地域住民との間の個人的なネットワークにゆだねられている。

以上、美山町への移住について山村留学も含めてみてきた。地域を守るために最も重要なのは人間であり、移住者を巻き込みながら新しい地域社会を構築していくことが、美山町の活性化に不可欠である。移住を受け入れる集落や町の第三セクターは、空き家となった家屋を活用して美山町で生活する機会を提供して人口減少を食い止め、新住民とともに新たな美山町を構築、運営していこうとしていた。言い換えれば、町内のあちこちに散らばる所有者や使用者のいない不動産を、「緑豊かな」「美しい」美山町とセットにして、住環境として外部の人びとに提供していたのである。そして、観光は美山町のイメージを世間に広め、浸透させていくのに一役買ったのである。

移住者の側からみると、さまざまな事情、理由によって、都市での生活よりも農村での生活を望んでいたところ、「緑豊かな」「なつかしい」「のんびりした」美山町での生活が、第三セクターを通じた移住によって得られるようになった。数十年前までであれば、都会から農村に移住するという行動はけっして多くの人から称賛されるものではなく、美山町においても移住者に対する偏見が強かった。それが、一九八〇年代頃から「環境にやさしい」観光資源として農村や里山が称賛されていくなかで、美山町には住環境としても新たな価値が与えられていき、移住する側にも受け入れる側にも「悪いことではない」「偏見を持つことではない」という意識が浸透していく。

この、都市から美山町という田舎へ人が移動することを肯定的にみる視座は、山村留学にもあてはまることである。美山町知井地区で実施されている山村留学は、複式学級回避が地元の真の目的であり、さらに山村留学を通じて将来の美山を支える移住者を生みだしたいという願いがある。しかし、都市からの子どもを受け入れて共同生活を成り立たせるのは容易ではなく、山村留学が自然の中での教育を実現し、将来的な移住者確保に貢献できうるという建前の実現を目指さなければいけない現場の苦労は並みのものではない。そして、このような山村留学の現場の苦労は、「環境にやさしい美山町での生活」「自然豊かな美山町での留学体験」といったと人びとを惹きつける言葉によってかすんでしまうのである。

第8章　「美山」という観光資源の生成と活用

本章では、前章までの先行研究および実地調査の分析結果をもとに、本書の最初に立てた問いの答えを探るべく考察をおこなっていきたい。問いとは、環境観光における「環境」とは具体的にどのような性質をもち、どのように生成され活用されているのか、である。この問いに答えるため、資源人類学の研究で提示された、資源化に関わる主体、資源化の対象となる事象、価値や意味を付与されて資源となった事象、資源化の志向主体、に着目しながら、前章までに記してきた内容の考察をおこなっていきたい。

I　美山町の事例からみる観光関係主体と資源化

1　美山町における環境観光実践

まず、実際の観光地ではどのような観光実践がおこなわれていたのか、京都府美山町の事例をまとめておこう。本書では、環境観光における環境とは何かを検討するために、日本の二次的自然に着目して、京都府美山町での観光実践を調査し、その結果を第3章のフィールド紹介を経て、第4－7章にわたって検討してきた。第4章では、二次的自然としての森林に注目し、住民とともに共生してきた森であり、京都大学の研究林として借款されている芦生の森を対象とした観光実践の事例を検討した。第5章では、二次的自然とそれを取り巻く空間として、山村集落に注目し、重要伝統的建造物群保存地区に指定されている北集落での観光実践を検討した。第6章では、美山町の観光実践の中核を担う、観光施設運営に関わる人びとを検討した。第7章では、観光実践を拡大し、美山町内外をとりまく人びとと美山町の関係を分析するために、移住者や山村留学の状況について検討した。

ここで第4－7章に記した内容のポイントをまとめると、まず、芦生の事例では、ダム建設計画を受けて、芦生集落住民やダム反対派がダム開発を食い止め、森を守り共生しつづけていこうとハイキングを実施している一方、町の観光施設は観光による町おこしの目玉の一つとしてハイキングを推進していた。町の観光施設のハイキングを立ち上げた自然ガイドは、地域というよりは貴重な自然として森を捉え、地域とともに森を守ることに消極的であった。反対に、自然ガイドのなかでも美山町に一〇年以上住み続けた者は、地域と自然を独自に融合して捉え、自分が体得した視座を来訪者に伝えようと試みていた。他の関係主体として、旅行業者は芦生でのハイキングを利潤追求のためではなく、企業のイメージアップやツアー運営のノウハウ構築のためと捉えていた。さらに、芦生の森を管理している京都大学は、ハイキングを通じて一般に広く開放された研究林という価値を芦生に付与し、研究林としての存続を図っていた。

北集落の事例では、貧しい集落ゆえに改築できなかった茅葺き家屋に住み続けた住民が、状況を逆手にとって重要伝統的建造物群保存地区としての選定をめざし、選定された後は集落でルールや運営方法を模索しながら観光実践していた。彼らの目的は、自分達の集落を守ることであり、集落とともに生き延びることであった。また、同集落では直接外部者と交流できる民家宿泊による修学旅行受け入れを試行したが、手配に関わった旅行業者は、目先の利益のためではなく顧客誘致活動の一環で茅葺き民家での宿泊を盛り込んだ修学旅行を企画、実践していた。同社の試行の末の結論は、将来的には民家宿泊による継続は厳しいというものだった。他方、町の職員は、北集落にとっていい試行だったとしながらも、町がコーディネートしつづけるのは難しいと考えている。また、茅葺きを守る職人には、地域とともに茅葺きを守っていくべきだと考える地元出身者がいる一方、茅葺き家屋を「持続可能な建築物」としてとらえ、地域住民や集落から切り離して捉える移住者がいた。

観光関連施設での美山町住民の取り組みにおいては、宿泊関連施設の一つである佐々里集落のスキー民宿の場合、林業および人口流出による集落の衰退を食い止め、なんとか佐々里集落のなかで生き延びるために観光に関わり、観光を通じて一時的には目的を実現した。他方、美山町最古の料理旅館にとっての観光業は、地域とともに旅館として存続するための方策であった。美山町立自然文化村の場合、町の観光施策の拠点として設立されたが、施設内で職を有する人びとは、現金収入を得る一方、勤務の場において美山というコミュニティの一員として、他の構成員である同僚と良好な人間関係を構築・継続することを主目的としているようであった。

美山町という観光資源の活用に関わる他の主体として、フィールドワークから移住者が重要だとわかってきたので、移住者について検討した。美山町が観光振興にとりくむ前は移住者は少数しかおらず、数世帯が美山町で芸術活動がしたい、都会で味わえない生活を経験したい、という確たる目的で美山町に移り住んだ。美山町側の受け入れ姿勢は、金品と引き換えに目をつむる、というものであった。ただし、田歌集落では、住環境の悪い場所からの住民の流出が進んだことを受けて、集落を守るために地元の地縁・血縁に関係なく、集落に住む者で平等に共有林の権利によって発生した収益を分けたり、伝統祭礼を共同で運営、存続したり、さまざまな工夫をして、移住者を寛容に受け入れていった。その後、美山町が移住斡旋を始めるが、その理由は不動産会社による買い上げや乱開発を防止し、かつ過疎化を食い止めるためであった。この斡旋によって移り住んだ人びとの目的は、震災等の災害からの回避であったり、ペットとの共存であったり、過労からの脱出であったりする。他方、地元の小学校では、在校生の減少を受けて学生確保のために山村留学に取り組む活動があり、その事例をみてみると複式学級を阻止したい地元関係者など、山村留学の場をとりまく人びとの現実的な関わりがみえてきた。

2 美山町で観光実践に関わる主体

以下では、美山町の観光実践に関係する主体、さらには観光資源化の生成と活用に関わる主体を精査していきたい。第4－7章で紹介した美山町の事例には、多様な主体が関わっていた。これらのさまざまな主体と、彼らが観光に関わる理由および観光実践の目的をそのまま図式化したのが図8－1である。主体を羅列したこの図からは、各主体が観光あるいは移住に関わる形の多様さ、それぞれの目的を達成しようとしている様相がみてとれる。たとえば、芦生ハイキングの事例では、美山町内の関係主体でも、芦生集落の人びとと、美山町行政が主導する自然文化村の関係者は、明確に異なる目的のもとで芦生の森でハイキングを実施していた。また、北集落の事例では、旅行業者が町行政と協力して修学旅行を実現していたが、旅行業者、行政担当者、宿泊を受け入れる住民それぞれが自分の立場で役割を担っていた。

加えて、各々が抱いている目的や思惑は「環境を保護する」といった抽象的なことではなく、「料理旅館として地域の中で存続する」「芦生という森を守りともに生きる」「茅葺き職人であることを生かして自分の理想とする住居を外部者に説く」といった具体的で現実的なものであった。このことは、観光という枠組みを移住にまで広げても成り立つことであり、移住者や山村留学の関係者の目的や思惑は「都会から逃避して美山町で暮らす」といったことである。

このような観光実践に関わる多様な主体を、観光資源化の生成と活用を検討するためにはどのように整理すればよいだろうか。まず、美山町外から関わる主体として、観光客や旅行業者、京都大学等が存在することは明白

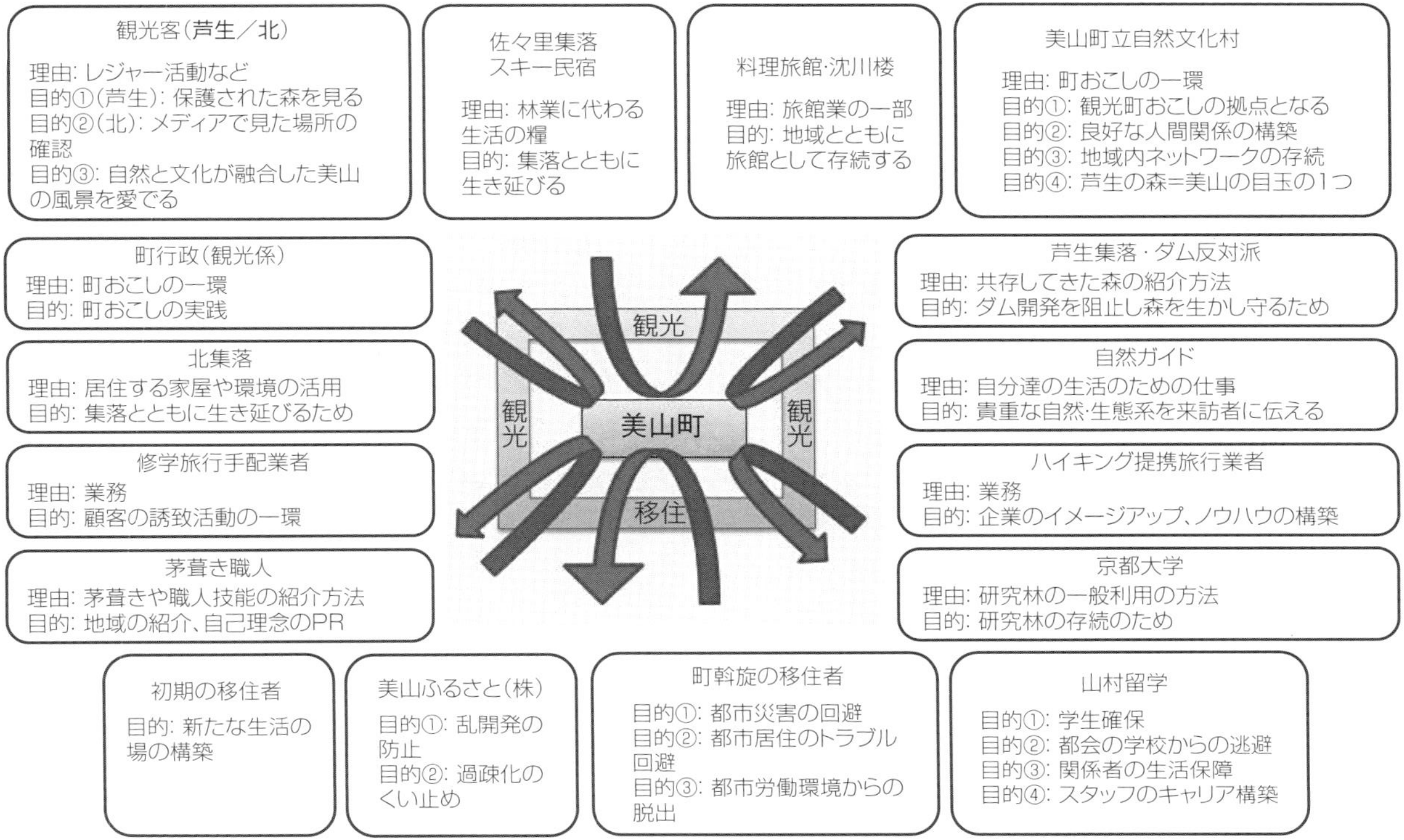
観光客（芦生／北）
理由: レジャー活動など
目的①（芦生）: 保護された森を見る
目的②（北）: メディアで見た場所の確認
目的③: 自然と文化が融合した美山の風景を愛でる
佐々里集落
スキー民宿
理由: 林業に代わる生活の糧
目的: 集落とともに生き延びる
料理旅館·沈川楼
理由: 旅館業の一部
目的: 地域とともに旅館として存続する
美山町立自然文化村
理由: 町おこしの一環
目的①: 観光町おこしの拠点となる
目的②: 良好な人間関係の構築
目的③: 地域内ネットワークの存続
目的④: 芦生の森＝美山の目玉の1つ
町行政（観光係）
理由: 町おこしの一環
目的: 町おこしの実践
北集落
理由: 居住する家屋や環境の活用
目的: 集落とともに生き延びるため
修学旅行手配業者
理由: 業務
目的: 顧客の誘致活動の一環
茅葺き職人
理由: 茅葺きや職人技能の紹介方法
目的: 地域の紹介、自己理念のPR
観光
観光
観光
美山町
移住
芦生集落・ダム反対派
理由: 共存してきた森の紹介方法
目的: ダム開発を阻止し森を生かし守るため
自然ガイド
理由: 自分達の生活のための仕事
目的: 貴重な自然·生態系を来訪者に伝える
ハイキング提携旅行業者
理由: 業務
目的: 企業のイメージアップ、ノウハウの構築
京都大学
理由: 研究林の一般利用の方法
目的: 研究林の存続のため
初期の移住者
目的: 新たな生活の場の構築
美山ふるさと（株）
目的①: 乱開発の防止
目的②: 過疎化のくい止め
町斡旋の移住者
目的①: 都市災害の回避
目的②: 都市居住のトラブル回避
目的③: 都市労働環境からの脱出
山村留学
目的①: 学生確保
目的②: 都会の学校からの逃避
目的③: 関係者の生活保障
目的④: スタッフのキャリア構築

図8−1　美山町の観光に関わる主体の理由と目的

である。次に、美山町のなかから関わる主体をどう捉えるかであるが、美山町という地域との関係の深さ、ならびに美山町の中と外との関係の深さに着目して、以下のとおり区分できるだろう。まず、美山町の観光政策を担う町行政がある。次に、住民や美山町での観光従事者、山村留学等の関係者を、美山町内に生涯ずっと生活拠点を置く「美山町に住み続けている住民」、美山町から少なくとも一度は出たことのある「美山町出身で都市生活経験者」、美山町に地縁や血縁があって美山へ移り住んできた「美山町に地縁・血縁のある者」、そして町外から美山町へ移動してきた「美山町への移住者や山村留学生」に分けることができる。これらを図に表わしたのが図8－2である。

さらに、これらの区分を、美山町という地域と時間的・空間的に密接にかかわる順に並べ替えてグループ毎に名前をつけたのが図8－3である。具体的には、美山町から離れたことのない住民を「美山町ネイティブ」とし、美山町を一度離れたが戻ってきた都市生活経験者や美山町で生まれたのではないが地縁・血縁があって美山町での生活を選んだ人びとを「美山町に縁のあった人びと」、地縁・血縁はないが美山町での生活を選んだ移住者らを「美山町の新住民」、さらに、観光を通じて美山と関わる主体を「美山町外の関係者」とし、「観光客」はそのままにした。

では、それぞれの区分が、美山町にどのように関わっているのか。ここでは、複数の人類学者や社会学者らが論じている地域をとりまく人間集団の類型化を参照に検討してみたい。

上野千鶴子（1987）は、人間集団の類型化について、共同体の議論を中心に「縁」に関する複数の研究者による理論を紹介している。世界的に有名なものとして、R・M・マッキーバーが提唱した、共通の生活様式を有している地域で他と比較して特徴的な慣習や伝統等がみられる「コミュニティ」と、共通した興味・関心にもとづいて社会的に構成される「アソシエーション」という概念（MacIver 1920: 22-24 参照）や、フェルディナンド・テンニェスが提唱した実在的有機的な生命体としての人間集団「ゲマインシャフト」と観念的機械的な形成物と

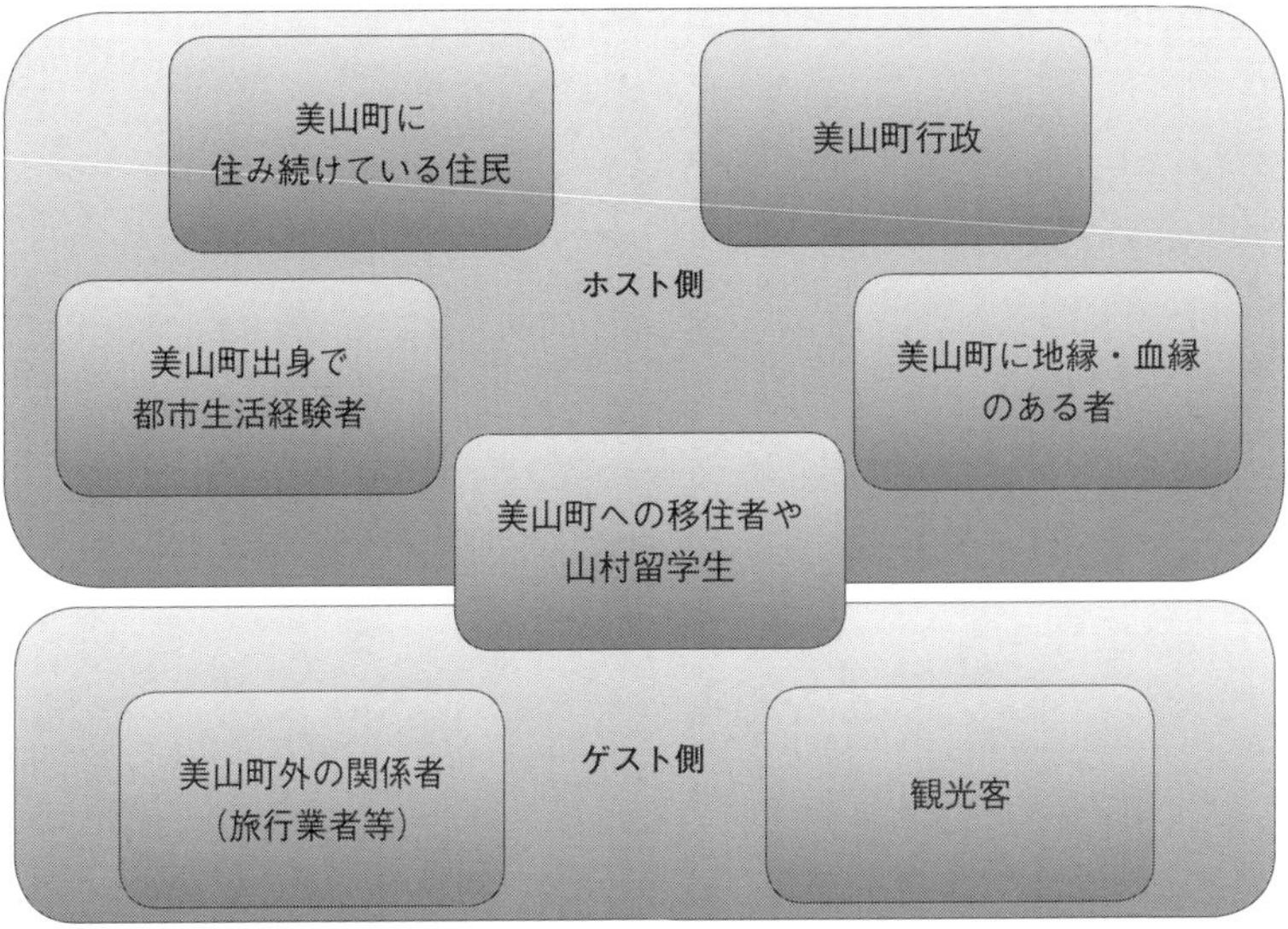

図８－２　美山町での観光実践に関わる主体の分類

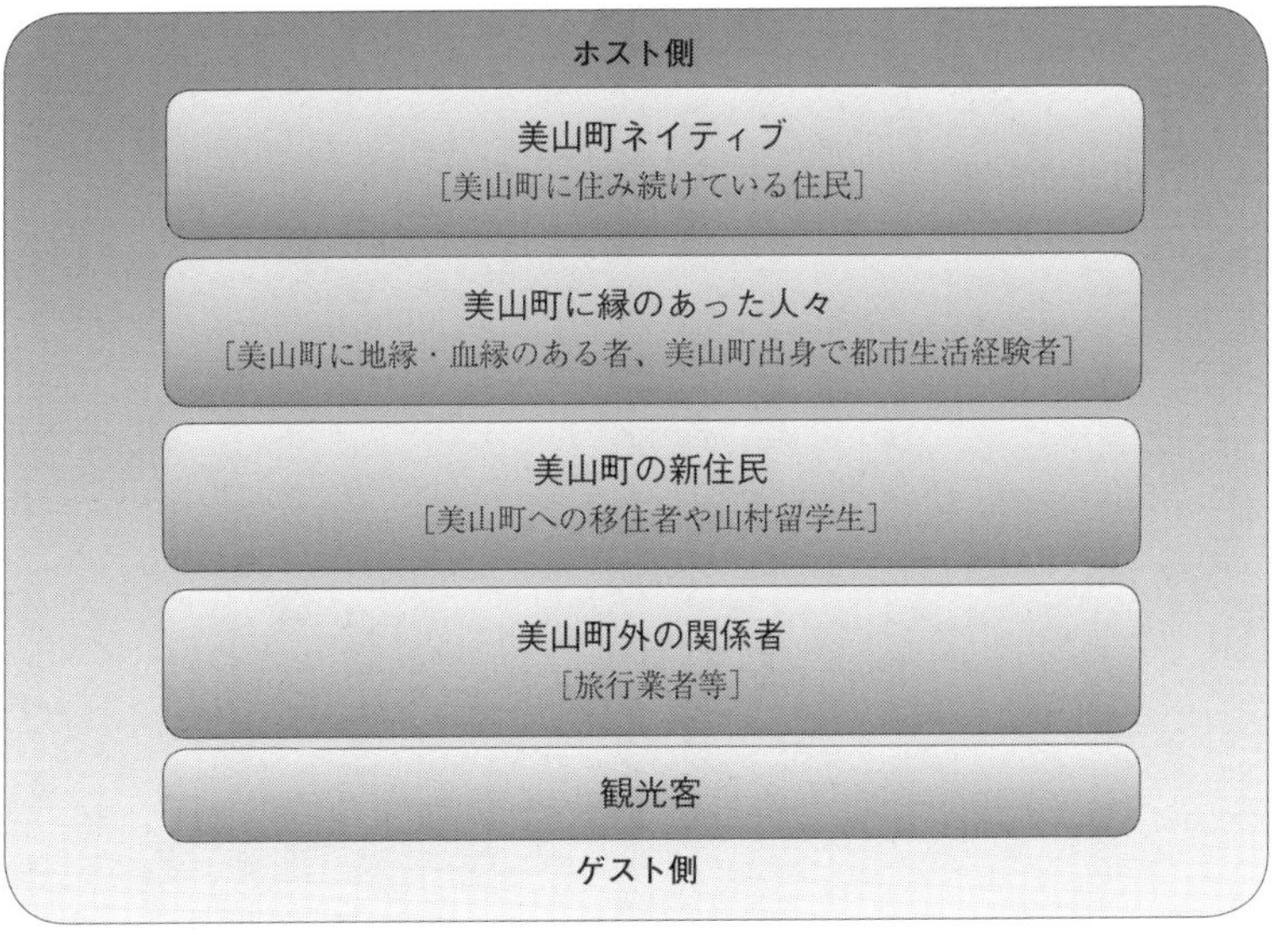

図８－３　美山町での観光に関わる主体の位置づけ

考えられる「ゲゼルシャフト」（テンニェス 1954: 16 参照）に触れる。日本における主な人間集団の類型としては、血縁、地縁、米山俊直が命名したアソシエーションに対応する「社縁」、さらには望月照彦が提唱した都市にみられる個人の選択による「知縁」（pp. 227）、網野善彦が提唱した定住を基礎とした拘束的な社会関係の外に存在する周辺的な人間関係である「無縁」（pp. 228）等を紹介する。その上で、上野自身の概念である「選択縁」を提示し、血縁・地縁・社縁がいずれも成員の主体的な意思によって「選べない縁」であるのに対し、成員が自由意思で「選べる縁」による集団が都市を中心に人びとの生活に占める比重を増していると指摘する。

高田公理（1998: 253-255）は、上野の人間集団の類型化について触れる一方、テンニェスやマッキーバーの類型を「共同体＝ゲマインシャフト＝コミュニティ」ならびに「利益集団＝ゲゼルシャフト＝アソシエーション」と考えることができるか論じ、そもそも近代西洋における人間集団の類型化は近代以前の共同体へのノスタルジーに依るのではないかと批判している。高田によると、「近代以前の家・村ゲマインシャフトは、農業生産のための利益集団としての成員の生存を保存するゲゼルシャフトでもあ」り（pp. 255）、他方、「『選択できる縁』が生む人間集団は、観念的・作意的な選択意思によって形成され、かつ目的合理的志向を充足する点では利益集団である。しかし、成員の同等関係が生む相互的共感に支えられている点では共同体だということになる」（pp. 253）のである。つまり、近代以前から、多くの人間集団には共同体／ゲマインシャフト的なつながりと、利益集団／ゲゼルシャフト的つながりが、同時に見られたのである（pp. 252 参照）。

この点を踏まえた上で、高田（1998: 261）は日本における人間集団の変化について、「近代以前の共同体は、その成員に物心両面の充足の条件を提供しながら、その全存在を共同体の存続のために供託することを要求する人間集団であった。ところが、近代的工業化の結果、さしあたり物質的充足の主体が伝来の共同体から外在化された各種の産業に転移する。そしてやがては高度成長期の日本のように、それが精神的な充足の条件までをも引き受けるようになる」と論じている。この点をより簡潔にかつ発展させた形で述べているのが中牧弘允（1998:

18–19）で、彼は二十世紀の日本のコミュニティが「地縁から社縁を経て『消費縁』『ヴァーチャル縁』へと」変化したと記している。ここでいう「コミュニティ」とは、既存の民族学・人類学で考えられてきた「対面的な関係のなかで共住する人びとの最大の集団」ではなく、より広義な人間集団をさしており（中牧 1998: 16–17）、日本のコミュニティは地域を核とするものから結社、なかでも企業を中心とするものへ、さらに市場やＩＴ環境を中心とするものへと変化した。

コミュニティの議論に関連して、広井良典（2009: 11）は「『コミュニティ＝人間が、それに対して何らかの帰属意識をもち、かつその構成メンバーの間に一定の連帯ないし相互扶助（支え合い）の意識が働いているような集団』と理解してみたい」と提案し、現代のコミュニティの特徴を以下の三つの比較軸から明示しようと試みている（広井 2009: 11–21）。第一は、「『生産のコミュニティ』と『生活のコミュニティ』」という視座からの検討である。かつて、日本各地で多くの人びとが農林業に従事していた時には、「生産＝生活」のコミュニティが成り立っていた。それが、都市化・産業化にともなって、労働の場と居住地に距離が生じ、かつ、人びとは居住地よりも労働の場に重きを置くようになると、生活のコミュニティが存在していた地域におけるつながりが希薄になっていく。日本人の中心的コミュニティが地縁から別の「縁」へシフトしていくのである。

第二は「『農村型コミュニティ』と『都市型コミュニティ』」である。農村型は「共同体に一体化する個人」の関係によって、都市型は「独立した個人と個人のつながり」の関係によって成り立つコミュニティだと考えることができる。農村型の関係は、「ムラのつながり」とも表現できるが、日本の産業構造が農林業中心から企業における賃金労働を中心とするものへと変わっていくなかで、農村型に特徴的な「ムラのつながり」が、都市部でも人びとが帰属する企業等のなかに形成されるようになっていく。しかし、バブル経済崩壊後の昨今では、雇用形態の大きな変化により企業等における農村型的な関係性が失われつつある。言い換えれば、日本ではコミュニティの軸が地縁から企業を中心とする社縁にうつっても、二十世紀末までは人びとがコミュニティと一体化するするによって、この社縁における「ムラ的なつながり」が解消しつつある。

「ムラ的な」「ゲマインシャフト的な」関係が根付いていたが、バブル経済が崩壊して人びとの雇用形態が多様化することによって、この社縁における「ムラ的なつながり」が解消しつつある。

第三は、「『空間コミュニティ』と『時間コミュニティ』」である。第一・第二の議論によって、日本においては地域のつながり、言い換えれば「ムラのつながり」が地縁・社縁いずれにおいても希薄になっていることが明示された。このことは、空間、あるいは地域を軸とするコミュニティが減少していると考えることができる。他方、IT技術の発展や日本の文化・社会の多様化にともなって、「ミッション（使命）」志向型、テーマ型ともいうべき、さまざまな団体や任意の関係を基に人間関係が構築されるコミュニティが成立しつつある。これらのコミュニティは空間を基軸にする通時的なコミュニティではなく、空間を超えた共時的な性格の強い、時間的コミュニティと考えることが可能である。

以上の人間集団の類型に関する議論を踏まえて、美山町の観光実践に関わる主体の類型に戻ってみよう。美山町に住み続ける「美山町ネイティブ」に属する人びとにとっての美山町は、歴史的に「生活＝生産」のコミュニティであり、共同体に一体化する個人から成る「農村型コミュニティ」であるといえる。また、地域を軸とし、歴史的に人間関係が構築された「空間コミュニティ」であるといえる。しかし、観光振興を推進している現在の美山町には、美山町ネイティブ以外の多様な主体が居住、あるいは一定の時間滞在している。

美山町へ戻ってきた都市生活経験者や地縁・血縁者、すなわち「美山町に縁のあった人びと」や、美山に縁のなかった移住者ら「美山町の新住民」は美山町ネイティブの人びとと同様に現在は美山町に居住し、観光実践に関わっている。これらの人びとは彼らなりに美山町へ帰属意識をもち、地域における連帯意識を有している。しかし、美山町という土地に根差して「生活＝生産」となるような共同組織を形成しているわけではなく、美山町におけるつながりは最初から「選べない縁」ではない。彼らは都市生活等の他の選択肢もあるなかで美山町への居住・帰属を選択しているのであり、彼らが美山町に対して抱く帰属意識は独立した個人としての意思にもとづ

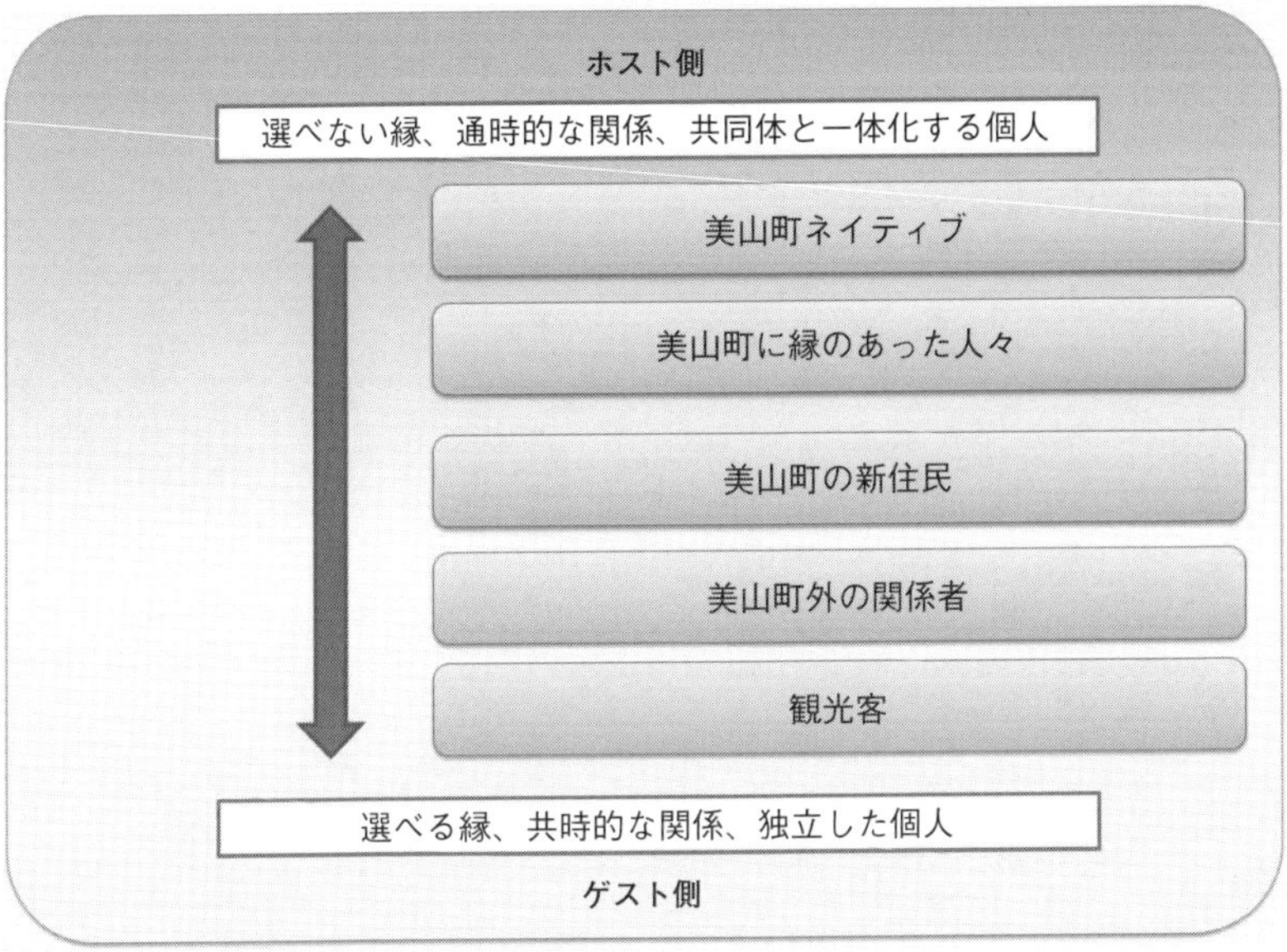

図8－4　美山町での観光に関わる主体の性質

くものであろう。また、彼らが有する美山町という観光地に対する興味は、歴史的に形成された通時的なものというよりは、ここ十数年ほどで深まった共時的なものである。なお、美山町という地域に対する興味を有する、共時的なつながりだけに着目すれば、観光実践に関わる美山町外の関係者や観光客らも美山町というコミュニティに関わる主体だと考えられる（図8－4参照）。

これらをまとめると、美山町で観光実践に関わる主体の関係は、美山町という土地に根差して選択の余地なく美山町に属する人びとと、観光振興をきっかけに自由意思で美山町への帰属を選択し、独立した個人として関わる人びとによって、共時的に構築されているといえる。

3　美山町の資源化に関わる主体

ここで、さらに関係主体と観光資源化について検討していきたい。美山という観光資源の生成や活用について、図8－2で示した主体すべてが観光資源の生成ならびに活用に関与しているというより、いくつかの主体が資源の生成および活用に関わり、他の主体は生成された資源を活用することで美山町の観光に関わっていると考える方が妥当である。

では、どの主体が生成と活用に関わり、どの主体が活用に関わっているのか。まず、ホスト側とゲスト側に分けて考えてみると、ゲスト側は美山町そのものが観光資源化されたことを受けて、観光客として来訪したり、旅行業者としてツアー商品を企画・提供したり、大学として地域の活動をサポートしたりしていると考えられる。次に、ホスト側でも美山町の外とつながりが深い人びと、すなわち美山町に移住してきた人びとや地縁・血縁によって美山に移り住んできた人びと、あるいは都市生活を経験して美山に戻ってきた人びとは、美山町が観光資源として生成されたのをきっかけとして、美山町での生活や観光実践を選択したといえる。

これらを踏まえると、美山町の観光実践で積極的に資源の生成に関与する主体は、ホスト側の美山町行政および美山町に住み続けている住民だと考えることができる（図8－5参照）。そこで、ホスト側のこれらの主体の観光実践が「誰を目がけて」おこなわれているのか、すなわち美山町という資源を生成し、観光実践を実現させようと試みたときに想定した対象がどのような主体であるのか、美山町での観光実践の様相を整理してみたい。

まず、美山町行政は、美山町で観光振興を推進する際に美山を訪れる観光客をターゲットとしているだけでなく、観光によって外部の人に美山のよさを宣伝し、将来の住民になってほしいと考えていた。また、観光という新たな経済活動を生みだすことで、町民に新たな雇用と現金収入の機会を提供しようと考えていた。町の関連施設である美山町立自然文化村も同じような対象を想定して観光に関わっていたと考えられる。また、町の関連企業である美山ふるさと株式会社は、町行政が想定した対象のうち、特に将来の住民になる可能性のある外部の人びとをターゲットにしていたと考えられる。

他方、芦生集落の人びとは、ダム開発に反対するためにハイキングを考案し実施していたが、彼らが対象とする主体は観光客ではなく、芦生の森および地域の価値を理解し、ダム反対に賛同してくれる可能性のある外部の

図８－５　美山町で観光実践の生成に関わる主体

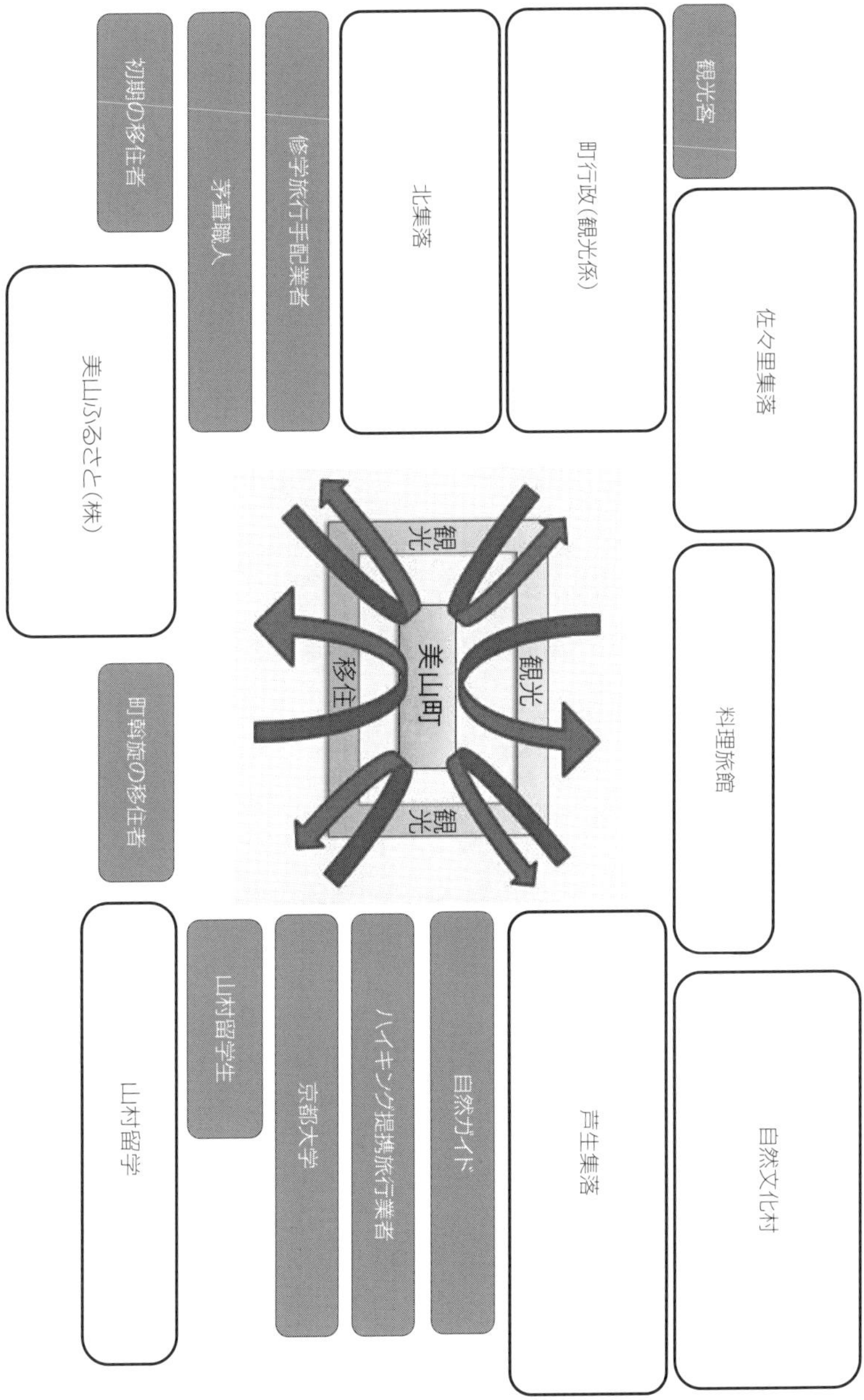

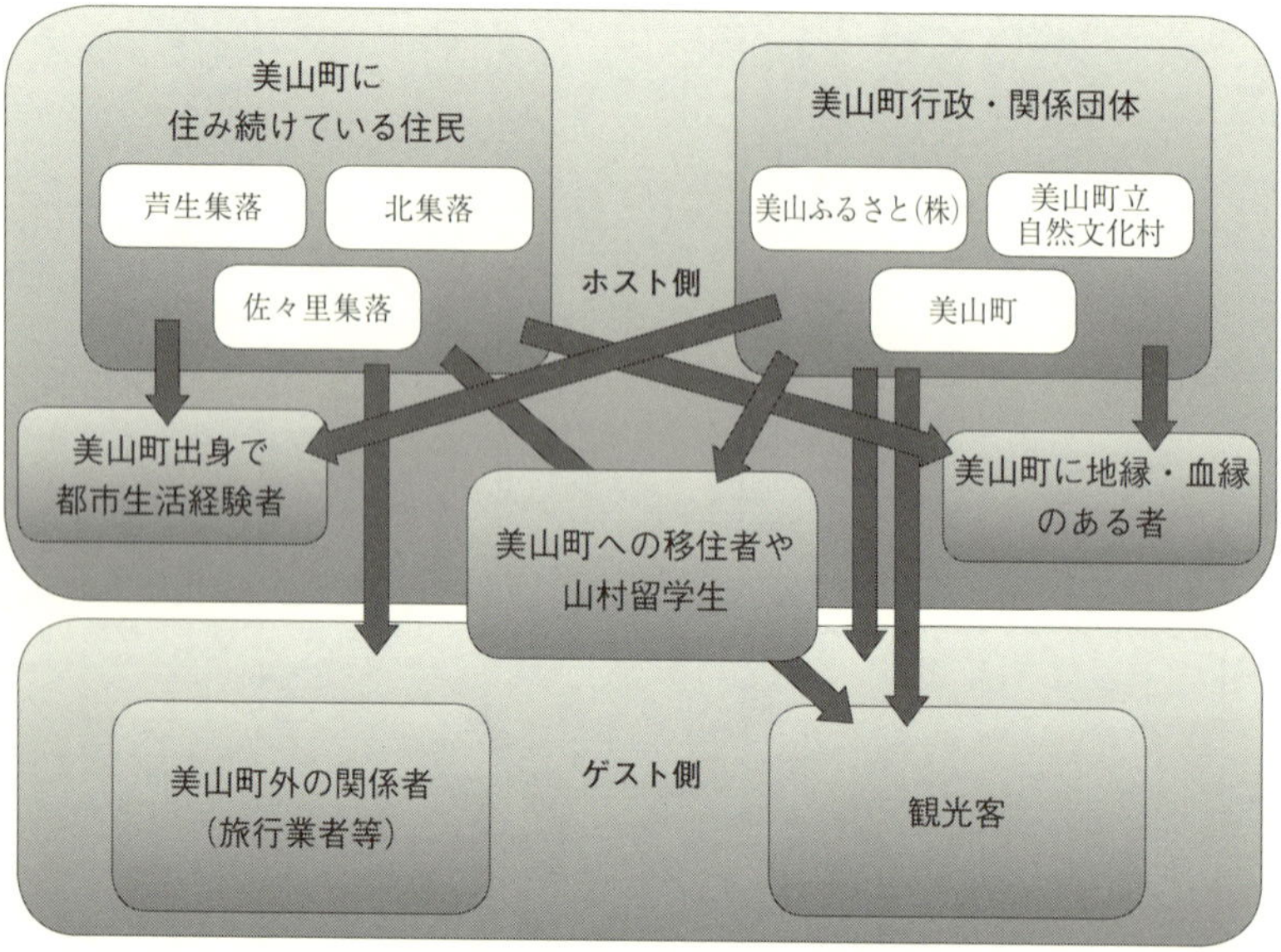

図8－6　美山の資源化における「誰が」「誰を目がけて」

人びとである。また、佐々里集落の人びとは、集落のなかで生き延びるためにスキー客への民家宿泊をおこなっており、彼らの想定する対象はスキー客であった。北集落の人びとは、集落を資源化して観光実践する際、観光客を想定するとともに、北集落に関係のある人びとをターゲットとして彼らが観光をきっかけに地域へ戻ってくることを願っていた。

　このような内容を、先にまとめた美山で観光実践に関わる主体についての図8－2に当てはめたのが図8－6である。この図における矢印が、資源化における「誰が」「誰に目がけて」資源化しているのか、を表わしている。図8－6から明確なことは、環境観光における資源化では、ホストからゲストへ、というだけでなく、ホストからホストへという方向へおこなわれ活用されるということである。森山が提唱した「誰が」「誰の文化を」「誰の文化として」「誰を目がけて」という文化資源を図式化する概念について、観光実践、特に環境観光の実践においては、「誰を目がけて」は実質不特定多数へ向かうと推察される。

このような、美山町の観光資源化における主体の在り方を踏まえて、以下では、美山町という観光資源の生成と活用について検討する。

Ⅱ 美山町という観光資源の生成

1 二次的自然の観光資源化

美山町の観光資源化を分析する前に、環境観光における二次的自然の資源化について、第2章の内容を振り返りながら確認しておこう。第2章では、日本の状況を中心に人と共生してきた自然、すなわち二次的自然がどのように価値や意味を付与されて環境観光の資源となるのかを検討した。二次的自然が観光対象となっている状況を検討するには、三つの視点からの分析が可能である。第一に、自然およびそれをとりまく地域を、都市の対極に位置する農村として捉えることが可能である。この捉え方では、都市部の住民は都会にないものを求めて農村を訪れる。一方、農村側は、農業の近代化・国際化、過疎化・高齢化などに起因する諸問題を抱えており、その解決策として観光を位置づける。そして、都市と農村の両方から農村に「環境にやさしい」「貴重な環境」であるという付加価値が加えられ、観光対象となり、活用されていくのである。

第二には、環境保護の視点から、二次的自然を貴重な環境であると捉えることができる。この場合のキーワードとして「里山」がある。里山は、かつて居住地周辺の二次林を意味していたが、環境保護論争が盛んになるのに合わせ、マスメディアの影響を多分に受けて二次林やそれを取り巻く居住地、河川、山林などを含む包括的な環境のセットとして見なされるようになっていった。一方、環境保護を中核とする観光形態にはエコツーリズムがあり、日本国内では行政のみならず複数の環境保護団体がエコツーリズムを推進していた。二次的自然である里山が重要視され称賛されていくと、里山はエコツーリズムの対象として明確に取り込まれていった。

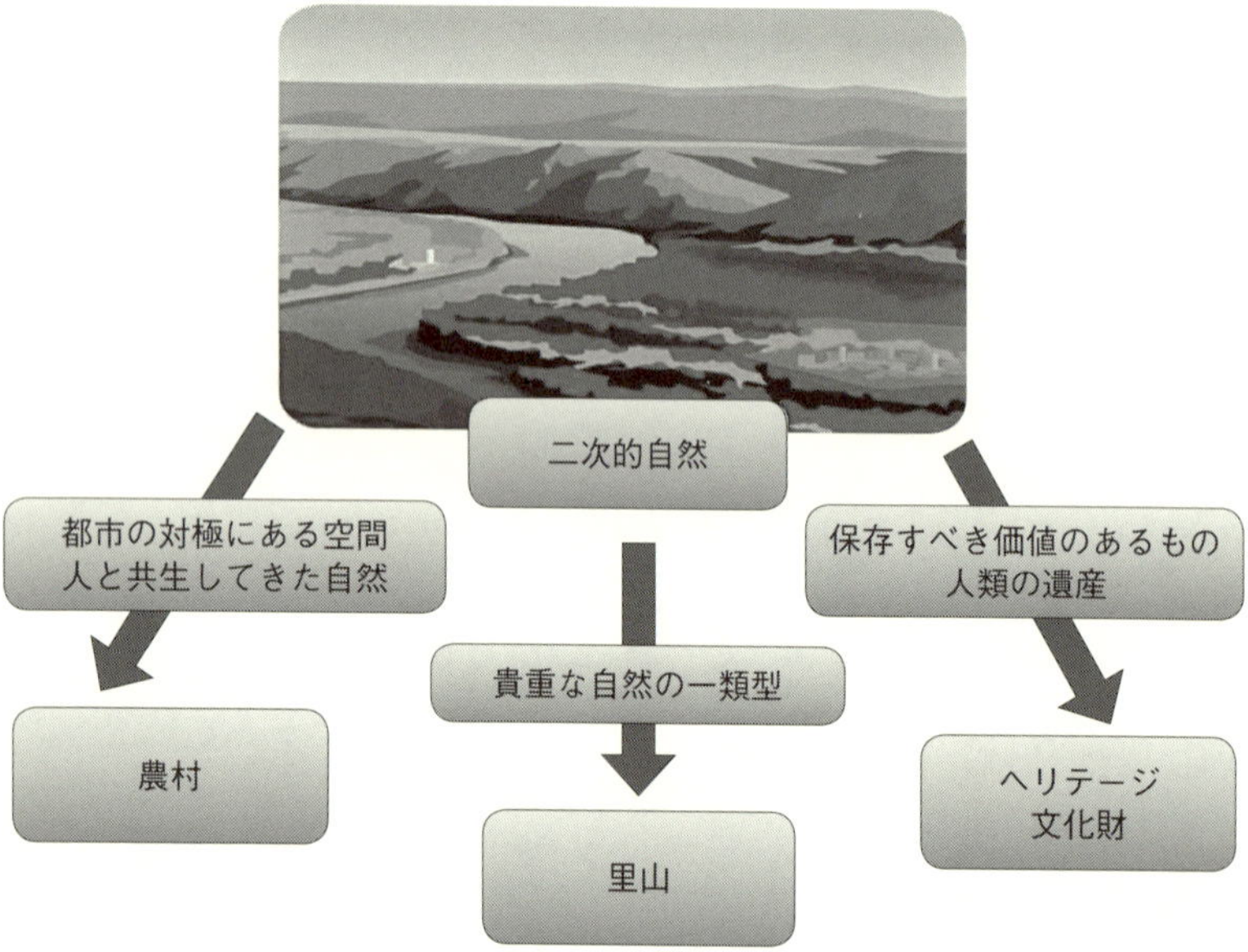

図8－7　日本における二次的自然の観光資源化

第三には、人と共生してきた自然を、人類が歴史的文化的に築いてきたヘリテージ・文化財として捉えることができる。世界的には、世界遺産制度のなかに文化的景観というカテゴリーが導入され、国内では文化財制度のなかに、名勝、文化的景観、伝統的建造物群保存地区という区分が設けられて、人と共生してきた自然の保存政策がとられている。観光との関係を考えた場合、これらの制度は直接的に観光を推進するものではないが、ヘリテージ・文化財として新たな価値を与えられることで観光する側の注目を集め、観光を生みだすきっかけとなる。また、文化財のうち、伝統的建造物群保存地区制度には税制の優遇措置や建築基準法の緩和措置が盛り込まれており、観光による地域振興への貢献度が高くなるように工夫されている。

上記の内容の全体像を示したのが図8－7である。これを踏まえると、観光対象となる二次的自然は、UNESCO等の国際的な組織、国家レベルの官公庁や団体、さらにはメディア等によって、農村、里山、文化財、といった複数の切り口から価値や意味の付与がなされて観光資源として認識されていく。ここで明らかになったのは、観光資源化のメカニズムには、さまざまな人為的な働きかけによって、二次的自然が「農村」「里山」「ヘリテージ・文化財」といった新たな価値をもつ観光資源に創りかえられる仕掛けがあるということである。

なお、観光で活用される二次的自然の特徴について、農林業でのそれとの違いを確認しておく。農林業で二次的自然を活用する場合、資源としての農林地を循環的に活用しながら生産活動を続け、農作物が生産される。そして、農作物を外部へ販売し金銭を得ることによって町外との経済的な関係を構築する。つまり、農作物の生産そのものは閉じた二次的自然のなかでおこなうことが可能であり、外部との関係は、できあがった生産物の取引によって生じることになる。[1]

これと対比して、観光では、二次的自然あるいは二次的自然を有する地域が外部からの働きかけによって農村、里山、文化財といった価値を得て、新たな観光資源として生成される（図8-7参照）。言い換えれば、ある地域にどれほど二次的自然が存在していようとも、日本や世界のなかにおける一地域としての位置、つまり、外の世界との関係がなければ観光資源にならないのである。加えて、ある地域が観光資源となりうるには、農村や里山と認識される他の数多くの地域との比較・競争に勝たなければいけない。つまり、ある地域が環境観光の資源となるには、その地域が日本、さらには世界のなかの一地域として存在し、世界のなかで優れた農村や里山として価値を有すると認められることが必要である。

以上、地域を越えたレベルでの二次的自然の観光資源化について分析した。次に、実際の観光地ではどのよう

［1］もちろん、近代的な農業では化学肥料や農機の売買など、外部との関係が複雑になるが、ここでは観光との違いを強調するため言及しない。

な資源の生成・活用のメカニズムがみられるのか、美山町の事例から検討してみたい。

2 美山町の観光資源化

二次的自然を有する地域がどのように観光資源として生成されるのか。ここでは、美山町の事例における資源生成を検討する。美山という観光資源は、上述したように地域を越えたレベルでの二次的自然の観光資源化によって、外部から農村や里山、ヘリテージ・文化財といった価値が与えられる。その上で、内部からの資源化、すなわち地域に関わる人びとが美山町に価値や意味を付与し、観光資源として生成すると考えられる。

美山町での観光実践を考えてみると、先述したように、積極的に資源化に関与する主体は、ホスト側の美山町行政および美山町に住み続けている住民である。そこで、この二主体による資源の生成について検討していきたい。まず、美山町の観光を推進する行政関係者は、美山を山や川、住宅を含めた里山であると強調し、典型的な農村であり、かつ重要文化財を有する地域としてアピールし、観光まちおこしを進めている。言い換えれば、美山町行政は、町外で構築された二次的自然を観光資源化するメカニズムを積極的に活用し、美山町が農村であり、里山であり、かつ文化財を有していることを強調して、地域内から積極的に観光資源の生成に寄与して観光振興を推進しているのである。

次に、美山とともに生き、住み続けてきた地域住民について、第4章以降で紹介してきたさまざまな観光実践における地域住民の言動を振り返ってみると、地域住民は、美山町が農村である、残すべき価値のある文化財を有している、あるいは里山である、というコメントをほとんどしていない。たとえば里山について、筆者がおこなったフィールドワークの結果では、里山という語が関係主体によって明示的に使用されたのは、第3章で紹介した行政関係者のコメントと、芦生のハイキングで町外ガイドが滋賀県側から越境して独自にツアーを実施したことに対して、芦生の住民が「里山をガイドして多額のツアー料金をふんだくって」と批判したケース、ならびに町内で実施されたシンポジウムでの外部講師の発言で里山という用語が使用されたケースぐらいであった。このように、美山という観光の現場では里山という用語が明確に使用されることは少なく、美山町内で里山という語が使用されるのは、外部あるいは外部者に向けて美山を語る場合にかぎられているようである。

この調査結果が示しているのは、貴重な里山という切り口で美山が資源化されるのは、外部からの視点であり、美山町の内部からの視点ではないということであろう。おそらく、農村、文化財、という言葉にも同じ傾向があると思われる。では、美山町のなかで観光に関わる主体は美山町をどのようにとらえているのだろうか。

まず、美山町に住み続けてきた人びとにとって観光資源となる二次的自然は、町内で観光が推進される以前は、「どこにでもあるもの」「ありふれているもの」であった。それが、町行政を中心に観光振興がおこなわれていく過程で、これらの住民の二次的自然に対する認識は、「外から見ると価値のあるもの」「見方を変えると新たな利用価値があるもの」へと変化していく。このことは、農村や里山、文化財といった視座を明示しての資源生成ではないが、外部や町行政の影響を受けて、地域のなかから凡庸なものを特別なものに変化させる視座を発見し、それを地域住民で共有して、美山という観光資源を生みだしていると考えられる。

なお、このような観光資源の生成について、知井振興会会長は以下の示唆的な話をしている。「美山には、美しい山ときれいな川と田畑があんねん。ここはすぐにつくれるもんちゃう。こうなるまで三〇〇年かかんねん。そやし、それをつこて〔使って〕どうにかならへんか、ちゅうことやねん」「でも今、山も田んぼも畑もみんなせえへん。儲からへんもん。田んぼかて一〇年もしたらやれんようになるで。そしたら茅畑とかになってしもて、そしたらしまいや。これからは村でやってかなどうしょうもない。山持ちに五〇〇万やるから手入れして、っていうたって絶対せえへんで。次、誰がしてくれんねん、ってなるし、次がおらんのにせえへん。やっぱり村でせんなあかん」。このことについて、美山町観光協会の職員も、今、畑に出て仕事をしているのは高齢者ばかりで、青・壮年層はほとんど従事していないといい、一〇年後は担い手が激減するのではないかと憂いていた。

このように、美山の中核に存在する住民らは、観光資源化される美山を山、里、林、田、家屋、川、といった環境の素材によって成り立っていると理解する。地元の人間には、この山林や田畑が観光資源の源であり、これらの環境を保全していかなければ観光は継続できないという理解がある。このことはつまり、「山や田」という二次的自然が観光資源になる大前提に、住民が歴史的に共生・保全してきた農地や林地という観光資源を構成する素材があり、地域住民は観光資源としての美山を生成することよりも、生成する源となった美山を構成する要素の存続や保全を懸念しているということである。

この、美山町という場に対する外からの視点と中からの視点の差異は、生態資源と象徴資源の違いを表わしているといえるだろう。美山町の観光振興は、町内に広がる自然環境を生態資源として活用する第一次産業、つまり農林業が衰退したことを受けて、新たな産業を模索する中で推進されたものである。言い換えれば、自然環境を直接的に利用することで生計を立てていくことが難しくなったことを受け、外部が美山に付与する「農村」「里山」「ヘリテージ・文化財」といった象徴的な意味を持つ資源として、町行政が積極的に観光に利用していくところから始まっているのだ。

しかしながら、過半数の世帯がなんらかの形で農地・林地を所有し活用しつづけている美山町の住民にとっては、生態資源としての美山の自然と、象徴資源としての美山という空間が一致あるいは近似しており、生態資源の保全が同時に象徴資源の存続の条件にもなる。だが、美山町に観光を中心として関わるその他の主体にとっては、必ずしも生態資源と象徴資源が同一、あるいは類似した形で見えてこない。専ら、象徴資源としての美山という空間を観光資源として活用しているのである。この事実を先に整理した主体の類型と合わせて図式化したのが図8－8である。選べない縁で美山町に住み続けている美山町ネイティブ、さらには縁のあった人びとの一部にとって、美山町は生態資源であり象徴資源でもあるが、他の主体にとっての美山町は象徴資源として捉えられていると理解できる。なお、選べる縁で美山町に関わる主体にとって、「縁」を選ぶ際の興味や関心の核になっ

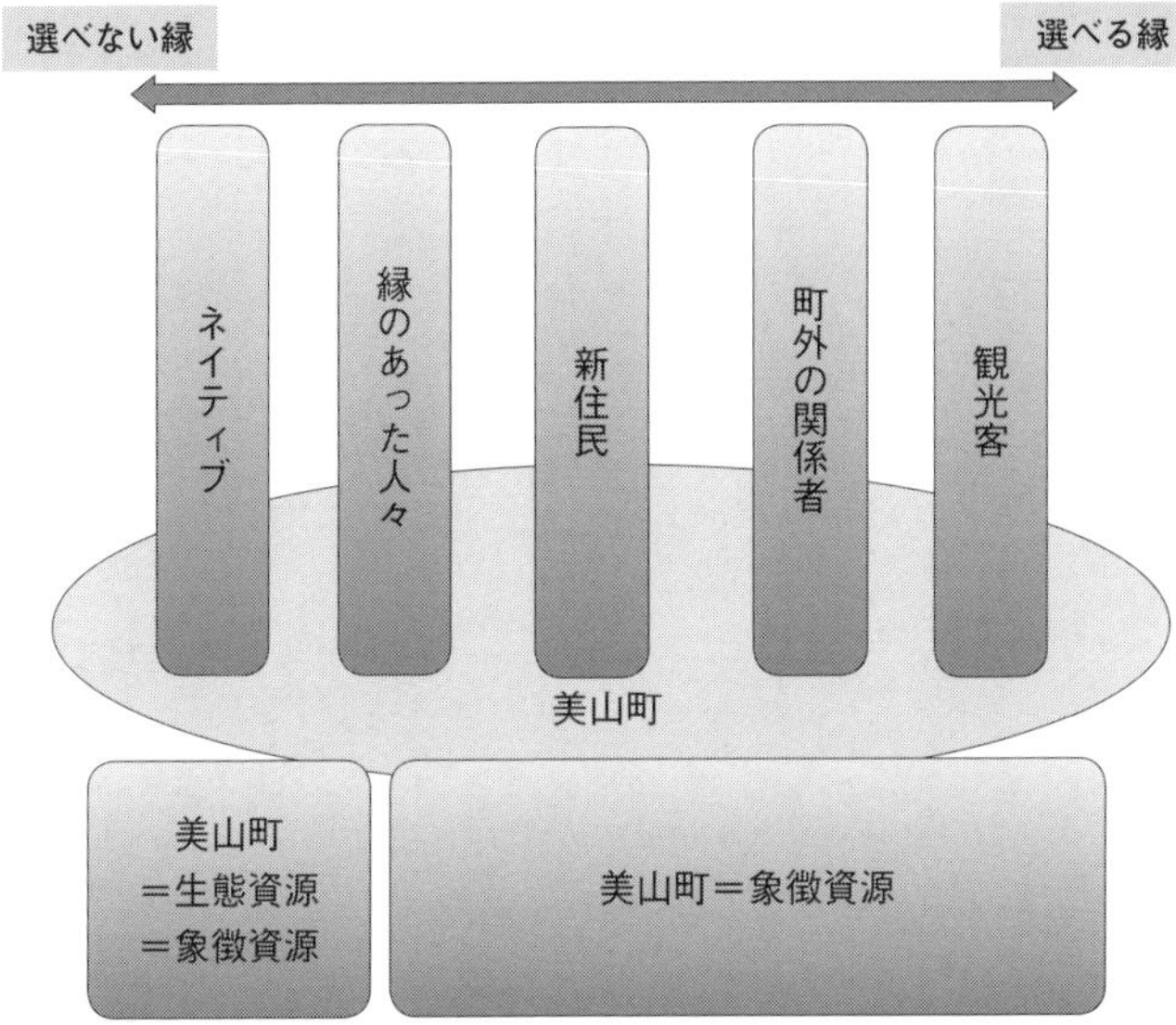

図８−８　観光に関わる主体と資源の性質

ているのが農村や里山、ヘリテージとして意味が付与され、象徴資源化された美山町という地域だといえるだろう。

　さて、このような、生態資源と象徴資源という両義的な解釈が可能な美山町という観光対象において、まず考えなければいけないのは、さまざまな主体によって構築され利用される象徴資源としての美山という資源である。他方で、生態資源としての美山と観光の関係を検討しなければいけない。以下では、まず、象徴的な資源としての美山の活用について論じていきたい。

Ⅲ　観光実践における象徴資源・美山の活用

美山町が観光資源として生成されると、美山に関わる各主体がそれを活用して観光、さらには移住に関わる活動をおこない、観光関連産業によって収益を得ることが可能になる。美山町の人びとは、美山町という象徴資源の活用を通じて低迷する農林業ではなく新たな産業に携わることが可能になり、その結果、経済的価値を取得することができるのである。

しかしながら、美山町での調査結果にもとづくと、美山という象徴資源を活用しておこなわれる行為から得られるのは、経済的価値だけではない。美山町の観光に関わる主体の目的や思惑は多様である。たとえば、佐々里集落のスキー民宿は、集落とともに生き延びるために観光実践をおこなっていた。また、芦生ハイキングツアーの事例では、芦生集落の住民やダム反対派の人びとはダム開発を阻止して森を生かし守るためにハイキングを企画・運営しており、京都大学は大学研究林存続のために観光に関与していた。その他、北集落の茅葺き体験プログラムの事例では、履歴の異なる茅葺き職人が、「環境にやさしい」自己理念のＰＲのため、あるいは茅葺きを通じて北集落での生活を理解してもらうために活動していた。

このように美山の事例から象徴資源を活用する観光を検討していくと、人びとが資源を活用して得るもののうち、経済的価値は一部であり、それよりも、関係主体がさまざまな非経済的な価値や効果を得ようとしている、あるいは実際に得ているのがわかる。では、美山町の事例で人びとが得ようとしていた非経済的な価値や効果はどのような性質のものであるのか。以下では、多様な主体が美山という象徴資源を活用することによって得られるものの性質を分析していく。

1　ホスト側の資源活用

美山という資源を活用して得られるものを分析するために、美山町で観光に関わる人びとと彼らの実践を、ホストからゲストの順で整理していきたい。まず、ホスト側の観光資源の活用を検討していく。ホスト側から観光に関係する主体のタイプとして、第一に、図8-3で「美山町ネイティブ」に分類した美山に生まれ美山とともに生きてきた人びと、ならびに彼らの所属する集落、美山町の公的機関、公営施設がある。佐々里集落のスキー民宿経営者や芦生集落の住民、北集落の住民、沈川楼の経営者の他、美山町役場、美山町立自然文化村、美山ふるさと株式会社等はこれにあてはまる。このタイプに当てはまる人びとや団体にとって、観光は自分たちの地元である美山を守り生かす手段の一つであり、観光に関わるのは美山とともに生きていくためである。

美山で生まれ育った人びとや彼らの集落にとって、外部との関係で生成される象徴資源としての美山を活用することは、美山町内のどこにでもある珍しくないモノの価値を再発見し、自然も文化も含む「地域としての美山」のなかで生きていくことを再評価することにつながる。加えて、「偶然残った」茅葺き家屋を活用して観光振興を進めている北集落のように、住民が知恵を出し合いながら、集落全体で観光関連施設（レストランや宿泊施設、物品加工所等）の運営をおこなっていくことで、新たなコミュニティ運営方法の構築にもつながっている。

第二のタイプは図8-3で「美山町に縁のあった人びと」とした主体であり、美山町出身で都市で生活した経験のある人びと、ならびに美山町に地縁・血縁のあった人びとが含まれる。このタイプにおける美山町出身者の多くは、進学や就職で都市に出てその後美山に戻ってきた。たとえば、ミュージシャンを目指していた茅葺き職人や家業を手伝いながら自然文化村で働いていた人が当てはまる。彼らが美山町に戻ってきた背景には、少なからず観光資源が生成されて活用できるようになったことで、美山町での生活が選択可能になった事実があるだろう。美山で生まれ、都市に移り住み、再度美山に戻ってきた彼らは、観光実践において町外での経験を生かすことができ、観光施設や体験プログラムの立ち上げ・運営で大きな貢献をする。この貢献を通じて、美山に戻ってきた人びとは、美山での新たな位置を獲得することができ、かつ、美山で生きていくことの価値・評価を認識することができる。

美山町に地縁・血縁のあった人びとは世代を超えたUターンが多く、たとえば、北集落の修学旅行受け入れ実現に奔走した役場職員や、自然文化村のハイキングを立ち上げたガイドが当てはまる。彼らもまた、美山町出身者らと同じく、美山町が観光資源化されたことによって、美山町に移り住んで生計を立てるという選択が可能になった。そして、都市での生活経験を生かして、美山町の観光の現場で活躍しているのである。

最後のタイプは、「美山町の新住民」で、都市で生まれ育ち、なんらかの理由があって美山に移り住んできた人びとである。これには多くの移住者や山村留学生が当てはまる。彼らの美山での立場について、町外出身の茅葺き職人をはじめとする複数の移住者は、美山という地域のなかに溶け込みたいと切望しているわけではなく、溶け込んでいるわけでもない。彼らは、一方で、何代にもわたって美山に住み続けてきた人びとと距離をとり、他方で、外部に向けて美山を「環境にやさしい」「貴重な自然の残る」場所として紹介する。彼らが観光や関連事業に関わるのは、環境保護や持続可能な住居の存続といった自己理念を実現するため、貴重な自然・生態系を来訪者に伝えるため、あるいは自然と教育に関わりたいという自分の目標を実現させるためである。

以上、美山町でホスト側から観光に関わる主体の資源活用をまとめてみた。これらホスト側の各主体の資源活用を人類学における議論を踏まえて考察するなら、経済と社会の関係の解明とアイデンティティ形成に関わっていると考えることができるのではないか。そこで、以下では、これらの点について分析してみたい。

2 美山という資源の活用からみえる経済と社会の関係

まず、美山町で生まれ育った人びと、言い換えれば選べない縁で美山に居住し観光に関わっている主体の資源活用から何がわかるのか。彼らの資源活用を考えるにあたり、美山町行政の観光に対する姿勢を確認したい。美山町の観光振興を牽引してきた美山町行政において、実際に観光振興に関わっていた職員は嘱託職員を含む三人であり、町行政の姿勢は少人数でできるところまで進めればよいというものであった。美山町が観光スポットとして注目を浴び、町人口の一〇〇倍以上もの人が訪れるようになった現状とは相反して、行政における観光振興の取り組みはけっして積極的だとはいえない。

町行政に関連して、町内の九〇％以上の事業主が会員となっている商工会[2]においても、観光関連の事業主の複数は、任意で商工会、さらに下部組織の料飲組合への所属が可能になるにもかかわらず、未所属のままで観光ビジネスに携わっていた。美山町内の複数のレストランやペンションの経営者らは、必ずしも連携して組織だって観光に取り組もうとしていたわけではない。商工会の職員は、観光関連の取組みについて、「『へんなもんしはって』という人もいる」「外からの人の方がうまくいったりしている」とコメントしている。さらに、ハイキングや体験プログラム等、それぞれの事例を検討していくと、各々の中心となっている人物は数人であり、多くの人数で組織的に観光実践がおこなわれているわけではない。さらに、美山町の観光実践は、けっして行政と住民の深いつながりや官から民への上意下達の指示による運営ではなかった。

これらの状況を分析すると、美山という地域のなかでは、観光が地域を支える主要産業になりえるという認識があまりなく、やりたい人がやってみればいい、あるいは他に選択肢がないからとりあえずやってみる、という位置づけなのではないだろうか。加えて、美山の歴史を振り返ると、住民は林業、農村での工業、農林業の復興、観光、と複数の経済活動の浮き沈みを経験しながら地域のなかで地域とともに生きている。ゆえに、観光に対しても「やれるなら試してみれば」という、冷めた捉え方をしているのではと示唆される。実際、自然文化村で働

［2］商工会は商工会法にもとづいて町村部に設立されている組織であり、美山町商工会のインタビューによれば、同商工会の役割は「地域社会に貢献する」ことである。経営改善と地域振興に寄与することが主な業務である。

くある移住者は、「美山の人はほんとうにお金にシビアだよ。まあ、昔は山で儲かった時代があって、でもそれがだめになっちゃって、次はマツタケでしょ、でもそれもだめになって、今は観光かあ。でも観光もいつまでもつかわからないからねえ」と、話していた。

ここで観光という事象そのものについて考えてみると、観光には独立した個人や団体が各々のアプローチで関わるという特徴が内在している可能性が高い。K・ミーサン（Meethan 2001: 7-8）は、観光と近代の関係について、以下のように論じている。まず、近代化によって仕事と家庭や家族が切り離され、賃金労働によって決められた時間のみ働く労働形態が出現し、家から離別した余暇空間、仕事から切り離された余暇時間が生み出されることになった。そして、さまざまな社会の関係が、ローカルな場所や時間を超えて再構築されていく。観光、特に国際観光においては、観光する側と受け入れる側がともにローカルな時間を超えて旅程のスケジュールを組み、地域毎の空間を超えて観光に必要な交通、宿泊、サービスを準備し、地域間、国家間のルールを超えて個々の余暇における移動を可能にする。いうなれば、観光という事象には、関係主体が帰属する地域や社会の密な関係を超えてさまざまな活動をおこなっていくという性質を内包しているのである。この点を踏まえると、観光に関わる主体は、観光振興や関連ビジネスに携わることで、それまでの地縁や血縁による結びつきから乖離し、既存の立場ではない個人や小規模団体として観光実践し、生計を立てているのではないかと考えることができる。美山町が観光振興を推進し、複数の「美山町ネイティブ」の人びとが観光実践するようになる過程で、美山町のなかでも既存の縁が薄れて人びとが独立した個人として活動するようになった可能性がある。

しかし、その一方で、美山町ネイティブの人びとは、観光施設で職を得ることによって賃金収入を得つつ、観光施設で共に働く者同士の良好な人間関係を築くことを優先したり、スキー場や民宿の運営によって農閑期の収入確保に務めつつ、農林業の低迷による浮き沈みを経験する集落で共に生き続けようと尽力していたりした。旅館の経営者も、自分のビジネスを成功させようと努力する一方、地域のなかの旅館として存続していくことを最重視していた。このような、独立した個人として観光実践をおこなうのと同時に、地縁や社縁を重視する美山町ネイティブの人びとの観光実践における姿勢や目標は、どのように理解すればよいのだろうか。筆者は、経済人類学が論じてきた内容が参考になると考える。

観光が発生した近代以降の経済について、カール・ポランニー（1975: 37）は「自由主義的資本主義とは産業革命の挑戦に対する人間の最初の反応であった」と述べ、「人間の経済を自己調整的な市場システムに変形し、その思想や価値をも、この新しく特異なシステムに適合するように鋳直した」と記している。従来、人間は社会的存在であり、社会的な名誉や地位、財産を確保しようと努力する行為に付随するのが生産への努力であった。すなわち、「人間の経済は原則として社会関係のなかに埋没しているのである」（pp. 43-44）。ただし、市場経済が浸透すると、「人間は生きるために、ある財を市場で売却して得た所得によって、他の財を市場で買わねばならな」くなり（pp. 43）、「今度は社会関係が経済システムの中に埋め込まれてしま」う（pp. 49）。「『経済的』人間が『本来的』人間であるごとく、経済システムこそが『本来的』な社会である、という誤った結論が避けがたくなった」（pp. 50）のである。[3]

しかし、ポランニー自身はこの経済における社会関係の埋め込みという状況に批判的であった。市場経済至上主義的な状況への批判として、ポランニー（1998[1977]: 58）は「経済的」という言葉が「目的－手段関係の論理的性質から生じる」形式的な意味と、「自分を維持する自然環境なしには瞬時たりとも存続できないという基本的事実をさし示す」実体＝実在的な意味の、異なる二つの意味の複合物であると論じている。[4]

［3］売りに出されるものは労働力、土地、貨幣である（ポランニー 1975: 43）。
［4］ポランニーは、この産業革命以降に出現した市場社会を「人類史上きわめて異常なものとして位置づけ」ている（春日 1988: 203）。

春日直樹（1988: 209）は、ポランニーの議論を踏まえて、経済に着目しながら、生き続けること、生きることという意味での「生存」を論じるなかで、「人間の経済、つまり実利を確保する活動には、これまで実利とは無関係な諸価値が付与されてきた。ポランニーはこの実態を、『埋め込まれた』経済として明らかにしたのである」と述べている。そして、「人々を動かすのは、何より社会成員として有意味な存在になろうとする意志であり、実利の確保はこうした意味性の追求の過程でおのずと達成されてきた」という。

山内昶（1994: 17）は、「経済人類学は、未開経済を研究することで文明経済とは別のパラダイムの存在を明らかにし、両者の長短を比較しながら一つに統合して、より広義の新しい経済学、つまり人類経済学の樹立を最終的にめざそうとしているのである」と唱えた上で、文明社会と未開社会を対比して次のように述べている。文明社会では、「経済がその他のいろんな社会関係から独立し、市場法則にもとづいて自律的に作動しているので、自分の能力の一部、時間の大部分を自己からきりはなして商品として売らなければ生活ができない仕組みになっている」（pp. 91）。これに対し、未開の労働は快楽原則が支配的であり、「自己の自由意思から出発したこの労働は、単なる生存のための手段ではなく、人生の目的そのものであり、その成果は自己の生命活動の実現でもあれば自然の生命力との交感、交流にほかならず、また美を媒介としての自己と他者との共同性の確認にもほかならない」（pp. 97）。

ポランニーも春日も山内も、彼らの議論を展開する裏付けとして「未開社会」の研究成果を参照しているが、彼らが論じている経済的活動に付与される非経済的な諸価値や自己の自由意思から出発した労働によって得られる事象は、何も未開社会の中だけにとどまらないであろう。中川理（2009）は、市場経済に対抗する互酬性あるいは贈与経済の実践として理解可能な、フランスにおける連帯経済を紹介している。中川は、一九八〇年代以降に発展してきたフランス連帯経済の実践例が地域の日常生活に関するサービス、地域の文化や環境の改善に関するサービス、あるいは地域通貨を用いた交換システム等だと紹介し、連帯経済のプロジェクトの特徴として以下の二つを挙げる。一つは「活動はたんに市場と国家によって満たされない必要を充足しようとするためだけに行われるのではなく、それ以上に互酬的な関係を作り出そうとする欲求によって押し進められている」(pp. 593)点である。もう一つは、「単に経済的な側面にとどまるのではなく、『近隣の公共空間』を作り出すという点で政治的である」(pp. 593)点である。フランスにおける連帯経済の発展は、経済における社会関係の脱埋め込みが先進国でおこり、カギとなっているのは「地域」であることを示唆している。

観光は近代以降の余暇時間の拡大や交通革命等を前提とした産業であるが、経済人類学の議論を参照して美山町の観光実践、特に美山町ネイティブの人々の観光実践を考察すると、彼らが非経済的な諸価値の獲得を重視し、美山というコミュニティに属する人間の間で「自己と他者の共同性の確認」をおこなっていたと考えることができる。美山の事例は、近代化が進み、様々な社会の関係がローカルな時間や場所を超えて再構築される状況の中で、ネイティブの人々が観光という経済活動に独立した個人として関わることを通じて、実は経済活動に埋め込まれた社会的な諸要素を再び脱・埋め込みし、地域社会においては非経済的な要素が重要であることを明示しているのではないだろうか。

3 文化資源の活用によるアイデンティティの変化

次に、選べる縁で美山町にやってきた「縁があった人びと」や「新住民」の観光資源活用について考えてみよう。まず、縁があった人びととは美山で生まれ育った過去、あるいは世代を超えた地縁・血縁を有していることを生かして、複数の現場で外部と内部をつなぐ役割を担っている。たとえば、美山町の茅葺き技術を継承しながら、他方で美山町という地域の理解が浅い人びとによる茅葺き体験プログラムを支援するといったことである。次に、新住民について、町外出身の茅葺き職人をはじめとする複数の移住者は、環境保護や持続可能な住居の存続といった自己理念の実現のため、貴重な自然・生態系を来訪者に伝えるため、あるいは自然と教育に関わりたいという自分の目標を実現させるために観光に関わっていた。

加えて、移住してくる人々の状況をみてみると、彼らの多くは都市生活に何らかの不安を感じたり、都市で生活する中でトラブルがあったりした結果、美山町での生活を選択していた。つまり、都市から農村へ移住すべき、あるいは移住しなければいけない要因があったから、美山へ移り住んできたのである。この場合の要因は、必ずしもポジティブなものではなかった。しかし、美山町が象徴資源として生成される際に「自然豊かな」「環境にやさしい」地域であるという価値が付与されているため、自身のネガティブな理由ではなく、「魅力的な美山町へ移住した」と多くの人に良い印象を与えることができる。つまり、象徴資源の活用をつうじて美山町に関わることで、都会に住まない／住めない自分、美山に馴染まない／馴染めない自分というものを、「環境にやさしい」「緑豊かな」美山に関わる貴重な立場にいる自分、という別の意味に読み替えることが可能になったのではないだろうか。このような読み替えは、アイデンティティ形成の一環と捉えることが可能だろう。

アイデンティティそのものについて、G・マシューズ（Mathews 2000: 16–17）は、辞書などで紹介される「ある特定の個人や事物を確定するための条件、状況」という定義と、スチュワート・ホールが提唱した「とりとめのないさまざまな日々の実践によって人々が構築する主体的な位置に、一時的に付随する項目、要素」という定義を紹介して議論を展開する。[5] これらの定義を踏まえた上で、マシューズ自身は、アイデンティティをある個人が他者との継続的な関係をもとにして、自分が誰であるか認識する、継続的な感覚であると捉えている。つまり、アイデンティティとは「自己が自身をどのように捉え、どのようにラベル付けするかという方法」そのもののことである。

山本須美子（2002: 205）は、イギリス社会で生まれ育った中国系第二世代の若者の自己形成過程を一年間の長期フィールドワークによって調査研究し、アイデンティティについて以下のことを記している。「アイデンティティ形成過程の多様性は（イギリスと中国）二つの文化の意味空間のどちらをどの程度内面化しているのかという、従来の教育人類学的研究の基づいてきた視点によっては説明できなかった」、「個人は既存の文化を内面化することによって、文化的アイデンティティを形成するのではなく、周囲の人々との日常的な相互関係の中で、固定的な文化概念に基づく言説によって押し付けられた意味を読み替えて自己の位置取りを選んでいるといえるのである」。山本の研究はイギリスの中国系第二世代が対象であるが、人びとが日常における多様な関係のなかで自身に付与される意味を読み替えながら位置をとるということは、美山町の観光実践でもみられることだといえる。

アイデンティティと文化資源について、山下（2007b: 19）は、テッサ・モーリス＝スズキの論を引用しながら、資源に関わる主体には資源戦略ともいうべき、文化資源を生成する過程における関係主体の「位置の取り方」があると論じている。山下（2007b: 19）は、この位置の取り方について、モーリス＝スズキが「多層・多重的な社会環境のなかでいかに位置をとり、自らの文化資源を活用していくか、それがアイデンティティを形成することだと述べている」と紹介した上で、「文化資源の生成と利用という構図全体のなかで、ある位置を取り、その位置から文化資源を利用して、生きる場所を確保していくことが多文化時代のデモクラシー（政治）の基本的課題だ」と解説している。[6]

美山の観光実践では、まさに異なるタイプの主体が、各々の立場から文化資源を利用して、美山で生きていくための新たな方法や位置を得て、美山で生きていくことの価値を（再）認識していた。特に、美山町外の生活経

［5］Mathews（2000）が直接引用しているのを日本語としてよりわかりやすく翻訳するためにスチュワート・ホール（2001）を参照した。

［6］ここでは、山下（2007b）の議論を尊重し、モーリス＝スズキ（2002）の論説を筆者も確認したうえで、すべて山下の論文から直接／間接引用している。

験者は、町外での経験を生かして観光に関わることで、美山町内での新たな立ち位置を確立し、かつ自身が美山で生きていくことの意義を認識し、評価することになる。加えて、移住者らは、場合によってはネガティブな移住要因や美山町内外どちらからも距離がある狭間にいる自身の位置を、「環境にやさしい」「貴重な自然の残る」美山に関わる自分、さらにはそのような美山をPRする立場にいる自分、というポジティブな内容に読み替えることに成功している。

以上、アイデンティティに注目して美山町という象徴資源の活用を分析すると、次の点が明示できるだろう。町外での生活経験者、特に町外出身者は、美山という象徴資源を観光で活用することによって、彼らと美山との関係、あるいは彼らが美山という場所での生活を選んだ／選ばざるをえなかった要因を、美山に「環境にやさしい」「緑豊かな」「現代では貴重になった」といった価値を付与することによって、新しい関係や新しい理由に読み替えて位置を取ることができる。特に、個人と美山との関係に付随するネガティブな要素に対しては、美山という資源の活用がポジティブで社会的に評価の高いものに変える効果を生む。そして、彼らは、美山という貴重な地域での生活や観光実践を選択した個人として、新たなアイデンティティを獲得していくのではないだろうか[7]。

4 観光客による美山という資源の消費

上記では、ホスト側の象徴資源としての美山の活用を検討してきた。ここでは、ゲスト側の資源活用について考察をおこなっていく。まず、観光客が美山という観光資源から何を得ようとしていたのか、芦生ハイキング参加者と北集落の観光客の言動から分析してみたい。芦生ハイキング参加者を対象とした参与観察の結果では、彼らが芦生の森に生息する動植物を擬人化したり人間社会に寄せて話したりする特徴や、芦生以外の山や森への来訪歴やハイキング参加歴について話し合う特徴があった。来訪歴やハイキング参加歴を話し合う特徴からは、観光客がさまざまな地域の自然に触れる経験を重ねることで、「貴重な自然に多く触れた自分」を認識し、他のハイキング客との会話を通じてさらにそのような自分を確認しているのではないかと指摘した。

北集落に訪れる観光客へのヒアリングからは、美山へ来訪したきっかけはテレビや雑誌で、メディアで見た北集落を自身の目で見に来たという回答が最も多く、メディアの情報が観光行動に影響していることが示唆された。加えて、過半数のインタビュー回答者が農村での生活経験を有しており、自身の知っている農村を美山に投影しているのではないかと考えられた。北集落に訪れる多くの人びとは、美山のイメージを山や川、緑、自然および茅葺き家屋や田舎、として捉えており、このような美山を守りたいと思っている人びとがほとんどであった。なお、美山の保全のためにできることは何かと問うと、何もできないという回答が四割ほどを占めていたが、保全のために可能な活動の第一位は寄付だった。

これらの観光客の言動や問いかけへの回答をみてみると、観光客は、自身のハイキング経験を増やすためにツアー代金を支払って芦生の森を訪れ、ガイドに導かれて自然に触れたり、メディアで見た風景を自分自身で体感するために交通費を負担して北集落を訪れ、いくばくかの寄付を支払って北集落の風景を愛でたりしている。このような観光客の言動は、美山という観光地を消費という形で活用していると捉えられるのではないか。そもそも、観光には、金銭と引き換えに安全で楽しい居住地以外の場所を訪れるアクティビティを得るという特徴がある。言い換えれば、人びとはツアー商品を購入したり、目的地までの交通費を支払ったり、なんらかの形で消費行動をおこなって、観光を楽しむのである。そこで、観光と消費について考えてみたい。

メアリー・ダグラスとバロン・イシャウッド（1984: 65–66）は、人類学的視点から消費の再定義を試み、日々

［7］アイデンティティの重層化に関連して、ここでは上野（2005: 35）の論を引用しておきたい。「一貫性のある自己とは、誰にとって必要だったのか？　私達はもはやこの問いを過去形にしてもよいかもしれない」「実際のところ、多くの人々は、アイデンティティの統合を欠いても逸脱的な存在になることなく社会生活を送っている」。

の消費行動における選択が「文化を表現し、生み出していく」と論じている。そして、さまざまな社会において、「売り買いのできないある種のものが存在する」ことを指摘し、「消費とは、商取引きも強制力も自由な人間関係に干渉しえないことを明示する規則によって守られた、一定の行動領域」であると定義する。[8]その上で、消費の対象となる財について、「生存に資することと社会関係を形作ることという二重の役割」を有していることを前提に、経済学者らが主張する財の実用性や有用性よりも「考えるのに適している」「人間の創造的能力の非言語的媒介」として扱う方がより適切であると主張する。同時に、消費を「本質的機能は意味を表示すること」であり、「人や出来事の分類という流動的なプロセスの中で下される一定の判断の組み合わせを、財を用いて、確かな、目に見える形にする」と定義している（ダグラスとイシャウッド 1984: 69–71, 78）。

　上記を言い換えると、個人が消費することによって、社会的には多くの人びとが賛同する消費活動が強調されていき、「社会的カテゴリーが絶えず定義し直されて」いくのである（ダグラスとイシャウッド 1984: 79）。このようなダグラスとイシャウッドの主張は、つまり、消費というのは個人が財・サービスの購入を通じて文化を形作る一片一片を選択し、その総体として文化が有機的に生成され変化していくというものである。[9]

　消費についてさらに議論の枠を広げると、経済における資本の概念を文化に適用し、文化資本を提唱したピエール・ブルデュー（1990: 157）は、そもそも消費とは、所有化作業を前提としており、消費者は、標定と解読の作業、たとえば芸術作品を消費する場合には消費そのものと消費することによって得られる満足感との総体をなしうる作業、をおこなっていると論じている。その上で、ブルデュー（1990: 269）はハビトゥスや卓越化の議論にもとづきながら、最も恵まれた層の消費は稀少性によって卓越したものとして示され、最も恵まれない層の消費は安易であり月並みであり、社会的には通俗的だと見なされると述べる。そして、両者の間にいる中間層が、自身の現実と理想にギャップを感じ、その不一致が上昇志向をもった慣習行動をとると主張する。

　この上昇志向を伴う慣習行動は、贅沢財が対象となったときほど顕著に表われる。なぜなら、贅沢財の世界には社会的差異を表出させる卓越化の関係がそこに客観的に書き込まれているからである。つまり、人びとが消費行動をおこなう際には、本人の意識や好みに関係なく、消費に必要となる経済的文化的手段を通じて社会的差異が明らかになるのである（ブルデュー 1990: 346）。そして、贅沢財、たとえば芸術作品を消費行動によって所有できた場合、所有するまでの過程が困難であるほど卓越化利益が得られ、さらに自分の存在と自身のあるべき姿で存在していることを正当化する、正統性の利益が得られる（ブルデュー 1990: 349）。

ここで、観光に立ち戻ってみると、観光は生活に不可欠な事象ではなく、人びとの余剰所得によって消費されるものであるので、贅沢財の範疇に含んで差し支えないだろう。その上で、環境観光を考えると、社会全体の消費行動によって選別され特定された対象となる環境、本書の事例でいうなら新たな価値を付与されて生成された観光資源としての美山を、ある者は消費することによって、自身は特別な観光、厳密にいえば観光経験を所有できる社会的位置を獲得する。さらに、新たな観光資源としての美山を消費したという位置から、その消費者は自身に新たな価値を内包することが可能になり、たとえば芦生ハイキングの参加者は、貴重な自然に多く触れた、環境に造詣の深い人間である、というアイデンティティを獲得するのではないだろうか。

さらにブルデュー（1990: 157）の考えを参照すると、消費という行為は、消費対象、観光実践では観光対象を所有化する作業をおこなうことで、実は自分の消費する生産物の生産に寄与していると論じている。ミーサン（Meethan 2001: 88）も、観光において、観光客は観光行動に先立って自分たちが消費する景観を創造し、後にそれを消費していると主張している。

［8］ダグラスとイシャウッドは、この理解は人類学者に幅広く浸透していると記している。
［9］ブルデューによれば文化資本には知識や教養などの身体化された文化資本、書籍や絵画などの客体化された文化資本、肩書きや資格といった制度化された文化資本がある。

ここで、美山の事例を考えてみると、芦生の森のハイキングに参加した人は、芦生の森は原生の自然、貴重な自然だと認識していたが、芦生を含む美山のイメージは、自然だけでなく、茅葺きや茅葺き集落といった文化的な要素を含んだものとして捉えていた。北集落を散策した人びとは、美山のイメージとして、目の前に広がる茅葺きとともに、山、森、自然、といった自然の要素を含んだものとして捉えていた。これらの結果が示唆しているのは、外部から美山に訪れる人びとは、森や山という自然に関係する要素と、茅葺きや田舎、農村という文化的な要素を、各自の意識のなかで融合し、目の前に広がる景色に不足している部分を頭のなかで補足し、さらにはメディアを通じて構築される「里山」などのイメージを加えて観光地・美山町を創り上げているのではないかということである。

観光客自身が消費対象そのものを生産し、消費をしているという点を考慮すると、美山の事例では、参加費を支払って芦生ハイキングに参加したり、交通費や寄付によって費用を負担して北集落を散策したりするなかで、山から川、里に連なる包括的な美山というイメージを観光客は構築し、さらにそれを消費することによって、美山という象徴的なイメージを（再）生産することにもなっているのではないだろうか。つまり、観光客は、消費によって美山という象徴的に創られた文化資源を活用することで、結果として美山という資源生成にも寄与していることになるのだ。

以上、象徴資源としての美山町の活用について、ホスト側ならびにゲスト側両方から考察をおこなってみた。いくつかの有用な結果が得られた一方で、いずれの活用においても、美山町という観光資源のもととなる二次的自然を保全する仕組みを明示することはできなかった。修学旅行での農業体験や茅葺き屋根の葺き替え体験はあるが、これらの体験プログラムで二次的自然の保全を実現・継続することは難しい。ゆえに、美山という地域のなかでの観光を考えた場合、象徴資源としての二次的自然ではなく、実体のある、生態資源としての二次的自然の在り方を検討していくことが必要である。そこで以下では、生態資源としての美山と観光について検討していきたい。

Ⅳ 美山町の生態資源の保全

イメージとしての美山が構築されて象徴資源が生成されるためには、人びとにとって価値があると認識される二次的自然の存在が必要である。しかし、美山町での観光実践をみていくと、観光と二次的自然の保全は直接的には関係なく、体験プログラム等の取り組みによって山林や田畑といった二次的自然、言い換えれば生態資源を保全することは難しい。上述の知井振興会会長のコメントでも、山林や田畑の手入れをする人びとが減少しているが、美山を守れるのは美山の人間だけであり、自分たちでどうにかしなければならない、というコメントがあった。しかし、象徴資源としての美山が活用される過程で外部との関係が広がり、美山のアイデンティティやコミュニティの形態に変化が表われている以上、生態資源を地域住民だけで守るというのはあまり現実味がない。では、今後の生態資源の保全はどのようにあるべきか。

この点を考えるヒントとして、美山町の林業家が校長を務める美山森林学校の事例を紹介したい。

1 外部者参加による生態資源保全の試行

美山森林学校について、同校の校長であるＨＪは、美山町出身者で、進学のため京都に出たが、一九六六年に美山町に戻り、自身の家が有する山で林業に携わるようになった。第3章でも少し触れたが、国内の林業は浮き沈みを経て現在は下降の一途をたどっている。美山町鶴ヶ岡地区の山林で祖父から三代にわたって林業に従事してきたＨＪの視点からみると、「〔一九九五年の〕阪神大震災まではアップダウン、それ以降は凋落。木造がだめになった。ここ三年〔一九九九—二〇〇二年〕ひどい。価格も半額以下」という状況だった。

このような林業の低迷を受け、HJは二〇〇〇年前後から、美山町内で製材を担う親戚のRT、大阪府下で建設会社を経営するSU、奈良県内で木造専門の構造設計をおこなう建築事務所代表のQSとともに、現状を打破すべく「ともいきの杉」を立ち上げる。このともいきの杉は、林業から製材、設計、建築までを一貫して担い、産直木材を生かして山と街の共存を目指した活動をしている。ともいきの杉のウェブサイトでは、この取り組みについて、「山で働く人の顔が見える産直システムで、生産者と直結した製材供給を行なっているグループです。山が継続できる価格で木を買ってもらい、人工乾燥機などの無駄なエネルギーを必要としない自然のエネルギーで木材の乾燥を行なっています。また、自然素材である木の特性を活かした構造設計と加工技術で、輸入木材やプレカット加工による家よりも安くて、耐震性・住み心地の良い耐久性のある家を供給します」と、紹介している。[10]

HJはこの活動をつうじて、「杉一〇〇%で震度七にも耐えられる家を」提供しているとコメントしている。なお、ともいきの杉は、「本当の意味で山で働く人の顔が見える産直システム、生産者と直結した製材供給システム」であると同時に、「山にかかった経費と将来の山を管理維持していくための経費とを、適正な価格で販売する事によって補い、人工林の再生産を維持していくこと」を目的にしている。加えて、建設会社のSUが中心となって「生産から販売までトータルな管理」をおこなっており「素材から住宅づくりのシステムまでも供給できる体制を整えて」いる。フィールドワークを実施した二〇〇三—二〇〇四年時点ではこのともいきの杉によって建てられた家屋は八棟ほどであったが、二〇〇九年三月現在、四〇棟が完成している。[11]

美山森林学校は、ともいきの杉の活動の一環であり、林業や製材について理解を深めるためのワークショップという位置づけである。二〇〇一年から活動が始まり、「生徒」には、ともいきの杉関係者である建築士、棟梁、大工や施主らの他、植木職人や木工職人、林学者らがいる。ほとんどの者が関西圏在住もしくは入校当時は関西に在住し、その後、首都圏等に転勤・転居したものである。HJは、自身が校長を務めるこの学校について、

「林業の何たるかがわかってきたので、一人一〇〇本で五年間の世話をしよう、と。一〇〇本はプロなら半日、多い人は三〇〇本植えられる。森林学校のうち、四人が一級建築士。みんな植えるとこからのスタートは初めて。植えたのは一〇人、でも〔参加者が〕増えるのは構わない。月一回、でも〔作業として〕必要なのは雪解けと夏。必要四－五回、あとは遊び」とコメントしている。

この森林学校では、ともいきの杉の建材として切り出したあとの山の斜面に、生徒がそれぞれ持ち場を決め、一〇〇本を自分の分担として育てる取り決めになっている。HJはこの方法について、「五年で一人一〇〇本の木を育てる。夏は草刈りしたり。生徒が来なくなったらほっておく。そうしたら雑木にかわっていく」とコメントしている。実際のところは、初期の植林作業後に中途挫折した者の持ち場を育成途中で加わった参加者が引き継いでおり、植林した一部が雑木にかわる事態には至っていない。なお、活動については、たとえばHJが下草刈りの方法を指導しても、それぞれ自分の持ち場で好きなように作業することがあり、HJは「やっぱり〔自分が育てている一〇〇本に〕愛着があるのでは」と述べている。

この森林学校の活動は主に週末おこなわれることが多いが、メンバーはある集落のはずれにあるログハウス風の小屋に宿泊し、炊き出しをする。この小屋は、かつて植林地への除草剤空中散布に反対して一九七〇年代半ばから全国的におこなわれた人力による草刈り活動、通称「草刈十字軍」に従事した学生らが活動拠点とするために手作りで建てたものだといわれている。ここでの宿泊は、水道の代わりに川の水をくみ上げて使用し、炊き出しは、薪で火を起こしておこなっている。

---

〔10〕HJ、RT、SUの三人で活動を立ち上げたのが一九九九年であるが、構造設計を担当するQSが加わったのが二〇〇一年であり、二〇〇九年時のHJの認識では二〇〇一年となっている。

〔11〕以上の「ともいきの杉」に関する情報は、ウェブサイトより二〇〇九年三月二十二日参照した。URLは、http://homepage2.nifty.com/tomoiki/index.html。

このような森林学校の活動について、建築士のQSは、自然のなかで汗をかいて気持がいいのならハイキングで十分かもしれないが、森林学校の充実感はハイキング等とはまったく違う、と述べている。これに応えてHJは、大きな違いは「世話する、やね」、といった。それに対しQSは、「女の人の方が〔森林学校に〕ハマるんちゃうか。男の人はギョウ〔行？　業？〕としてすごくいい。育てる、やね。体験できてる」とコメントしている。現在、一〇人弱の生徒が年数回、森林学校の活動で定期的に美山を訪れており、山での活動にいそしんでいる。

なお、参加者の複数名が森林学校に出会えたことはほんとうに貴重で「ほんまによかったわあ」と何度もいう。また、たとえば、無駄な枝をそぎ落として日光の照射を良くする「枝打ち」に参加した数名は、「木がお礼いう」「枝打ちするとぱっと明るくなってなあ」と、とても心地よかったとコメントし、次の作業について熱心に話し合っていた。

この美山森林学校の活動と森の保全について、HJは、これから日本の森（多くは植林をしている森）を守っていくには、森林ボランティア等では難しいと考えており、きちんと地域に住みついて林業をしていく人を確保・育成することが必要だとコメントしている。しかし、林業家を増やすというのは現在の日本の状況では難しく、自身の森林学校の取り組みは森を残していくのに役立つと述べている。森林学校の副校長を務めるSUは、「森林学校みたいなシステムがもっと多くなると、森は残っていくかもしれんね」とコメントし、自身は自分の人生でずっと森林学校で植林している森と付き合うと明言している。ちなみに、林野庁研究・保全課（2009）による森林ボランティアに関する調査では、日本で森林ボランティアに参加している人の年齢層は五〇歳以上が四六％を占め、活動は年に月一回未満という団体が四〇％強、活動内容は複数回答で下草刈りが六七％と最も多かったが、次に多かったのは森林環境教育（四三％）である。なお、活動場所は、七五％が里山林等の身近な森林であり、手入れの遅れている人工林は三五％であった。HJは、このようなボランティア活動では日本各地に広がる人工林の整備・保全は難しいと考えているのだろう。

活動に関わるメンバーの多くは関西圏を中心に町外の都市部から定期的に通っているが、目的は自然と親しんでリフレッシュするというものではなく、林業や製材の理解を深め、かつ林業から製材、設計、建設までを包括的におこなって山も街も共生しようとするともいきの杉の理念を実感することにある。この森林学校の事例からわかることは、参加者らはハイキング等で美山に来訪し楽しんで帰る人びとの存在を認識しながら、自分達の活動は観光あるいはレクリエーションとはまったく別物で、木を育てることに意義を見いだし、それを自分達の仕事、言い換えれば経済活動に反映させようとしている。加えて、森林ボランティアの活動と比較しつつ、美山森林学校のような活動こそが、今後の日本の森林を守っていくと信じている。

この事例が示唆していることは、観光資源を生みだす源となる二次的自然を保全するためには、外部者を観光やレクリエーションとしてのプログラムではなく別の形で巻き込むことが望ましいということだろう。参加する外部者側が、美山町出身者らと同じように自身の生活と美山での活動を結び付けることが重要であり、美山森林学校の事例では、参加者のモチベーションの一部に林業経験を自身の職業に役立てるという仕組みがあった。そして、自身の職業に役立てることを活動のなかに組み込むことで、参加者は「人生でずっとつきあう」覚悟をするのである。だからこそ、地元の林業家と参加者の森林学校に対する取り組み姿勢や将来的な目的は同じ方向性をもつものになる。HJは、「最初、お互いにお互いの分野を尊敬できるようになるまで、そりゃーしんどかったわ。森林学校も今は落ち着いてのんびりやってられるけど、最初はもうやめたろか、って何回も思った」とコメントしている。

では、今後の二次的自然の保全において、配慮しておかなければいけないことは何か。以下ではこの点について論じる。

2　これからの生態資源の保全

今後の生態資源の保全において、重要なキーワードに環境ガバナンスとレジティマシーがある。そこで、以下ではこれらの点について記しておく。昨今、ポスト近代化や再帰的近代化という名称で論じられるように（たとえば Beck 1994）、工業社会とは異なる新たな社会形態が生まれつつあるなかで、社会を形成するさまざまな要素が変化しつつある。このような変化を受け、政府という統治組織と政府による諸制度、すなわちガバメントで社会を運営し問題を解決していくには限界があるという認識が浸透し、人びとが統治に関わる過程や統治をおこなう過程、さらにはこれらの過程におけるさまざまな様態を包括する「ガバナンス」という概念が提唱されるようになってきた（山本 2008: 1-3）。

このガバナンスという概念を環境に適用して議論を展開した松下和夫・大野智彦（2007: 4）は、ガバナンスを「人間の作る社会的集団における進路の決定、秩序の維持、異なる意見や利害対立の調整の仕組みおよびプロセス」と定義している。そして、環境に関わる諸問題は、森林や河川といったローカルな地域資源、人口が集中する場所ゆえにさまざまな環境問題と関わってきた都市環境、さらにはグローバル化にともなう地球規模での環境、すべてを包括して論じる必要があると論じている。その上で、環境ガバナンスの今後の課題を複数あげており、「関係する主体がその多様性と多元性を生かしながら積極的に関与し、問題解決を図るための民主主義的なプロセスとはいかなるものであるか明らかにすること」（松下・大野 2007: 24）、「環境問題のもつ空間的重層性[12]に対処するガバナンス論を構想していく必要がある」（松下・大野 2007: 27）こと等を提示している。

美山の二次的自然の保全にも、これらの環境ガバナンスの課題は当てはまる。特に、外部者を巻き込んで二次的自然を保全する場合、誰が関わるのか、何のために関わるのか、誰の／何のために保全していくのか、といった各主体の関与の形態の問題を明確にしていくことが必要である。宮内泰介編（2006）では、このような環境をめぐる公共性の議論の鍵になる概念として、「レジティマシー」を提示し、さまざまな事例にもとづいて分析がなされている。レジティマシー（legitimacy. 正統性／正当性[13]）とは、「ある環境について、誰がどんな価値のもとに、あるいはどんなしくみのもとに、かかわり、管理していくか、ということについての社会的認知・承認がなされた状態（あるいは、認知・承認の様態）」である（宮内 2006: 20）。今後の環境保全には、「『誰が、どんなルールで、どんな中身で』環境に関わり、それが『誰によってどう認知・承認されているか』といった側面のダイナミズム」が重要であり、このダイナミズムは「『レジティマシー（正統性）獲得のプロセス』と言い表すことができる（宮内 2006: 18–19）」。いうなれば、レジティマシーという概念は、環境に関わる主体が地域を越えて多様化・多元化しているからこそ、必要なのである。

ここで、美山町の二次的自然の保全に視点を戻すと、外部者を巻き込んで生態資源の保全を進める際には、美山町に住み続けてきた人びとの「美山の山林や田畑を守っていけるのは自分たちだけだ」という考えを尊重することが第一だが、その上で複数の主体によって美山という資源を中長期的に保全するのに最適なレジティマシー獲得のプロセスを経ることが重要であろう。同時に、外部の人間が二次的自然の保全に参加する際には、彼らの日常生活や仕事と二次的自然をなんらかの形で結びつけ、資源の保全に関わることへの責任と保全による効果を得る権利を得るような仕組みづくりが必要である。

---

［12］空間的重層性とは、たとえば、ある森林の管理には、地域固有の事情だけでなく、国家的な林業政策、さらにはグローバルな木材貿易が影響してくるということである（松下・大野 2007: 27）。

［13］正当性と正統性の違いについて、菅（2006: 56）は以下のように説明している。まず、「正当性とは、ある一個の人間や集団が特定の事物に対して行う行為が、合理的で説得力をもつ根拠をもとに、他者や社会から認められる状態にあること」である。そのうち、歴史的根拠によって形成あるいは獲得される正当性を、「歴史」的正当性と呼び、「『歴史』的正当性を、忠実に受け継いでいると認知される―あるいは認知させる―地位や立場、系統が『正統』である」と記している。つまり、英語の Legitimacy を日本の事例に適用する際、社会的に認知・承認された状態を正当性と呼ぶことができ、そのうち長い時間を経て歴史的に正当だと認められるものについては正統性があるということができるということである。

なお、本書で論じてきたことを環境ガバナンスやレジティマシーの議論に反映させるなら、二次的自然そのものではなく、生態資源としての二次的自然をもとに象徴資源を生成し、それを活用して観光実践している多様な主体がいることを明示することの方が重要ではないか。美山という地域を文化資源として活用する人びとの存在が明らかになれば、彼らのレジティマシーをどのように考えるべきか、あるいは、対象となる環境を象徴的に活用する人びとの立場をどのようにガバナンスに組み込んでいくか、ということが今後の課題であると議論を展開していくことができる。環境ガバナンスの議論では、環境問題に内在している地域、国家、地球全体、といった空間的重層性に対処することが今後の課題となっていたが、環境観光における資源の生成と活用についての分析から、環境あるいは環境問題そのものが象徴的に生成されているという「環境の象徴性」を環境ガバナンスに組み入れていく必要性が明確に浮かび上がってくるのである。

第9章　結論

本書では、環境観光における観光資源としての環境がどのようにして創られているのか、さらには、人びとが環境という観光資源をどのように活用し、観光実践から何を得ようとしているのかを、文化人類学的手法による調査研究をもとに解明しようと試みた。

まず、観光人類学、環境主義の人類学、資源人類学の先行研究を再考して、上述の問いを解明するための環境観光へのアプローチを検討した。その結果、環境観光における環境は、人が自然に働きかけて生成する象徴的な資源、厳密には文化資源だと捉えることができると判明した。そして、観光対象としての環境を文化資源として捉えることによって、森山（2007）が提示した「誰が、誰の文化を、誰の文化として、誰を目がけて」資源を生成し活用しているのかという、文化資源を分析する概念を援用することができると述べた。

これらを踏まえて、人が共生してきた二次的自然に着目し、日本を中心に二次的自然の観光資源化を検討した。

二次的自然は、国際的な公的機関や日本国政府、メディア等、さまざまな主体からの人為的な働きかけによって、農村、里山、ヘリテージ・文化財といった新たな価値や意味を付与されて観光資源として創りだされる。

このようなメカニズムで創りだされる観光資源について、京都府美山町における観光実践を対象にフィールドワークをおこない、調査結果を精査・記述した上で、観光資源の生成と活用という視座から考察をおこなった。まず、美山町という観光地での資源生成については、美山町行政が上述の二次的自然を資源化するメカニズムを援用し、農村や里山、ヘリテージ・文化財として認識できる美山町の価値を強調して観光振興を推進している。次に、地域住民、特に美山町に住み続けている人びとは、観光振興の過程で、彼らが共生してきた二次的自然の新たな価値を認識し、農林業で活用しつづけてきた二次的自然が観光資源として有用だと発見・理解していく。

その一方で、美山町に住み続けてきた人びと、本書では「美山町ネイティブ」と類型化した人びとは、二次的自然から象徴的に生成された観光資源としての美山が、彼らが共生してきた生態資源としての二次的自然と異なる性質のものであることに強い懸念を示す。そして、美山を観光資源化する源となった生態資源としての二次的自然の保全なくしては、観光実践を継続するのは困難になると警鐘をならしている。加えて、他の主体が象徴資源としての美山と生態資源としての美山のズレに目を向けていないことに対して、批判的であった。

このような美山に住み続けた人びとの指摘からわかるのは、「環境にやさしい」という理念を有する環境観光における観光資源は、生成の過程で資源の源となった生態資源そのものとはズレが生じてしまうということである。加えて、今後、環境観光を継続するには、地域住民が共生してきた生態資源としての二次的自然の保全を観光とは別の枠組みで論じる必要がある。なお、別の枠組みとして、前章で紹介した美山森林学校の例のように、生態資源の保全に外部者が関わる方法をとることが可能である。いずれにせよ、生態資源の保全については、本書とは別の形で調査研究をすることが必要である。

さて、象徴資源として生成された美山の活用について、まず、ホスト側では以下の三種類の主体による活用が考察できる。第一に、美山に住み続けてきた人びとを中心に、美山が観光資源化される過程で町内にある二次的自然の新たな価値が認識され、観光という経済活動が可能となる。美山町ネイティブが観光に関わる際、既存の人間関係の枠組みを超えて、独立した個人として経済活動をおこなうことになるので、結果として、美山の既存のコミュニティの在り方が再構築される可能性を孕んでいる。一方、実際に観光実践する人びとの狙いや思惑を検討してみると、非経済的な目的が重視されており、地域における観光実践には、近代以降の経済活動に埋め込まれていた社会的要素が脱・埋め込みされる仕組みが浮かびあがった。

第二に、美山町出身者や美山町に地縁・血縁のある者、本書の類型では「美山町に縁のあった人びと」にとっては、美山が観光資源化されることによって、都会から美山町に戻り生活するという選択が可能になる。そして、彼らは一方で都会に住んでいたという経験を生かし、他方で美山町出身あるいは地縁や血縁のある、美山町に帰属する者という立場を生かして、観光実践で活躍する。言い換えれば、彼らは自身の立ち位置を状況に応じて変えながら、美山町内での存在意義を強めていくのである。

第三に、美山が観光資源化されることによって、本書では「美山町の新住民」とした、外部から美山町へ移住する人や山村留学する人びとがいる。彼らが美山町へ移り住む理由は、個人的でネガティブなものもあるが、美山が貴重な農村や里山、あるいは自然と文化を融合した観光資源として扱われることで、彼らの移住や山村留学の理由は、価値ある貴重な美山での生活を選択したというポジティブなものに置き替えられる。言い換えれば、観光資源化された美山を介して移住や山村留学を実現することで、価値ある美山を選んだ自分というポジティブなアイデンティティを獲得するのである。

他方、ゲスト側の観光客は、ハイキング参加費や交通費を支払って美山町での観光を楽しんでいることから、消費という行為をつうじて美山という資源を活用していると考えられる。なお、彼らが消費対象とする美山は、実際に目の前に広がる森林や集落だけではない。観光客は、目の前の美山と、美山を構成する山、森、川、茅葺き家屋、農村風景、といったさまざまな要素を頭のなかで統合し、自然と文化が融合した、貴重な美山というイメージを創り上げる。そして、そのイメージを消費するのである。このような消費活動は、一方で、観光客に貴重な自然や文化の残る美山を体験したという新たなアイデンティティを付与し、他方で、総体としての美山のイメージを選別し強調して、美山という文化資源を（再）生産することにつながっている。

以上、本書で論じてきたことは、第一に、環境観光における環境は、人びとが生業で活用する生態資源ではなく、象徴資源、具体的には文化資源であり、地域を越えたレベルと観光地というローカルなレベルで観光資源として生成されるという点である。加えて、観光資源としての二次的自然は、資源が生成される過程をつうじて、源になった生態資源としての二次的自然が意味する内容と乖離してしまう。観光実践において、この象徴資源としての二次的自然と生態資源としての二次的自然の差異を認識する主体は、自然と共生してきた地域住民のみとなる。また、生態資源としての二次的自然の保全は、観光実践とは別の枠組みでの研究が必要である。

第二に、象徴資源としての観光資源の活用に着目してホスト側の観光実践を分析した結果、以下の二点が明示された。まず、美山町に住み続けてきた住民や彼らの属する集落では、美山町という観光資源を活用して観光に関わることで、地縁から乖離した個人による経済活動が実現していく。一方で、観光実践においては非経済的な要素が活動の目的となり、経済人類学で論じられてきた経済活動において埋め込まれた社会的要素の脱・埋め込みがおき、この脱・埋め込みされた要素こそが美山町にとっては観光において最も重要な項目となる。

次に、外部との関係がある者あるいはあった者、すなわち都市生活経験者や美山に地縁・血縁のある者、移住者、山村留学関係者らは、美山町が観光資源化されたことによって、美山での居住・生活を選択することが可能になる。そして、美山町での生活や観光実践をつうじて、貴重な美山に関わる自分というアイデンティティを取得したり、状況に応じて使い分けたりできる。加えて、このアイデンティティを得ることで、場合によっては自身のネガティブなアイデンティティをポジティブなものに読み替えることが可能になる。

第三に、ゲスト側は、文化資源としての観光地・美山町を消費という形で活用することによって、貴重な農村や里山としての美山町での滞在経験を自分のものとして所有化し、かつ他の人びとと差別化された自分を得る。同時に、美山町という観光資源を消費することによって、観光客が創り上げげた、山や森、茅葺き家屋や農村風景を包括した美山のイメージが強調され、（再）生産されていく。

以上、本書では、これまであまり論じられてこなかった環境観光における「環境」がどのような性質のもので、人びとがこの「環境」をどのように生成し活用しているのかを解明しようと調査研究をおこなってきた。本書の意義は、資源人類学の成果を援用し、環境という言葉に惑わされずに、自然を象徴資源、厳密には文化資源として捉えたことで、環境観光という事象に新たな視座を提供することができたことではないかと考えている。

あとがき

本書の初校校正を終えた翌日、疲れた身体に鞭打って勤務先の大学へ出勤し、研究室で仕事をしているとある学生が訪ねてきた。来春卒業する彼の思いを一通り聞き終えて雑談していたら、「先生たちのいう研究、研究って意味があるんですか」と尋ねられた。「研究活動というのはたとえば」と論文執筆や校正の作業を説明し、本書に掲載されている図のゲラなどを見せながら内容を簡単に説明すると、彼なりに意味がないわけではないと理解してくれた。本書を手に取ってくださった方が、一人でも多く筆者の研究に何らかの意味を見出してくだされば幸いである。

「はじめに」でも記したとおり、本書は環境観光に関する人類学的研究についての博士論文を学術図書として出版するものである。私が観光人類学という分野を知ったのは、東京大学大学院博士課程入学以来、指導をしてくださっている山下晋司先生が一九九六年に編まれた『観光人類学』からであり、出版社は本書と同じ新曜社であった。山下先生は、学生を絶対に見捨てず指導してくださる先生で、博士課程入学から学位取得までの八年間、さらには学位取得後も随時、ご指導・ご助言くださり、山下先生がいらっしゃらなければ、今の私も本書もない。山下先生が、私を指導学生として受け入れてくださり、長年にわたって指導し続けてくださることに、心からお礼申し上げたい。

なお、『観光人類学』を紹介してくださったのは、慶應義塾大学でゼミの指導教員だった杉山伸也先生である。杉山先生は、学部生の私に研究者という生き方があり、私も目指すことができると教えてくださった。杉山先生は何気なくおっしゃったと思うが、「君なら〔研究者に〕向いている」といってくださった一言は、私の心の支えであり続けている。杉山先生との出会いがなければ今がないと思うと感謝の気持ちでいっぱいである。

『観光人類学』を出版した新曜社から単著を出してもらえるというのは、私にとって非常に光栄なことである。出版が決定してからは担当の高橋直樹様に本当にお世話になった。打合せの電話では、締め切りに追われていても常に温かく落ち着いた声で冷静沈着にご対応くださり、お話しした後はいつも「何とかなる」と安心することができた。また、原稿については非常に丁寧に校正してくださり、今後の論文執筆に参考になることが多々あった。あとがきを書き上げた後もお世話になるのであるが、高橋様に心からお礼申し上げておきたい。

あとがきは、謝辞を中心にと思って記しているが、読んでくださる方にはどう受け取られるのだろうか。私が博士論文に付した謝辞に対して、審査をしてくださった東京大学の森山工先生と渡邊日日先生は、「ありがとうございます」「感謝しています」だけでは素っ気がないから工夫した方がよいと教えてくださった。森山先生、渡邊先生、同じく東京大学の岩本通弥先生と名和克郎先生、京都大学の清水展先生、神戸大学の窪田幸子先生、立教大学の葛野浩昭先生は、「資源人類学」プロジェクトの文化資源班の研究分担者であり、同班の末席に加えていただいたことから本書の内容に関連して数多くのご助言や励ましをいただいた。また、人類学者としてキャリアを築いていくのであれば知っておかなければいけないことを多々教えていただいた。たとえば、美山町で調査していた時に好色で知られる年配の男性が用もないのに訪ねてきたとこぼした際には、嘘でもいいので〔結婚〕指輪をはめて上手にかわす方法や、アメリカなどの人類学者にはあえて肉体関係を結んで情報を収集する人がいることなどをご教示くださった。美山での調査が大変だと弱音を吐いた時は、水道、電気、ガスといったインフラが整っていなくて苦労する調査地も少なくないのだから音をあげないようにと諭された。未熟で考えの甘かった大学院生の私を温かく指導してくださった先生方に心から感謝している。

本書の出版準備で、必ず守らなければいけない締め切りが迫って焦る気持ちが募った時には、清水先生が、博士論文の出版は二度と見たくないというところまで論文と向き合うことになるよ、と教えてくださったのを思い出して、諦めては駄目だと気持ちを引き締め直した。あの言葉がなかったら乗り切れなかったかもしれないと思うと、ありがたい気持ちでいっぱいになる。なお、岩本先生から、日本研究であるのに民俗学的な視点からの分析がないと指摘されたことについては、今後の課題として自分なりに答えを出していくつもりである。

その他、博士論文執筆のためのセミナーでご指導くださった東京大学の船曳建夫先生をはじめ、教導くださった様々な方にお礼申し上げたい。詳しくは筆者の博士論文の謝辞に記してあるので、そちらをご覧いただければ幸いである。

調査地・美山町は、私にとって地球上のいかなる場所とも比べられない特別な地域になった。美山町へ初めて訪れた時には行政関係の方が対応してくださり、長期フィールドワークの受け入れをお願いすると「本当に来るのか」と当時は訝しげだった。二〇〇三年春に住居を紹介してもらって住み込みをはじめてから半年ほどは、行政関係者からの紹介で観光業関係者を中心にお世話になった。美山町に冬がきて農林業の閑散期に入り、雪が降る季節になった頃、ある地元の中心人物から筆者の情報提供者（インフォーマント）は町外との関係を重視する人々に偏っている、そんな調査じゃ意味がない、美山を理解したことにならない、と叱責を受けた。あの叱責を境に観光というテーマにとらわれず、必死に地元の人々の活動に入れてもらって参与観察をしたり話を聞いたりした。すると、地域活性化に尽力しながらも「美山を典型的な観光地にしたらあかん」「美山では観光なんかやっとらん」と考えている人たちに出会えた。人類学では調査前の仮定が崩れるというのはよく聞く話であるが、筆者自身も自分なりに調査地への視座が変わる経験ができて幸運だと感じている。

本書は学術図書であるので、美山町のＰＲや地域貢献が優先されるものではない。美山町の皆様がどのように受け止められるか心配ではあるが、お世話になった全ての人に心から感謝しているとお伝えしたい。お名前を明記したい方もいるが、個人情報保護のため、さらには美山町内では匿名であっても人物が限定されてしまう可能性があるため、個人名は記さないことにする。なお、調査でお世話になった方には鬼籍に入られた方がいらっしゃるので、お礼とともにご冥福もお祈り申し上げたい。

私にとって、博士課程を三年で単位取得退学し、常勤職を得て働きながら論文執筆、博士号取得、出版準備をこなしてきたことは決して容易ではなかった。だが、こうして本書を出版してもらえるのは、自分が頑張った以上にお世話になった多くの方々のおかげだと思っている。最後に改めて本書の内容ならびに出版に関わってくださった全ての方にお礼申し上げる。

本書が手元に届いたときのことを考えるとつい浮かれてしまうが、筆者が辿っている道は追いつきたいと願ってやまない先輩方が通られた道である。初校のゲラが上がってくる時期にお会いしたある先輩が「博士論文がゴールで、それで終わってしまう人も多いからね」とおっしゃっていて、研究者であり続ける厳しさを感じた。博士論文の審査後に山下先生が「審査は合格。〔学術研究者という〕職能集団に入れてあげましょうってことですよ」とおっしゃったことを忘れないようにし、私の研究者人生が博士号の学位記一枚と本書一冊でもって幕を閉じてしまわないように、ずっと職能集団の一員であり続けられるように精進していこうと思う。

最後に、本書は平成二三年度科学研究費補助金研究成果公開促進費（学術図書）の助成を受けて出版されること、ならびに調査研究の一部は、平成一六年度科学研究費補助金特別研究員奨励費「日本型エコツーリズムに関する研究：京都府美山町の事例研究を通して」、平成一四―一八年度科学研究費補助金特定領域『資源の分配と共有に関する人類学的統合領域の構築―象徴系と生態系の連関を通して』「文化資源の生成と利用」（平成一四―一七年度研究協力者、平成一八年度研究分担者）の研究としておこなったことを明記しておく。科学研究費が交付される価値のあった研究ならびに学術図書になっただろうと自負しているが、一人でも多くの人に同じように認めてもらえるよう願ってやまない。

二〇一二年一月二十七日

堂下　恵

著者紹介

堂下　恵（どうした　めぐみ）

1973年生まれ。

2005年3月東京大学大学院総合文化研究科博士課程単位取得退学。

2010年3月同大学院より博士（学術）取得。

現在，金沢星稜大学経済学部准教授。専攻は，文化人類学。

日本の環境観光について，象徴的に構築・表象される「自然」や「環境」に着目して研究している。事例研究を通して，最近では中山間地域の振興や市町村合併によって変化する地域コミュニティの動態や人々のアイデンティティの変化を解明することが重要だと考え，石川県白山市などでの調査に着手している。

主な論文に，
"Rethinking Environmental Tourism: The Case of Miyama, Kyoto Prefecture," *Japanese Review of Cultural Anthropology*, Vol. 10: 65-76 (2009)。
「里山の資源化——京都府美山町の観光実践より」，山下晋司編集『資源化する文化』弘文堂，pp. 273-302（2007）などがある。

新曜社

里山観光の資源人類学
京都府美山町の地域振興

初版第1刷発行　2012年2月29日

著　者　堂下　恵
発行者　塩浦　暲
発行所　株式会社　新曜社
〒101-0051　東京都千代田区神田神保町2-10
電話(03)3264-4973・FAX(03)3239-2958
e-mail：info@shin-yo-sha.co.jp
URL：http://www.shin-yo-sha.co.jp/

印　刷　長野印刷商工(株)　Printed in Japan
製　本　渋谷文泉閣
ISBN978-4-7885-1274-0　C 3036

人名索引（アルファベット順）

事項索引

た

な

は

ま

や

ら

引用文献

和書

秋津元輝・中田英樹　2003 「開発の功罪」『観光と環境の社会学』古川彰・松田素二（編），pp. 188-210，新曜社。

芦生の自然を守り生かす会編　1996 『芦生の森から』かもがわ出版。

有岡利幸　2004 『里山Ⅱ』法政大学出版局。

池田光穂　1996 「2　コスタリカのエコ・ツーリズム」『移動の民族誌』山下晋司（編），pp. 61-93，岩波書店。

伊藤延男　2000 「伝統的建造物群保存地区制度の成立」『月刊文化財』444：4-9。

井上和衛・中村攻・宮崎猛・山崎光博　1999 『地域経営型グリーン・ツーリズム』都市文化社。

岩本通弥　2007 「現代日本の文化政策とその政治資源化──「ふるさと資源」化とフォークロリズム」『資源化する文化』山下晋司（編），pp. 239-272，弘文堂。

印東道子　2007 「生態資源の利用と象徴化」『資源と人間』内堀基光（編），pp. 183-208，弘文堂。

上野千鶴子　1987 「選べる縁・選べない縁」『日本人の人間関係』栗田靖之（編），pp. 226-243，ドメス出版。

────　2005 『脱アイデンティティ』勁草書房。

内堀基光　2007 「序－資源をめぐる問題群の構成」『資源と人間』内堀基光（編），pp. 15-43，弘文堂。

エコツーリズム推進協議会　1999 『エコツーリズムの世紀へ』エコツーリズム推進協議会。

大野啓　2000 「同族集団の構造と社会的機能──口丹波の株を事例に」『日本民俗学』2000/02：1-32。

岡本伸之（編）　2001 『観光学入門』有斐閣。

小野有五　2002 「国際エコツーリズム年と地理学」『地理』47(3)：8-15。

海津ゆりえ・真板昭夫　2001 「西表島におけるエコツーリズムの発展過程の史的考察」，石森秀三・真板昭夫編『エコツーリズムの総合的研究』，国立民族学博物館調査報告 23 号，211-239。

柏博　1987 「1970 年代以降の米国の農業構造の変化と農政」『同志社アメリカ研究』23：11-29。
春日直樹　1988 『経済人類学の危機』世界書院。
唐木順三　1970 『日本人の心の歴史』筑摩書房。
河村裕美　2005 「文化的景観の保護」『月刊文化財』500：16-22。
環境省　2004 「日本の里地里山の調査・分析について（中間報告）」http://www.env.go.jp/nature/satoyama/chukan.html, アクセス日 2004 年 1 月 4 日。
環境省自然環境局　2009 「西表石垣国立公園」http://www.env.go.jp/park/iriomote/index.html, アクセス日 2009 年 8 月 22 日
環境庁自然保護局・アジア航測株式会社　1999 『第 5 回自然環境保全基礎調査　植生調査報告書（全国版）』環境庁自然保護局。
川森博司　2001 「現代日本における観光と地域社会」『民族学研究』66(1)：68-86。
菊池暁　2007 「コスメティック・アグリカルチャラリズム――石川県輪島市「白米の千枚田」の場合」『ふるさと資源化と民俗学』岩本通弥（編），pp. 86-104，吉川弘文館。
北出俊昭　2001 『日本農政の 50 年――食料政策の検証』日本経済評論社。
木戸克巳　1970 「京都府・美山町における“過疎”対策の実際」『協同組合経営研究月報』197：21-46。
葛野浩昭　2007 「ローカルかつグローバルな資源へ，過去遡及かつ未来志向の資源へ－北欧の先住民サーミ人による文化の管理と表現の試み」『資源化する文化』山下晋司（編），pp. 209-236，弘文堂。
窪田幸子　2007 「アボリジニ美術の変貌――文化資源をめぐる相互構築」『資源化する文化』山下晋司（編），pp. 181-208，弘文堂。
後藤晴彦　2009 「生活景とは何か」『生活景――身近な景観価値の発見とまちづくり』社団法人日本建築学会（編），pp. 23-36，学芸出版社。
才津祐美子　2007 「世界遺産という「冠」の代価と住民の葛藤――「白川郷」の事例から」『ふるさと資源化と民俗学』岩本通弥（編），pp. 105-128，吉川弘文館。
敷田麻実・森重昌之　2001 「観光の一形態としてのエコツーリズムとその特性」『エコツーリズムの総合的研究』石森秀三・真板昭夫（編），国立民族学博物館調査報告 23 号，83-100。
品田譲　1970 「観光開発と自然保護」『月刊文化財』85：12-15。
清水哲男　1996 「芦生の森は今，森人・井栗登に聞く」，芦生の自然を守り生かす会編『芦生の森から』かもがわ出版。
清水展　2007 「文化を資源化する意味付与の実践――フィリピン先住民イフガ

オの村における植林運動と自己表象」『資源化する文化』山下晋司（編），pp. 123–150，弘文堂。
下村彰男　2002「社会システムとしてのエコツーリズムに向けて」『科学』72(7)：711–713。
ジンマーマン，エリック・W　1954[1933]（後藤誉之助訳）『世界の資源と産業』時事通信社。
菅豊　2006「歴史性 「歴史」をつくる人々」『コモンズをささえるしくみ――レジティマシーの環境社会学』宮内泰介（編），pp. 55–81，新曜社。
鈴木忠義　1964「文化財と観光」『建築雑誌』79(935)：15–17。
鈴木元編　2004『芦生の森から』改訂版，かもがわ出版。
須田寛　2003『新・観光資源論』交通新聞社。
総務省統計局編　2009『第五十九回　日本統計年鑑』日本統計協会・毎日新聞社。
―――　1986『第三十六回　日本統計年鑑』日本統計協会・毎日新聞社。
―――　1967『第十七回　日本統計年鑑』日本統計協会・毎日新聞社。
多方一成，田渕幸親，成沢広幸　2000『グリーン・ツーリズムの潮流』東海大学出版会。
高田公理　1998「「前近代ノスタルジー」の精神安定装置」『共同体の二〇世紀』中牧弘允（編），pp. 251–271，ドメス出版。
高野美好　2003「「日本一の田舎づくり」をめざす人と組織～京都府美山町～」『住民と自治』03-4：46–55。
ダグラス，メアリーとバロン・イシャウッド（浅田彰・佐和隆光訳）1984『儀礼としての消費　財と消費の経済人類学』新曜社。
武内和彦　2001「第一章　里山の自然をどうとらえるか」『里山の環境学』武内和彦・鷲谷いづみ・恒川篤志（編），pp. 1–38，東京大学出版会。
竹沢尚一郎　2007『人類学的思考の歴史』世界思想社。
竹田聴洲　1977『村落同族祭祀の研究』吉川弘文館。
田中大介　2007「葬儀サービスのイノベーション――現代日本の葬儀産業による文化資源の利用」『資源化する文化』山下晋司（編），pp. 303–332，弘文堂。
ダニエルス，クリスチャン　2007「資源としての伝統技術知識」『資源と人間』内堀基光（編），pp. 75–108，弘文堂。
知井村史刊行委員会　1998『京都・美山町　知井村史』美山町：知井村

史刊行委員会。
テンニェス，フェルディナンド（杉之原寿一訳） 1954 『ゲマインシャフトとゲゼルシャフト』理想社。
暉峻衆三（編） 2003 『日本の農業150年』有斐閣ブックス。
堂下恵 2007 「里山の資源化――京都府美山町の観光実践より」『資源化する文化』山下晋司（編），pp. 273-302，弘文堂。
中川理 2009 「不確実性のゆくえ――フランスにおける連帯経済の事例を通して」『文化人類学』73(4)：586-609。
中牧弘允 1998 「問題提起・共同体の二〇世紀」『共同体の二〇世紀』中牧弘允（編），pp. 11-24，ドメス出版。
名和克郎 2007 「資源としての知識，資源化される伝統――ネパール，ビャンスのメイファルをめぐって」『資源化する文化』山下晋司（編），pp. 151-180，弘文堂。
21世紀村づくり塾 1992 『グリーン・ツーリズム（グリーン・ツーリズム研究会中間報告書）』21世紀村づくり塾。
財団法人21世紀村づくり塾グリーン・ツーリズム推進専門委員会 1995 『日本型グリーン・ツーリズムの創造1』全国農業会議所。
日本エコツーリズム協会 2001 『国際エコツーリズム大会2001in福島 分科会報告書』日本エコツーリズム協会。
社団法人日本旅行業協会 1998 『JATAエコツーリズムハンドブック』社団法人日本旅行業協会。
農林省統計調査部 1969 『高度経済成長下における農家の就業動向〈農（林漁）家就業動向調査10年報〉』農林省統計調査部。
農林水産省統計情報部 1987 『昭和60年農家就業動向調査報告書』農林水産省統計情報部。
農林水産省農村振興局企画部農村政策課都市農業・地域交流室 2006 『グリーン・ツーリズムの展開方向』農林水産省農村振興局企画部農村政策課都市農業・地域交流室。
野間直彦 2002 「屋久島」『科学』72(7)：744。
橋本和也 1999 『観光人類学の戦略――文化の売り方・売られ方』世界思想社。
平澤毅 2000 「名勝における保存管理計画と保存修理事業」『月刊文化財』438：9-13。
枚田邦宏・柴田正善・柴田泰征・大畠誠一 1993 「芦生演習林の一般利用者の把握」『京都大学農学部演習林集報』25：157-162。
枚田邦宏・竹内典之 1996 「芦生演習林のレクリエーション利用について」『京都大学農学部演習林報告』68：89-99。

広井良典　2009『コミュニティを問いなおす――つながり・都市・日本社会の未来』筑摩書房。
広木詔三　2002『里山の生態学』名古屋大学出版会。
深町加津枝・佐久間大輔　1998「里山研究の系譜」『ランドスケープ研究』61(4)：276-280。
ブランチ，ニーク（橋本和也訳）　2003「エコツーリズムの考察――1980年代からのフィジーにおける観光開発」『観光開発と文化』橋本和也・佐藤幸男（編），pp. 207-241，世界思想社。
ブルデュー，ピエール（石井洋二郎訳）　1990『ディスタンクシオンⅠ』藤原書店。
文化庁　2001『文化財保護法五十年史』ぎょうせい。
文化庁建造物課伝統的建造物群部門　2000「重要伝統的建造物群保存地区の事業の成果と展開」『月刊文化財』444：19-27。
文化庁文化財部記念物課（監修）　2005『日本の文化的景観――農林水産業に関連する文化的景観の保護に関する調査研究報告書』同成社。
ベルク，オギュスタン　1988[1986]『風土の日本』筑摩書房。
ホール，スチュワート（宇波彰訳）　2001「誰がアイデンティティを必要とするのか？」『カルチュラル・アイデンティティの諸問題』スチュワート・ホール，ポール・ドゥ・ゲイ編（宇波彰監訳・解説），pp. 1-35，大村書店。
保存地区10周年記念行事実行委員会　2003『美山町北　保存地区の歩み』保存地区10周年記念行事実行委員会。
ポランニー，カール（玉野井芳郎，平野健一郎編訳）　1975『経済の文明史』日本経済新聞社。
―――（玉野井芳郎，栗本慎一郎訳）　1998[1977]『人間の経済Ⅰ　市場経済の虚構性』岩波書店。
真板昭夫　2001「エコツーリズムの定義と概念形成にかかわる史的考察」『エコツーリズムの総合的研究』石森秀三・真板昭夫（編），国立民族学博物館調査報告23号，15-40。
前田勇（編）　1998『現代観光学キーワード事典』学文社。
松下和夫・大野智彦　2007「環境ガバナンス論の新展開」『環境ガバナンス論』松下和夫（編），pp. 3-31，京都大学出版会。
松野堯俊・野谷五三男　1974「山村に育つナメコ・キュウリ・ブタ――生産組織（京都・美山町）」『あすの農村』1：83-88。
丸山徳次　2007「今なぜ里山学か」『里山学のすすめ』丸山徳次・宮浦富保（編），pp. 1-26，昭和堂。

宮内泰介（編） 2006 『コモンズをささえるしくみ　レジティマシーの環境社会学』新曜社。
宮内泰介　2006 「序　レジティマシーの社会学へ」『コモンズをささえるしくみ　レジティマシーの環境社会学』宮内泰介（編），pp. 1-32，新曜社。
宮崎猛　1998 「1章　農村地域政策としてのグリーンツーリズム」『人と地域を生かす　グリーン・ツーリズム』21ふるさと京都塾（編），pp. 28-52，学芸出版社。
美山町　1990 『美山町かやぶき山村集落北・南；下平屋地区伝統的建造物群保存対策調査報告書』美山町。
――― 2002 『京都府美山町における村おこしの取り組みと課題』美山町。
――― 2003 『広報美山』589，美山町。
美山町誌編さん委員会　2000 『美山町誌　上巻』美山町。
――― 2005 『美山町誌　下巻』美山町。
美山町総務課　1996 『美山町統計書』美山町総務課。
モーリス＝スズキ，テッサ　2002 『批判的想像力のために――グローバル化時代の日本』平凡社。
本中眞　2000 「名勝としての文化的景観の保護」『月刊文化財』438：14-17。
森山工　2007 「文化資源　使用法――植民地マダガスカルにおける「文化」の「資源化」」『資源化する文化』山下晋司（編），pp. 61-91，弘文堂。
守山弘　1988 『自然を守るとはどういうことか』農山漁村文化協会。
安原啓示　2000 「文化財保護法と名勝」『月刊文化財』438：4-8。
山内昶　1994 『経済人類学への招待――ヒトはどう生きてきたか』筑摩書房。
山下晋司（編） 1996 『観光人類学』新曜社。
――― 2007 『資源化する文化』弘文堂。
山下晋司　1999 『バリ　観光人類学のレッスン』東京大学出版会。
――― 2002 「エコツーリズムの政治経済学」『科学』72（7）：701-705。
――― 2007a 「文化という資源」『資源と人間』内堀基光（編），pp. 47-74，弘文堂。
――― 2007b 「序ー資源化する文化」『資源化する文化』山下晋司（編），pp. 13-24, 弘文堂。
山田勇　2002 「エコツーリズムと生態資源」『科学』72（7）：690-695。
山本啓　2008 「ローカル・ガバナンスと公民パートナーシップ」『ローカル・ガバメントとローカル・ガバナンス』山本啓（編），pp. 1-34，法政大学出版局。
山本須美子　2002 『文化境界とアイデンティティ――ロンドンの中国系第二世代』九州大学出版会。

林野庁研究・保全課（2009）『森林づくり活動についてのアンケート集計結果』林野庁。

渡邊日日　2007「文化資源の開放系の領域について──ロシア・南シベリアにおける二言語教育と公共問題」『資源化する文化』山下晋司（編），pp. 93–120，弘文堂。

洋書

Aitchison, Cara, Nicola E. Macleod and Stephen J. Shaw　2000　*Leisure and Tourism Landscapes*. London: Routledge.

Ashworth, Greg J. and Peter J. Larkham（eds）　1994　*Building a New Heritage: Tourism, Culture and Identity in the New Europe*. London: Routledge.

Beck, Ulrich　1994　The reinvention of politics: Towards a theory of reflexive modernization. In Ulrich Beck, Anthony Giddens and Scott Lash, *Relfexive Modernization*, pp. 1–55. Cambridge: Polity.

Beck, Ulrich, Anthony Giddens and Scott Lash　1994　*Reflexive Modernization*. Cambridge: Polity.

Boorstin, Daniel, J.　1961　*The Image: A Guide to Pseudo-Events in America*. First Vintage Books Edition, 1992.

Burns, Peter M.　1999　*An Introduction to Tourism and Anthropology*. Oxon: Routledge.

Burns, Georgette Leah　2004　Anthropology and tourism: Past contributions and future theoretical challenges. *Anthropological Forum*, 14(1): 5–22.

Butler, Richard W.　1980　The concept of a tourist area cycle of evolution: implications for management of resources. *Canadian Geographer*, 24(1): 5–12.

Cater, Erlet.　1994a　Introduction. In Cater, Erlet and Gwen Lowman, eds, *Ecotourism: A Sustainable Option?*, pp. 3–17. Chichester: John Wiley and Son.

———　1994b　Ecotourism in the Third World ? Problems and prospects for sustainability. In Cater, Erlet and Gwen Lowman, eds, *Ecotourism: A Sustainable Option?*, pp. 69–86. Chichester: John Wiley and Son.

Cater, Erlet and Gwen Lowman（eds）　1994　*Ecotourism: A*

Sustainable Option? Chichester: John Wiley and Son.

Carter, Paul 1987 *The Road to Botany Bay: An Essay in Spatial History.* London: Faber & Faber.

Crick, Malcolm 1989 Sun, sex, sights, savings and servility: representations of tourism in the social science. *Criticism, Heresy and Interpretation*, I(1): 37-76.

Cohen, Eric 1979 A phenomenology of tourism experiences. *Sociology*, 13(2): 179-201.

Cosgrove, Denis 1985 Prospect, perspective and the evolution of the landscape idea. *Transactions of the Institute of British Geography*, 10: 45-62.

De Kadt, Emanuel 1992 Making the alternative sustainable: lessons from development for tourism. In Smith, Valene L. and William R. Eadington, eds, *Tourism Alternatives*, pp. 47-75. Philadelphia: University of Pennsylvania Press.

Eadington, William R. and Valene L. Smith 1992 Introduction: the emergence of alternative forms of tourism. In Smith, Valene L. and William R. Eadington, eds, *Tourism Alternatives*, pp. 1-12. Philadelphia: University of Pennsylvania Press.

European Centre for Ecological and Agricultural Tourism 2002 *Green Holiday Guide: Great Britain and Ireland.* Devon, UK: Green Books.

Fennell, David A. 1998 Ecotourism in Canada. *Annals of Tourism Research*, 25(1): 231-234.

——— 1999 *Ecotourism: An Introduction.* London: Routledge.

Fowler, Peter 2003 *World Heritage Cultural Landscapes 1992-2002.* Paris: UNESCO World Heritage Centre.

France, Lesley (ed.) 1997 *The Earthscan Reader in Sustainable Tourism.* London: Earthscan.

Graburn, Nelson H. H. 1989 Tourism: The sacred journey. In Smith, Valene L., ed., *Hosts and Guest: The Anthropology of Tourism*, second edition, pp. 21-36. Philadelphia: University of Pennsylvania Press.

Greffe, Xavier 1994 Is rural tourism a level for economic and social development? *Journal of Sustainable Tourism*, 2(1-2): 22-40.

Hall, C. Michael and Stephen J. Page 1999 *The Geography of Tourism and Recreation: Environment, Place and Space.* Oxon: Routledge.

Hanink, Dean M. 2000 Resources. In Sheppard, E. and Trevor J. Barnes, eds, *A Companion to Economic Geography*, pp. 227-241. Oxford: Blackwell.

Harris-Jones, Peter 1993 Between science and shamanism: the advocacy of environmentalism inTronto. In Kay Milton, ed., *Environmentalism: The View from Anthropology*, pp. 43–58. London: Routledge.

Hirsch, Eric 1995 Introduction. In Hirsch, Eric and Michael O' Hanlon, eds, *The Anthropology of Landscape: Perspectives on Place and Space*, pp. 1–30. Oxford: Clarendon.

Holden, Andrew 2000 *Environment and Tourism*. London: Routledge.

——— 2005 *Tourism Studies and the Social Science*. Oxon: Routledge.

Hong, Sung-kwon, Seong-il Kim and Jae-hyun Kim 2003 Implications of potential green tourism development. *Annals of Tourism Research*, 30(2): 323–341.

Hunter, Colin and Howard Green 1995 *Tourism and the Environment: A Sustainable Relationship?* London: Routledge.

Ingold, Tim 2000 *The Perception of the Environment: Essays in livelihood, Dwelling and Skill*. Oxon: Routledge.

Jeans, D. N. 1974 Changing formulations of the man-environment relationship in Anglo-American geography. *Journal of Geography*, 73 (3): 36–40.

Kalland, Arne 1992 Culture in Japanese Nature. In Bruun, Ole and Arne Kalland, eds, *Asian Perceptions of Nature: A Critical Approach*, pp. 218–233. Nordic Proceedings in Asian Studies.

Kalland, Arne and Pamela J. Asquith 1997 Japanese Perceptions of nature: ideals and illusions. In Asquith, Pamela J. and Arne Kalland, eds, *Japanese Images of Nature: Cultural Perspectives*, pp. 1–35. Richmond: Curzon.

Kelly, Catherine 2006 Heritage tourism politics in Ireland. In Melanie K. Smith and Mike Robinson, eds, *Cultural Tourism in a Changing World: Politics, Participation and (Re)presentation*, pp. 36–55. Clevedon: Channel View Publication.

Lane, Bernard 1994 What is rural tourism? In Bramwell, Bill and Bernard Lane, eds, *Rural Tourism and Sustainable Rural Development*, pp. 7–21. Clevedon: Channel View publication

Lanfant, Marie-Francoise and Nelson H. H. Graburn 1992 International tourism reconsidered: the principle of the alternative. In Smith,

Valene L. and Eadington, William R., eds, *Tourism Alternatives*, pp. 88–112. Philadelphia: University of Pennsylvania Press.

Lea, John 1988 *Tourism and Development in the Third World*. London: Routledge.

Lindberg, Kreg and Donald E Hawkins (eds) 1993 *Ecotourism: A Guide for Planners and Managers*. Vermont: The Ecotourism Society.

Little, Paul E. 1999 Environments and environmentalisms in anthropological research: facing a new millennium. *Annual Review of Anthropology*, 28: 253–284.

Liu, Zhenhua 2003 Sustainable tourism development: a critique. *Journal of Sustainable Tourism*, 11(6): 459–475.

Long, Patrick and David Edgell 1997 Rural tourism in the United States: the peak to Peak Scenic Byway and KOA. In Stephen J. Page and Don Getz, eds, *The Business of Rural Tourism: International Perspectives*, pp. 61–76. London:International Thomson Business Press.

MacCannell, Dean 1976 *The Tourist*, 1999 paperback version. Berkeley: University of California Press.

MacIver, R. M. 1920 *Community: A Sociological Study*. London: Macmillan.

Macnaghten, Phil and John Urry 1998 *Contested Natures*. SAGE Publications.

Mathews, Gordon 2000 *Global Culture/Individual Identity*. London: Routledge.

Mathieson, Alister and Geoffrey Wall 1982 *Tourism: Economic, Physical and Social Impacts*. Essex: Longman.

McCormick, John 1995 *The Global Environmental Movement*, 2nd edition. Chichester: Wiley.

McLaren, Deborah 1998 *Rethinking Tourism and Ecotravel*. West Hartford: Kumarian Press.

Meethan, Kevin 2001 *Tourism in Global Society: Place, Culture, Consumption*. Basingstoke: Palgrave.

Merchant, Carolyn 1992 *Radical Ecology*. New York: Routledge.

Milton, Kay 1993 Introduction: Environmentalism and Anthropology. In Milton, Kay, ed., *Environmentalism: The View from Anthropology*, pp. 1–16. London: Routledge.

——— 1996 *Environmentalism and Cultural Theory: Exploring the role of anthropology in Environmental Discourse*. London: Routledge.

Mowforth, Martin and Ian Munt 1998 *Tourism and Sustainability: New*

Tourism in the Third World. London: Routledge.

Murphy, Peter E. 1985 *Tourism: A Community Approach*. London: Routledge.

Nuttal, Mark 1997 Packaging the world: tourism development in Alaska. In Simone Abram, Jacqueline Waldren and Donald V. L. Macleod, eds, *Tourists and Tourism: Identifying with People and Places*, pp. 223–238. Oxford: Berg.

Ogilvie, Frederick Wolff 1933 *The Tourist Movement: An Economic Study*. London: P.S. King

O'Riordan, Timothy 1981 *Environmentalism*, second edition. London: Pion Limited.

——— 1989 The challenge for environmentalism. In Peet, Richard and Nigel Thrift, eds, *New Models in Geography*, pp. 77–102. London: Unwin Hyman.

Page, Stephen J. and Don Gets (eds) 1997 *The Business of Rural Tourism: International Perspectives*. International Thomson Business Press.

Pearce, Douglas G. 1992 Alternative tourism: concepts, classifications, and questions. In Smith, Valene L. and William R. Eadington, eds, *Tourism Alternatives*, pp. 15–30. Philadelphia: University of Pennsylvania Press.

Pepper, David 1996 *Modern Environmentalism: An Introduction*. London: Routledge.

Poon, Auliana 1993 *Tourism, Technology and Competitive Strategies*. Wallingford: CAB International.

Richter, Linda K. 1999 The politics of heritage tourism development: emerging issues for the new millennium. In Douglas G. Pearce and Richard W. Butler eds, *Contemporary Issues in Tourism Development*, pp. 108–126. London: Routledge.

Saito, Yuriko 1985 The Japanese appreciation of nature. *British Journal of Aesthetics*, 25(3):239–251.

Shackley, Myra 1996 *Wildlife Tourism*. London: International Thomson Business Press.

Sharpley, Richard and Julia Sharpley 1997 *Rural Tourism: An Introduction*. London: Thomson.

Shaw, Gareth and Allen M. Williams 2002 *Critical Issues in Tourism:*

A Geographical Perspective. Blackwell Publishing.

Shirakaya, Ercan, Vinod Sasidharan and Sevil Sonmez 1999 Redefining ecotourism: the need for a supply-side view. *Journal of Travel Research*, 38:168–172.

Smith, Valene L. (ed.) 1989 *Hosts and Guests: The Anthropology of Tourism*, second edition. Philadelphia: University of Pennsylvania Press.

Stewart, Pamela J. and Andrew Strathern 2003 Introduction. In Stewart, Pamela J. and Andrew Strathern, *Landscape, Memory and History*, pp. 1–15. London: Pluto Press.

Stronza, Amanda 2001 Anthropology of tourism: forging new ground for ecotourism and other alternatives. *Annual Review of Anthropology*, 30: 261–283.

Tanner, M. F. 1983 8 Recreation. In Pacione, Michael, ed., *Progress in Rural Geography*, pp. 173–197. London: Croom Helm.

Timothy, Dallen J. 2004 Rural tourism business: A North American overview. In Derek Hall, Irene Kirkpatrick and Morag Mitchell, eds, *Rural Tourism and Sustainable Business*, pp. 41–62. Clevedon: Channel View Publication.

Tuan, Yi-Fu 1979 Thought and landscape: the eye and the mind's eye. In Meinig, Donald W., ed., *The Interpretation of Ordinary landscapes*, pp. 89–102. Oxford: Oxford University Press.

Turner, Louis and John Ash 1975 *The Golden Hordes: International Tourism and the Pleasure Periphery*. London: Constable.

Urry, John 1990 *The Tourist Gaze*. London: Sage.

——— 1995 *Consuming Places*. London: Routledge.

Western, David 1993 Defining ecotourism. In Lindberg, Kreg and Donald E. Hawkins, eds, *Ecotourism: A Guide for Planners and Managers*, pp. 7–11 Vermont: The Ecotourism Society.

Wheeller, Brian 1994 Ecotourism: A ruse by any other name. In Cooper, Chris P. and A. Lockwood, eds, *Progress in Tourism Recreation and Hospitality Management*, Vol. 6, pp. 3–11. London: Belhaven.